Mississippi
IOWA
St. Joseph
St. Louis
Jefferson City
MISSOURI
MISSISSIPPI
TENNESSEE
ARKANSAS
Memphis
Clarksdale
MISSIS-
SIPPI
LOUIS-
IANA
Vicksburg
Natchez
Baton Rouge
New Orleans
Venice
ZIEL
ATLANTIK
BAHAMAS
Golf von Mexiko
KUBA

Dirk Rohrbach
IM FLUSS

DIRK ROHRBACH

# IM FLUSS

## 6000 Kilometer auf Missouri und Mississippi durch Amerika

Mit 29 farbigen Abbildungen,
14 Schwarz-Weiß-Abbildungen
und einer Karte

MALIK

*Mehr über unsere Autoren und Bücher:*
*www.malik.de*

MIX
Papier aus verantwortungsvollen Quellen
FSC® C014496
FSC
www.fsc.org

ISBN 978-3-89029-536-7

Bildteilfotos: Dirk Rohrbach, mit Ausnahme
von S. 2, S. 5 oben, S. 22 unten: Claudia Axmann
Innenteilfotos: Dirk Rohrbach, mit Ausnahme
von S. 192/193, S. 258/259: Claudia Axmann
Karte: Marlise Kunkel, München
Satz: Uhl & Massopust GmbH, Aalen
Litho: Lorenz & Zeller, Inning am Ammersee
Druck und Bindung: GGP Media GmbH, Pößneck
Printed in Germany

Für Jessy & Lilly, *ready to fly*

# INHALT

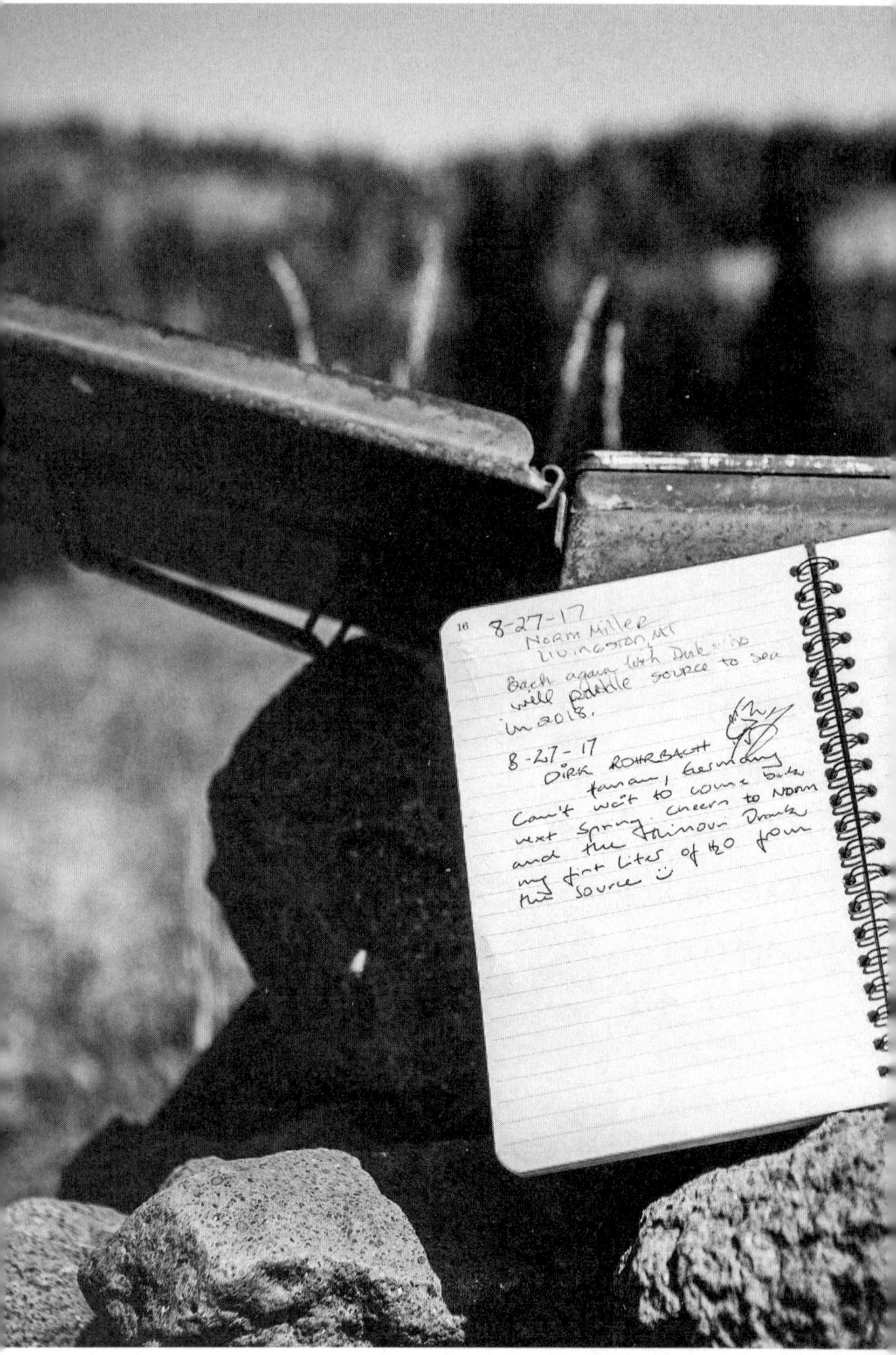
16
8-27-17
Norm Miller
Livingston, MT
Back again with Dirk who will paddle source to sea in 2018.
8-27-17
Dirk Rohrbach
Germany
Can't wait to come back next Spring. Cheers to Norm
the source

# PROLOG

»Als ich zum ersten Mal in die Strömung des Missouri gepaddelt bin, dachte ich: Was zum Teufel habe ich mir da eingebrockt?« Norm nahm einen Schluck Dosenbier. »Dagegen habe ich keine Chance!«

Wir saßen in unseren Campingstühlen, hatten leichte Daunenjacken angezogen. Es war kühl geworden, seit die Sonne hinter den Bergen verschwunden war. Unsere Lichtung lag auf knapp 2000 Meter, mitten in den Centennial Mountains zwischen Idaho und Montana. Weniger als hundert Kilometer entfernt von uns, im Osten, grasten die Büffel im Yellowstone Nationalpark zwischen wasserspeienden Geysiren. Bald würde die Nacht den letzten Lichtstreif am Horizont vertreiben. Es war Ende August, der Herbst schon spürbar, auch wenn die meisten Blätter der Bäume noch ihr kräftiges Grün trugen.

»Es wurde zu einem Psychospiel, vor allem weil ich so langsam vorankam«, sagte Norm. »Du schaffst nur drei Kilometer in der Stunde, sogar zu Fuß ist man schneller. Das war mental eine ungeheure Belastung, immer wieder war ich kurz davor aufzugeben.« Er fläzte sich noch mehr in seinen

Campingstuhl. MISSOURI RIVER PADDLERS – TRUST YOUR BOAT, stand auf seiner Kappe, deren Lila die Sonne im Laufe der Zeit ausgebleicht hatte.

Für Missouripaddler ist Norm Miller so was wie der *Godfather* – Vorreiter, Chronist und Ratgeber. 2004 war er den Fluss mehr als 3000 Kilometer stromaufwärts gepaddelt, auf den Spuren von Lewis und Clark. Den beiden Abenteurern würde ich auf meiner Reise immer wieder begegnen, aber dazu später. Vor Jahren hat Norm eine eigene Facebook-Gruppe für die Missouri-River-Paddler gestartet, mittlerweile hat sie mehr als 2500 Mitglieder. In unserem ersten Telefonat bot er mir spontan an, mich zur Brower's Spring zu begleiten. Genau da wollte ich im nächsten Jahr meine Reise beginnen, an der Quelle, um dann als erster Europäer den Missouri komplett zu befahren.

Die Idee kam mir unmittelbar nach Ende meiner Reise auf dem Yukon River. Den war ich 2010 alleine gepaddelt, auch *source-to-sea*, von den Quellseen in Kanada bis zum Beringmeer vor der Küste Alaskas. Ein Wendepunkt in meinem Leben, nicht nur weil ich dafür meine Berufe als Arzt und Radiomoderator aufgegeben hatte. Die siebzig Tage auf dem Fluss forderten mich, vor allem das stürmische Wetter mit gefährlich hohen Wellen. Gleichzeitig faszinierte mich der Yukon mit seiner Wildheit und Macht, die das Land, durch das er strömt, und dessen Bewohner prägen. Nirgendwo habe ich größere Hilfsbereitschaft und Gastfreundschaft erfahren. Ehrfürchtig und stolz sprachen die Menschen von ihrem Fluss, ohne den sie nicht überleben könnten. Ich spürte die intensive Verbundenheit zwischen Mensch und Natur, durfte für eine kurze Zeit selbst Teil von ihr sein. Und ich begann zu hinterfragen. Mich selbst, mein Leben. Wohin will ich eigentlich? Flüchte ich vor etwas, wenn ich immer wieder aufbreche, das Abenteuer jage? Und was macht so ein mächtiger

Strom mit uns Menschen? Manche suchen nach Wasseradern, bevor sie ihr Schlafzimmer einrichten. Wie viel stärker beeinflusst wohl erst die Gegenwart eines so gigantischen Flusses unser alltägliches Leben?

Nach dieser Reise bin ich immer wieder zurückgekehrt, konnte nicht genug bekommen vom Yukon und Alaska. Und mein Wunsch nach einem weiteren Flussabenteuer wuchs immer weiter. Warum also nicht auf den längsten Fluss Nordamerikas, den Missouri? Ein Ende in St. Louis aber schien mir unvollständig, schließlich hört das Wasser da auch nicht auf zu fließen. Und so stand schnell fest, ich will weiter, über den Mississippi bis ganz runter zum Golf von Mexiko. Von den Bergen über die Prärie und das amerikanische Heartland durch insgesamt zwölf Staaten in den tiefen Süden bis ins Meer. Gut 6000 Kilometer Fluss, das Doppelte des Yukon. Erst elf Paddler hatten das vor mir geschafft. Bisher wären mehr Menschen auf dem Mond rumgelaufen, betonte Norm gerne. Dort sind es zwölf gewesen.

Im Frühsommer, nach der Schneeschmelze, wollte ich starten – meine Vorgänger hatten jeweils vier bis sechs Monate gebraucht. In einem halben Jahr sollte ich es also eigentlich schaffen. Das Boot wollte ich wieder selbst bauen, aber kein Kanu aus Birkenrinde wie das, in dem ich auf dem Yukon gepaddelt war. Dieses Mal sollte es ein Kajak sein, das schien mir für die großen Stauseen des Missouri mit ihren gefürchteten Stürmen geeigneter. Und wieder sollte es bei dieser Reise nicht in erster Linie um mich gehen, obwohl ich natürlich gespannt war, was der Fluss dieses Mal mit mir machen würde. Der Fokus sollte aber vor allem auf den Begegnungen unterwegs liegen, ich wollte die Menschen fotografieren, ihre Geschichten aufschreiben.

»Viele denken, der Mississippi ist der längste Fluss in Nordamerika, aber das stimmt nicht«, sagte Norm. »In Wirklichkeit sollte der Mississippi eher ein Nebenfluss des Missouri sein, der bei St. Louis in ihn mündet.« Norm ist nicht der Einzige, der findet, dass man dem längeren Missouri auch den Unterlauf des Mississippi hätte zuschreiben müssen. Aber die europäischen Entdecker kamen von Osten her zuerst an den Mississippi und gaben ihm seinen Namen, für den gesamten Verlauf bis zum Meer. Erst im neunzehnten Jahrhundert hat dann Jacob Brower die Quelle des Missouri gefunden. Er war als Landvermesser auch schon zum Lake Itasca in Minnesota geschickt worden, der seitdem als Quelle des Mississippi gilt. Den hat Norm als Extrempaddler noch nie befahren, zu viel los, anders als auf *seinem* Fluss. Immer wenn er vom Missouri spricht, klingt es, als ob er von einer temperamentvollen Frau redet. Es ist immer *sie*, also weiblich.

»Ich glaube, alle Flüsse sind weiblich. Frauen schenken Leben. Und Wasser ist Leben, die Bäume saugen es auf, die Tiere trinken es, wir trinken es.«

Norm ist Mitte fünfzig, arbeitet als Fensterputzer, selbstständig, damit er so viel wie möglich auf dem Fluss sein kann. Wenn schon nicht in seinem Boot, dann wenigstens in Gedanken mit den anderen Paddlern.

»Wenn ich jemandem helfe, die Geschichten höre, die Fotos sehe, bin ich wieder selbst auf dem Fluss. Deshalb mache ich das.« Norm leerte die Bierdose mit einem letzten Schluck. »Und wenn ich dann höre, dass sie es geschafft haben, ist das großartig.«

Bis dahin würde es für mich noch mehr als ein Jahr dauern. Wenn alles gut läuft und ich auch tatsächlich den Golf erreiche. Morgen wollten wir erst mal die Quelle erkunden, die jetzt im Spätsommer schneefrei war. Norm stand auf, um sein Zelt in der Dunkelheit aufzustellen. Ich verstaute die Lebensmittel bärensicher in Loretta, meinem alten Truck. Wir wollten früh starten.

VR 878
STOP

LOUNGE

# KAPITEL 1

THE LAST FREE PLACE. Die weißen Buchstaben waren offensichtlich mit einem dicken Pinsel auf die rote Wand gemalt worden. Wie das SLAB CITY darüber und das ALMOST THERE darunter. Der Rest des kleinen Betonquaders, der vielleicht mal der Checkpoint für die Wachsoldaten war, ist mit Graffiti übersät. Ich holpere mit meinem Truck an ihm vorbei über den rauen Asphalt der Straße, die sich die Wüste zunehmend zurückzuholen scheint. Überall Risse und Schlaglöcher im Belag, der an den Rändern zerbröckelt und von Sand zugedeckt wird.

Slab City, California. Ein Ort, der eigentlich gar keiner ist, mitten in der Sonora-Wüste, knapp 300 Kilometer südöstlich von Los Angeles, gleich neben Salton Sea, dem großen Salzsee von Kalifornien. Eine gute Stunde braucht man mit dem Auto von hier bis zur mexikanischen Grenze, wenn man schnurstracks gen Süden fährt. Während des Zweiten Weltkriegs hatte die US Navy hier ein Trainingscamp. Als das in den Fünfzigerjahren allmählich aufgelöst wurde, blieben am Ende nur die *slabs* zurück, Betonfundamente, auf denen einst die Gebäude standen. Die wurden dann, genauso wie das Land drum herum, mehr und mehr von Dauercampern und Obdachlosen in Beschlag genommen. Ein paar Hundert mögen es inzwischen sein. Außer im Winter, wenn die *snowbirds* aus dem Norden mit ihren Wohnmobilen dazukommen. Dann wächst die Einwohnerzahl ins Vierstellige.

Der Name trügt, Slab City ist keine Stadt, sondern vielmehr ein Lager, eine Kolonie von Outlaws, Aussteigern und Heimatlosen. Am Wochenende treffen sich die *slabber* zur Karaoke Night bei *The Range*, einer Open-Air-Bühne, die auch in *Into the Wild* eine Rolle spielt. Genauso wie *Salvation Mountain*, das Lebenswerk eines greisen Mannes, der über Jahrzehnte seine schrill-bunte Vision mit der Botschaft »God is Love« auf einen steinigen Hang am Rand von Slab City pinselte.

Durch Sean Penns Verfilmung von Jon Krakauers Buch bin ich zum ersten Mal auf Slab City aufmerksam geworden. Da muss ich mal hin, dachte ich. Und jetzt bin ich hier. Links und rechts an der Hauptstraße parken unterschiedlich schlecht erhaltene Wohnwagen aus mindestens fünf Jahrzehnten unter den wenigen Bäumen, die Schatten spenden. Dazwischen alte Holzpaletten, ein paar Kakteen, Solarpanels, Schrott. Was für ein herrlich abgefuckter Ort!

Ich habe eine Schwäche für skurrile, marode Plätze. Deshalb bin ich hier. Und weil ich hier ungestört arbeiten kann. Denn ein Boot in der Wüste zu bauen ist ja sonst ziemlich sinnbefreit. Von Noah und seiner Arche mal abgesehen. Außerdem zieht die Anarchie von Slab City besondere, inspirierende Typen an.

»Ich bin Rodney, aber alle nennen mich Spyder«, begrüßt mich mein Gastgeber, als ich Loretta vor der California Ponderosa parke, seinem Grundstück ganz am Ostrand von Slab City. Loretta ist Baujahr 74. Ich hatte sie fürs Yukon-Abenteuer gekauft und mich damals unsterblich in sie verliebt. Aber das ist eine andere Geschichte.

»Weil ich an Orte komme, an die sonst keiner kommt«, erklärt Spyder seinen Spitznamen. »Früher habe ich für jemanden gearbeitet, der Häuser angehoben und versetzt hat. Da bin ich überall reingekrochen, wo niemand hinwollte.«

Er ist Anfang fünfzig, groß, schlank, fast hager. Mit wildem, zerzaustem Haar, grauem Ziegenbart und ohne Zähne. Sein künstliches Gebiss trägt er fast nie, passt nicht richtig, sagt er. Seine sehnigen Arme sind übersät mit kruden, verblichenen Tattoos, er trägt ein leuchtend rotes Spiderman-T-Shirt. Spyder ist mein Airbnb-Host in Slab City. Ja, es gibt hier draußen zwar eigentlich keinen Strom und kein fließend Wasser, aber dank Generator, Solarpanel und Satellitentechnik ist Spyder vernetzt und sogar Superhost bei Airbnb. Er vermietet mir die *slabbin cabin*, einen staubigen Bretterverschlag ohne Fenster, aber mit bequemem Kingsize-Bett. Wände und Decke sind mit blauer Bauplane überzogen, quer darüber schlängelt sich eine bunte Lichterkette. Eine Handvoll weiterer Hütten und alte Trailer sind wie eine Wagenburg arrangiert, umrahmt von einem schiefen Bretterzaun. In dem stecken in regelmäßigem Abstand Metallstangen. An ihren Enden flattern Flaggen verschiedener Länder, gegen die der Wüstenwind peitscht. Griechenland, Portugal, die Niederlande und natürlich das *Star-Spangled Banner* der USA, das sich den Mast am hölzernen Torbogen mit der finnischen Fahne und der regenbogenfarbenen Friedensflagge teilt.

»Ponderosa bedeutet für mich Familie«, sagt Spyder. »Ich will nicht, dass du als Freund kommst, sondern Teil meiner Familie wirst.«

Das ist Spyder so wichtig, weil er selbst keine hatte, wie er mir Tage später abends auf dem Sofa an seiner Feuerstelle verrät. Fünf seiner sechs Söhne hat er seit Jahren nicht gesehen, die Mutter möchte das nicht. Jetzt ist er mit Shannon zusammen und lebt seit sieben Jahren mit ihr, ihren beiden Kindern und seinem 22-jährigen Sohn Daniel in Slab City.

»Slab City ist ein guter Platz, auch wenn die Leute behaupten, dass es hier knallhart zugeht und alle primitiv und widerlich wären. Aber das stimmt nicht. Hier gibt es jede Menge Kunst. Wie diesen Baum hier.«

Spyder deutet auf den Stumpf, den er vor Jahren irgendwo aufgesammelt und hier in ein trockenes Kakteenbeet gepflanzt hat. Um den Stamm rankt sich eine Lichterkette, von den kahlen Ästen baumeln Weihnachtskugeln, Traumfänger und Windspiele.

»Oder meine Trailer, sogar das Boot, das du baust. Das ist alles Kunst«, sagt er. »Es kommt nur drauf an, wie man es betrachtet. Für dich ist es Arbeit, für mich ist es Kunst.« Die vermeintlich kunstvolle Arbeit wird sich während meiner Zeit hier in Slab City leider allzu oft als Quälerei entpuppen. Aber erst einmal muss ich Loretta entladen.

Ich richte mich in meiner *cabin* ein und beschließe, sie nur als Lager und Aufenthaltsraum zu nutzen. Zum Schlafen ist es einfach zu heiß und zu staubig. Neben das Bett stelle ich meine Küchenkiste mit allerlei Utensilien und Zutaten auf den nackten Wüstenboden: Schneidebrett, Messer, Becher, Teller, Essig, Öl, Gewürze. Ich werde mich in den nächsten Tagen selbst versorgen. Auch die Kühlbox mit Tomaten, Käse, Karotten und Gurken verstaue ich in der Hütte. Kleidung, Bücher und Computer lege ich aufs Bett. Auf der Kommode neben der Tür arrangiere ich Werkzeuge und Baumaterial: Säge, Bohrer, Maßband, Schleifpapier, Schrauben.

Am nächsten Tag baue ich mir gemeinsam mit Spyders Sohn Daniel einen schattigen Platz zum Arbeiten. Ich solle mich einfach bedienen, hat Spyder angeboten und auf einen großen Haufen Schrott hinter den Plumpsklos gezeigt. Tatsächlich finden wir ein paar Winkeleisen, die wohl mal zu einem großen Zelt oder Pavillon gehört haben. In ihre offenen, hohlen Enden stecken wir etwa zwei Meter lange Kanthölzer, schrauben weitere Kanthölzer quer darüber und verbinden die Enden auf die gleiche Weise, bis ein halbwegs stabiler rechteckiger Rahmen auf beiden Seiten der Winkeleisen entstanden ist. Sieht ein bisschen aus wie ein tragbares Spitzdach ohne Dachziegel, für das der Meister seine Gesellen allerdings wahrscheinlich feuern würde. Daniel und ich hingegen sind happy, richten das Gerüst auf und legen ein Ende des Rahmens aufs Dach meiner *cabin*, das andere steht auf dem Boden. Zum Schluss ziehen wir noch eine riesige Plane mit Camouflagemuster darüber, fertig ist die improvisierte Arbeitsgarage. Wir sichern alles mit jeder Menge Seil, das wir um Plane und Gerüst wickeln und an der Hütte festknoten. Um das Ganze am Boden zu fixieren, rollen wir alte Autoreifen auf die überschüssigen Enden der Plane. Dann hefte ich noch ein paar alte Decken mit Baumarktklemmen an die Rückseite und schiebe drei hüfthohe blaue Kunststofftonnen aus Spyders Fundus hinein, die die Decken spannen und mir so den nötigen Platz zum Arbeiten verschaffen. Nicht schön, aber funktionell, als guter Schutz vor Sonne und Wind, hoffe ich. Es kann losgehen.

Ich bin nervös. Ist das wirklich der richtige Ort für den Bootsbau? Wenn ich mal losgelegt habe, muss ich das Kajak auch hier fertig bauen. Denn erst dann ist es transportfähig. Solange hänge ich hier fest. Zwei Wochen in der Wüste. Anfangs fremdle ich noch, vor allem mit Spyders rauem Ton. Vieles ist *fucked*, wenn ihm was nicht passt. »My way or the highway«, tönt er am Lagerfeuer, und »I know I'm an asshole«. Und doch ist er auch warmherzig und großzügig. Schon am zweiten Abend bringt er mir einen Pappteller mit Chicken Wings und Gemüse in mein improvisiertes Zelt. »Jetzt iss erst mal was.« Raue Schale, weicher Kern? Ist es der Jähzorn, der uns verbindet? Vielleicht benutze ich nicht so häufig das F-Wort, aber meinen Frust bewältige auch ich am liebsten laut schreiend. Alles muss raus! Früher war das ganz anders. Bloß nicht auffallen, eigentlich war ich immer introvertiert und schüchtern. Schluck's runter, bleib ruhig. Das hat sich geändert. Selbstbeherrschung macht Magengeschwüre, rede ich mir ein. Also brülle ich, manchmal fliegen auch die Fetzen oder Werkzeuge, je nachdem, was gerade so greifbar ist. Gewalttätig bin ich dabei nie, schon gar nicht gegen andere. Aber gelegentlich doch so heftig, dass ich mich hinterher schäme. Ob es Spyder bei seinen Wutausbrüchen auch so geht?

Den Bausatz fürs Kajak habe ich auf der Fahrt aus Los Angeles, wo Loretta über den Winter bei Freunden parkte, bei Marc in Redlands abgeholt. Er hat ihn selbst entworfen. Eigentlich ist er Dozent für Wirtschaftswissenschaften. Aber Fliegen und Boote fand er schon immer spannender. Wir sind uns im letzten Herbst zufällig begegnet, als ich durch Marina Del Rey radelte. Plötzlich fuhr auf der Straße ein SUV vorbei, auf dessen Dachträger zwei Holzkajaks verzurrt waren. Gleich darauf bog der Wagen auf einen Parkplatz, und ich folgte ihm.

»Coole Boote!«

»Danke! Die machen wir selbst, hier in Southern California.«

»Really?! Kann ich mal testen?«

Eine Woche später trafen wir uns an einem Stausee in der Nähe von Marcs Zuhause. Schon nach den ersten Paddelschlägen musste ich breit grinsen. Das Kajak war einfach perfekt: schnell, stabil und schön. Ich erzählte ihm von meinem Plan. Und jetzt, kein halbes Jahr später, lege ich los.

Ich öffne den flachen Karton mit allen Bauteilen und lege sie wie Puzzleteile auf meinen Arbeitstisch, den ich am Vortag aus mitgebrachten Spanplatten, Kanthölzern und Arbeitsböcken vom Baumarkt zusammengebastelt habe. Das Boot wird aus zwölf gut fünf Meter langen und unterschiedlich breiten Holzstreifen zusammengesetzt. Okoume aus Afrika hat sich dabei am besten bewährt, leicht und unglaublich flexibel, besonders als dünnes Sperrholz. Jeder der Streifen besteht zunächst aus drei Teilen, die ich zusammenkleben muss. Dafür hat Marcs Schreiner mit einer CNC-Maschine sogenannte *finger joints* gesägt. Im deutschen Fachjargon wird das als Keilzinkung bezeichnet, was deutlich weniger plastisch klingt als »Holzfinger«, die ineinandergreifen. Ich trage vorsichtig Holzleim auf, schiebe die Teile ineinander, decke die Nahtstellen mit Backpapier ab und lege Ziegelsteine darauf, auch die hat Marc mir mitgegeben. Nach etwa einer Stunde ist alles trocken und ausgehärtet. Nun schleife ich überstehendes Holz und Kleberreste mit einem Handblock ab. »Vorsichtig, das Furnier ist dünn«, haben mich sowohl Marc als auch die Instruktionsvideos, die ich mir im Internet auf seiner Website immer und immer wieder angeschaut habe, gewarnt. Also starte ich behutsam, mit sehr feinem Schleifpapier. Zwischendurch kontrolliere ich. Nichts, es sieht noch genauso aus wie eben. Also noch mal, mit ein bisschen mehr Druck. Doch die Kleberreste sind immer noch deutlich sichtbar. Und das werden sie auch bleiben, wenn ich sie jetzt nicht wegkriege, bevor ich die Glasfasermatten drüberziehe. Also wechsle ich zu gröberem Papier. Na endlich, feines Sägemehl rieselt unter meinem Schleifblock hervor. Kurze Kontrolle. Verdammt! Ein unschöner schwarzer Rand ist an mehreren Holzfingern zu sehen. Es braucht nicht viel, um das helle Furnier abzuschmirgeln und die dunkle Schicht darunter freizulegen. Das werde ich vor allem bei der Arbeit mit der Schleifmaschine später noch frustrierend häufig erfahren.

Als Nächstes bohre ich Dutzende kleine Löcher in regelmäßigem Abstand in die acht fertigen Sperrholzstreifen des Rumpfes, um sie dann mit Draht zu verbinden. Den schneide ich in Dutzende etwa zwanzig Zentimeter lange Stücke, die ich durch die Löcher fädle und mit einer Zange so lange verdrehe, bis die Streifen sich eng aneinanderlegen. In die so entstehenden Nähte werde ich gleich eine Mischung aus Holzmehl und flüssigem Epoxidharz spritzen. Vorher muss ich aber noch die Schotten anbringen. Sie sorgen für Stabilität und werden das Boot später in drei Abschnitte teilen, zwei Stauräume und das Cockpit. Zwei Schotten verbleiben am Ende im Boot, drei weitere setze ich nur temporär ein. Sie ragen über den Rumpf hinaus, sodass ich das Kajak auf den Kopf drehen kann und es dann auf ihnen und dem Arbeitstisch ruht. Alle fünf Schotten werden wie schon die Holzstreifen mit Draht fixiert.

Für die Harzmischung stelle ich zwei Pumpflaschen auf einen kleinen Campingtisch von Spyder. Eine enthält eine Gallone Epoxidharz, knapp vier Liter, die andere eine Gallone Härter. Für jeden Pump Harz braucht es die Hälfte an Härter. Mit einem Holzspatel, wie ihn mein Kinderarzt früher immer benutzt hat, um nach entzündeten Mandeln zu suchen, vermische ich alles gut in einem Pappbecher, der auch in Marcs Komplettset enthalten war. Mindestens eine Minute muss ich alles verrühren, in der ich mich darüber freue, dass mein Kinderarzt immer erfolglos blieb. Die Mandeln helfen mir bis heute, mich gegen böse Keime zu wehren.

Verdammt, jetzt habe ich das Holzmehl vergessen. Schnell schaufle ich es noch aus einem Plastikbecher zu und rühre weiter. *The consistency of peanutbutter* soll das Ganze am Ende haben, heißt es in Marcs Video-Tutorial. In meinem Becher befindet sich aber auch nach reichlich Rühren noch eine viel zu flüssige braune Brühe, die nicht mal die Konsistenz eines Peanutbutter-Milkshakes erreicht. Also schütte ich immer mehr Mehl nach, bis ich endlich irgendwo zwischen streichfestem Honig und Erdnussbutter lande. Prima. Ich nehme eine der Spritzen mit gebogener Spitze, die ich vorher mit einer Schere noch um einen halben Zentimeter gekürzt habe, damit die Paste gleich gut fließen kann. Nun sauge ich den Mehl-Harz-Mix aus dem Becher und beginne mit dem Einspritzen. Komisch, das sah im Video irgendwie anders aus. Bei mir bildet sich kein Wulst über der Naht, die Pampe läuft einfach über das Holz nach unten. Immer noch nicht genug Holzmehl? Also nachlegen und weiterrühren. Wieso wird der Becher in meiner Hand plötzlich so heiß? Ich muss an meinen Chemielehrer denken. Klassische exothermische Reaktion, man kippt zwei Substanzen zusammen, und prompt entsteht Hitze. Als Folge verwandelt sich meine Erdnussbutter in den nächsten Sekunden in eine zunächst zähe Pampe und kurz darauf in steinharte Plaste. Wütend werfe ich den Becher weg und fange wieder von vorne an. Dieses Mal meine ich es wohl zu gut mit dem Holzmehl, die Butter lässt sich kaum aus der Spritze drücken. Egal, schmiere ich die Grütze eben mit einem Spatel auf die Nähte, auch wenn das wahrscheinlich bedeutet, dass ich morgen mehr schleifen muss. Ich will endlich fertig werden, bevor es zu dunkel ist. Wird schon, hoffe ich, als ich später unter die Dusche steige.

Meine *slabbin cabin* ist die einzige Hütte mit eigener Dusche. Die mutet zwar ziemlich archaisch an, aber das ist mir am Ende des Tages völlig egal. Ich ziehe mich aus und öffne die Tür zum kleinen Anbau aus groben Holzlatten. Der Duschkopf hängt etwa auf Kinnhöhe, aber als ich den Riegel fürs Wasser umlege, läuft erfrischend kühles Nass aus dem Kunststofftank über mir. Ich seife mich rasch ein. Leider kann ich nicht ganz aufrecht stehen, die Decke ist zu niedrig, aber ich muss mich ja eh runterbeugen, damit das Wasser aus dem tief hängenden Duschkopf auch die Schultern und den Kopf voll erwischt. Nach fünf Minuten bin ich fertig. Herrlich! Ich schlüpfe in Shorts und neues T-Shirt, schnipsle Tomaten, Gurken, Karotten, Apfel und Käse zu einem Salat, den ich mit Balsamico und Olivenöl anmache und zufrieden in einem Gartenstuhl vor meiner Hütte löffle, während der Wüstenwind mir sanft das frisch gewaschene Haar zerzaust und die Lichterkette am Kunstbaum vor mir rhythmisch flackert. *Life is good.*

»Wie heißt es so schön, wenn du einen ganzen Sommer hier draußen verbringst, hast du einen Fehler gemacht. Wenn du zwei schaffst, stimmt irgendwas mit dir nicht. Und nach dem dritten Sommer bist du ein echter *slabber*«, sagt Bo Keeley. Er lebt seit zwanzig Jahren hier in der Wüste, erst in seinem Auto und in einer Höhle, seit einem Jahr in einem Container am Rande von »Wal-Mart«, wie die *slabber* ihre Müllhalde nennen. Bo ist Tierarzt, hat den Beruf aber nie richtig ausgeübt, sondern in den Siebzigerjahren eine Zeit lang als Racquetball-Profi sein Geld verdient. Und jetzt ist er Vagabund und Autor, reist als Hobo auf Güterzügen durchs Land. Deshalb auch sein Spitzname Bo, von Hobo. Eigentlich heißt er Steven. Manchmal nimmt er gegen Bezahlung Manager mit auf Tour.

»Ich habe mich in den letzten zwanzig Jahren an die Hitze gewöhnt«, sagt er. »Am Anfang hatte ich noch ein Auto und habe manchmal bei vierzig, fünfzig Grad die Fenster hochgekurbelt und die Heizung angeschaltet. Das war dann wie in einer Sauna. Wenn du hinterher aussteigst, fühlen sich fünfzig Grad geradezu erfrischend an.«

Ich lerne Bo beim Abendessen kennen. Dienstag ist Chili Night auf der California Ponderosa. Um Geld zu verdienen, hat Spyder nicht nur den Deal mit Airbnb, er betreibt auch eine kleine Bar und bekocht mindestens einmal die Woche die Nachbarn. Bo kommt regelmäßig.

»Slab City ist der letzte freie Ort auf der Welt«, sagt er. »Alle leben hier umsonst, in Hunderten von Trailern. Also habe ich mich unter sie gemischt, und Slab City wurde zu meinem Studienlabor.«

Bo fasziniert mich auf Anhieb. Die Haut von der Sonne gegerbt, aus dem Gesicht sprießt ein weißer Mehrtagebart. Er trägt einen viel zu großen schwarzen Kapuzenpulli, der mit drei großen, weißen Lettern auf der Brust bedruckt ist, USA, und mal wieder eine Wäsche verdient hätte, genauso wie die staubigen Shorts. Fast ein wenig schüchtern steht er mit seinem Chili Dog unter meiner Arbeitsplane. Ich pausiere kurz, wir wechseln ein paar Worte, dann ist er auch schon wieder weg. Er will nicht stören. Bevor er mit seiner betagten Enduro in die Nacht braust, lässt er mir aber noch zwei seiner Bücher da: *Keeley's Kures*, ein kleiner Ratgeber zu alternativen, teils abstrusen Heilmethoden, die er aus Frust über die Pharmaindustrie gesammelt und aufgeschrieben hat, und *Executive Hobo* über sein Leben als Vagabund auf Güterzügen. Als ich später in Lorettas Campertop liege und im Schein der Stirnlampe den Klappentext lese, erfahre ich, dass Bo schon siebzig ist. Das hätte ich nie geschätzt. Außerdem enthält das Buch eine Liste der von ihm bisher veröffentlichten Werke, mehr als zwanzig sind es, die meisten im Eigenverlag erschienen. Sein Bestseller, *The Complete Book of Racquetball*, hat sich in den Siebzigern mehr als 200 000 Mal verkauft und gilt als Bibel dieses Sports. Von den Tantiemen lebt er noch immer, zumindest teilweise. Auf meine Frage, wie er sein Geld verdient, antwortet er trocken: »Indem ich keins ausgebe. Ich habe lieber die Taschen voller Abenteuer als viel Geld.«

Das klingt romantisch, aber Bo plant seine Abenteuer generalstabsmäßig. Er ist kein Hippie, sondern Wissenschaftler, auch wenn seine Selbstexperimente, die er im Laufe der Zeit ausprobiert hat, befremdlich wirken mögen. Eine Woche ohne Wasser, mehrere Tage ohne Schlaf, 24 Stunden, ohne zu blinzeln. Er schreibt in Spiegelschrift, liest Bücher verkehrt herum, auf dem Kopf. Spinnerei oder Grenzen testen?

Ein paar Tage später ist Bo mein Tourguide durch Slab City, und ich erfahre in den fast drei Stunden, die wir unterwegs sind, so viel Spannendes, dass man ein Buch darüber schreiben könnte. Hat Bo auch schon. Seine *Tales from an Outlaw Town* geben tiefe Einblicke in die zwielichtige Parallelwelt von Slab City.

»Ich bin schon so oft ausgeraubt worden. Hier gibt es niemanden, der nicht schon bestohlen wurde«, sagt er.

Deswegen lebt er jetzt in einem verriegelbaren Frachtcontainer, den er für tausend Dollar extra in die Wüste schaffen ließ, mit Wasserbettmatratze und Couch von »Wal-Mart«, der Müllhalde. Ein paar schlichte Regalbretter, Wasservorrat in Plastikgallonen, Kisten mit Büchern und Lebensmitteln, die er auf einem kleinen Gaskocher mit nur einer Flamme zubereitet.

»Meine Ernährung ist ziemlich fad, das macht mir aber nichts aus«, sagt Bo. »Morgens gibt es Haferflocken mit kaltem Wasser, nachmittags Reis mit ein bisschen getrockneter Petersilie aus der Flasche da. Und abends Ramennudeln mit gewürfelten Tomaten aus der Dose. Kostet mich nicht mehr als fünf Dollar am Tag.« Und wenn's nach einem Monat doch mal zu öde wird, gönnt sich Bo einen Löffel Erdnussbutter zu den Haferflocken.

Am nächsten Morgen ist die Holzmehl-Harz-Mischung ausgehärtet, ich kann mit dem Schleifen beginnen. Erst mit einem Handhobel, dann mit der Maschine. Ich pappe das feinste Papier auf den Exzenterschleifer und setze vorsichtig an. Ah, was für eine Genugtuung. Die braunen Harzreste auf dem Rumpf schmelzen regelrecht unter den ohrenbetäubend lauten Rotationen der Maschine. Leider auch das Furnier, wenn ich nicht rechtzeitig wegziehe oder zu fest aufdrücke. Vor allen Dingen an Bug und Heck summieren sich bald die dunklen Stellen, weil die Maschine auf dem dort stark gewölbten Holz nicht plan aufliegen kann. »Just call it the character of a handmade boat!«, tröstet der Videokommentar auf Marcs

Website. Ich könnte kotzen! Bei den nächsten Arbeitsschritten fluche ich weiter, im Film sieht alles spielerisch leicht aus, in der Realität entpuppt sich die Arbeit am Kajak aber allzu oft als klebrige Katastrophe. Schuld ist vor allem die Hitze. Klar wusste ich, dass es hier in der kalifornischen Sonora-Wüste heiß werden kann. Teilweise sogar über fünfzig Grad. Aber jetzt, im Frühjahr, liegen die Temperaturen normalerweise deutlich darunter. Nur in diesem Jahr nicht. Das wird mich in den kommenden Tagen immer wieder an den Rand der Verzweiflung treiben, weil vor allem die chemischen Baumaterialien dann völlig anders reagieren als in einem klimatisierten Workshop.

Jetzt muss der Rumpf mit einer Glasfasermatte überzogen werden, um das Holz auch wasserdicht zu kriegen. Ich rolle die Matte aus Marcs Bausatz über den kompletten Rumpf und streiche sie glatt. Dann wieder mischen, Epoxid und Härter, dieses Mal ohne Holzmehl. Das flüssige Harz verteile ich mit einer Schaumstoffrolle gleichmäßig auf der Glasfasermatte, die rasch durchtränkt und transparent wird. So weit so gut. Aber auch hier läuft die Chemie schnell Amok, der Becher wird heiß, die Rolle löst sich auf, ich muss sie wegwerfen und mit einer neuen weitermachen. Ich trage bei dieser Arbeit blaue Einweghandschuhe, meine Hände schwitzen, die Handschuhe verkleben. Ich greife zu Aceton, alles ohne Atemschutzmaske. Wahrscheinlich bin ich so *grumpy*, weil die ganzen Lösungsmittel mein Hirn allmählich aufweichen.

Die Tage ziehen sich dahin. Boot umdrehen, drei der Schotten raus, passend sägen, wieder rein, mit Klebestreifen um den Rumpf befestigen, Holzstreifen fürs Deck auflegen und ebenfalls mit Tape fixieren, Erdnussbutter in die Nähte, aushärten lassen, Deck runter, Glasfaser in den Rumpf, Erdnussbutter um die Schotten, Fußstützen einkleben. Ich starte früh, mache kaum Pausen, arbeite lange, manchmal bis in die Nacht. Spyder schraubt mir LED-Lämpchen unters Planendach und hat beim Beobachten meiner Fortschritte deutlich mehr Spaß als ich.

Ich hatte mich auf den Kajakbau gefreut, konnte es kaum erwarten, endlich loszulegen. Aber je mehr das Boot nun Form annimmt, desto griesgrämiger werde ich. War ich bei der Arbeit mit dem Holz noch richtig euphorisch, verabscheue ich die Chemie mit jedem Tag mehr. Leider erkenne ich zu diesem Zeitpunkt noch nicht, dass *ich* das eigentliche Problem bin, nicht die Hitze oder die chemischen Substanzen. Das wird mir auch die Reise auf dem Fluss später für lange Zeit vermiesen.

Den Gipfel meiner schlechten Laune erreiche ich an Tag zehn. Ich muss das Deck wieder vom Rumpf abnehmen, von innen glatt schmirgeln und dann die Nahtstellen mit der Holzmehl-Harz-Mischung ausspritzen. Zum Auftragen der Mischung empfiehlt die Anleitung dieses Mal einen kleinen Gefrierbeutel, bei dem ich einfach eine Ecke abschneiden soll. Dann den Mehlmix einfüllen, Tüte verschließen und die Masse rausdrücken wie aus einer Konditorspritze. Sieht im Video total einfach und plausibel aus. Allerdings verwenden sie dort auch keine Tüte mit ausfaltbarem Boden, wie ich. Mein Schnitt an der Ecke sorgt nämlich nicht für eine feine Öffnung, sondern ein weit auseinanderklaffendes Loch, aus dem die Pampe in großen Batzen herausquillt. Und wieso wird der Beutel jetzt schon wieder heiß? Ich greife erneut zum Spatel, schmiere den Mix aus dem Beutel hektisch in die Nähte, Glasfasertape drauf, Harz darüberpinseln. Zusätzlich klebe ich zwei kurze Holzleisten an Bug und Heck unters Deck. In die werde ich später die Schrauben für die Griffe zum Tragen des Bootes schrauben. Blöd nur, dass meine Erdnussbutter irgendwie nicht aushärten will und die Leisten sich immer wieder lösen. Also beschwere ich sie mit zwei Backsteinen, um sie in Position zu halten, und warte.

Am Abend scheint alles trocken und fest, ich setze das Deck wieder auf den Rumpf, will es mit Klebestreifen fixieren. Aber es passt nicht mehr. An vielen Stellen trifft das Holz nicht mehr bündig aufeinander, sondern klafft auseinander.

Während des Trocknens hat sich das Deck verzogen, ich muss also wieder improvisieren. An manchen Stellen hilft nur jede Menge Holzmehlmix, den ich in mehreren Lagen so reichlich aufs Holz schmiere, bis die Naht wieder halbwegs bündig abschließt. Symmetrie sieht trotzdem anders aus.

Zur Hitze kommt jetzt der Wind. Am zwölften Tag tobt ein heftiger Sturm. Mein selbst gebauter Unterschlupf schwankt, die Plane droht zu zerfetzen. Zum Glück kommen Spyders Freunde mir zu Hilfe. Gemeinsam tragen wir das Boot in meine *cabin* und legen es quer übers Bett. Gerade noch rechtzeitig. Kurz darauf bricht das Gerüst mit der Plane zusammen. Am nächsten Tag muss ich alles wieder neu aufbauen.

Trotzdem geht es voran. Aus den Holzstreifen ist in den letzten zwei Wochen ein fast fertiges Boot geworden, gut fünf Meter lang. Leer soll es laut Bauanleitung nur vierzig Pfund wiegen. Nun folgt der wahrscheinlich nervigste Teil, das komplette Boot muss abgeschliffen werden. Über zehn Stunden dauert das, mit Maschine, Atemmaske und Ohrstöpseln. Zwischendrin wechsle ich die Schleifpapierscheiben, verbrauche sicher ein Dutzend und kann es kaum erwarten, am Abend unter die Dusche zu steigen und den feinen Staub, der an Kleidung, Haut und Haaren klebt, endlich loszuwerden. Jetzt fehlt nur noch der Klarlack, dann kann mein Abenteuer auf dem Missouri beginnen. Endlich.

»Das wird so schön. Und egal welche Fehler du zu sehen glaubst, die fallen niemandem auf«, sagt Victoria. »Das Kajak ist echt toll geworden. Und du hast dich von nichts ablenken lassen. Gar nichts. Echt beeindruckend!«

Sie ist begeistert, und ich freue mich auch jedes Mal, wenn ich sie sehe. Mehrmals die Woche kommt Victoria zur Ponderosa, um die Trailer und *cabins* für die nächsten Gäste sauber zu machen und das Geschirr zu spülen, das sich im Laufe der Zeit auf der Ablage neben meiner Hütte angesammelt hat. Es hat sich herumgesprochen, dass ich hier in der Wüste ein Boot baue. Regelmäßig bekomme ich Besuch, nicht selten ernte ich Bewunderung, aber kein Kompliment klingt so herzlich wie das von Victoria. Anfang dreißig wird sie sein, rote Sneakers, schwarze Jeans, übergroßes, graues T-Shirt, braune Kappe, unter der sie ihre braunen Haare versteckt. Ursprünglich stammt sie aus Atlanta und kam erst vor ein paar Wochen mit ihrem Freund hierher. Gerade haben die beiden eine kleine Hütte aus Paletten gebaut. Die ist hoffentlich stabiler als ihr Zelt, das der letzte Sturm zerstört hat.

»Eigentlich hat deine Reise doch schon vor zwei Wochen begonnen, als du mit dem Kajakbau angefangen hast«, meint Victoria. »Wenn du wiederkommst, wirst du sehen, welchen Unterschied du hier gemacht hast. Ich hoffe, ich bin dann noch da.«

Nach zweieinhalb Wochen in Slab City packe ich zusammen. Wehmütig, wie immer. Trotz aller Frustration beim Bau, dem Hadern mit der Hitze und dem Staub ist mir der Ort ans Herz gewachsen. Besonders wegen Spyder. Zum Abschied umarmen wir uns herzlich. Er gibt mir einen Ponderosa-Sticker mit. Den werde ich später auf eine der Schotten kleben. Eigentlich auch ein guter Name, denke ich, schnalle mein Boot aufs Autodach und brause mit Ponderosa auf Loretta nach Montana.

HELL ROARING
CREEK
THE UTMOST SOURCE
OF THE MISSOURI
RIVER
3768 MILES TO THE
ATLANTIC
THE FOURTH
LONGEST RIVER IN
THE WORLD
MILEAGE SOURCE
U.S.Army Corps of Engineers
Montana DNRC
SPONSORS
John & Ann
LaRandeau
Roaring Creek
Ranch

# KAPITEL 2

Bei jedem Schritt knirscht es unter den Schuhen. Der Schnee ist jetzt im Juni nass und sulzig, aber immer noch meterdick. Rekordwinter in den Rockies. Ich laufe zum ersten Mal auf Schneeschuhen, von einem kurzen Test am oberbayerischen Sudelfeld im März mal abgesehen. Es sind keine handgeflochtenen aus Birkenholz und Rohlederstreifen. Meine Trekkingboots stecken in olivgrünen Plastiktellern, festgezurrt mit Kunstoffgurten. Nicht sehr romantisch, aber praktisch. Etwas unbeholfen stapfe ich in mein Abenteuer. Es ist der 3. Juni, Sonntag. Grell strahlt die Sonne vom fast wolkenlosen Himmel, T-Shirt-Wetter. In meinem Trekkingrucksack steckt nur das Nötigste für heute, die Nacht und morgen. Zelt, Schlafsack, Isomatte, Jacke, Wasser, Snacks. Noch bin ich in Idaho, aber schon in einer Stunde werde ich in Montana sein, wenn alles gut läuft und ich mich nicht verlaufe. Die Region zwischen Montana, Idaho und Wyoming offenbart einige der schönsten und spektakulärsten Landschaften der Rocky Mountains.

Claudia hat vorhin noch ein paar Fotos vom Start gemacht, im Hintergrund die Grand Tetons, deren schneebedeckte

Gipfel sagenhaft und markant in der Ferne aufragen. Jetzt fährt sie Loretta um den Berg und trifft mich morgen auf der anderen Seite – hoffentlich. Claudia ist mein bester Freund. Und wir arbeiten zusammen, seit vielen Jahren schon. Sie begleitet mich auf manchen Reisen, um zu fotografieren, hilft bei der Logistik und organisiert die Vortragstouren, mit denen ich mein Geld verdiene. Jetzt aber bin ich allein, so mag ich's am liebsten. Egal ob mit dem Rad durch Amerika oder mit dem Kanu auf dem Yukon, große Reisen will ich erst mal alleine erleben. Mich ganz auf die Menschen konzentrieren, denen ich unterwegs begegne, und beobachten, wie mich das Unterwegssein verändert. Was ich in den letzten Wochen dabei gesehen habe, gefiel mir nicht. Auch nachdem das Kajak fertig gebaut war, blieb ich schlecht gelaunt. Erst war's das Boot, dessen Bau kein Ende nehmen wollte. Beim Lackieren blieben nach dem Trocknen oft unschöne Nasen zurück, und ich musste wieder ordentlich schmirgeln. Dann fehlten Bauteile beim Ruder, das ich montiert habe, um mir gegen den Wind auf den Seen zu helfen. Letzte Woche war Bozeman in Montana unsere Basis. Wir haben uns in einem Motel einquartiert und den Rest der Ausrüstung gekauft. Paddel, Schwimmweste, Neoprenkleidung, eine faltbare Transportkarre fürs Kajak, GPS-Gerät, Kleinkram, Proviant. Jeden Tag shoppen und wieder umtauschen, wenn's woanders besser oder günstiger war. Dann kam der Regen, so heftig, dass wir nicht aufbrechen konnten. Ich fühlte mich gefangen, ausgebremst, wollte endlich los. Gestern Nacht dann der Wetterumschwung. Blauer Himmel, Sonne, über zwanzig Grad. Perfekter hätte ich mir die Bedingungen für den Start nicht wünschen können. Claudia hat mich unterhalb vom Sawtell Peak rausgelassen, einem Dreitausender in den Centennial Mountains der Rockies. Von dort führt ein Trail durch die Berge. Im letzten August war ich mit Norm Miller hier, damals allerdings ohne Schnee.

Durch den Altschnee vor mir ziehen sich jetzt Spuren von Schneemobilen. Über den Hang neben mir tollt ein Hund. Er ist zusammen mit seinem Frauchen, die mit Tourenskiern unterwegs ist, vom selben Trailhead gestartet wie ich. Der Weg ist im Schnee allerdings nicht zu erkennen. Also wähle ich eine direktere Route. Claudia hat die Koordinaten der Quelle im Internet recherchiert und in mein neues GPS-Gerät eingeben. Form und Bedienerfreundlichkeit erinnern stark an die klobigen Handys der Neunziger. Aber die Ortung verläuft schnell und zuverlässig. Und ich kann nicht nur im Notfall Textnachrichten versenden, sondern auch meinen Aufenthaltsort und das Vorankommen regelmäßig mitteilen und im Internet posten. Eigentlich widerstrebt mir das. Zu viel Hightech, Vernetztheit, Social Media. Ich mag's simpel, stehe auf faltbare Karten, Kompass und Tagebuch, oldschool halt. Aber sämtliche Karten für die Reise in Printform würden wohl meine Ladeluken im Boot sprengen und wären auch teurer als mein handliches Navi zum Sonderpreis.

Ich kontrolliere meine Position, alles im Lot. Über einen breiten Kamm laufe ich in einen Taleinschnitt, und mir wird klar, ab jetzt wird es immer bergab gehen, bis zum Golf von Mexiko, der mehr als 2500 Meter tiefer liegt als die Quelle. Mit meinen Trekkingstöcken suche ich beim Abstieg zusätzlichen Halt im weichen Schnee, rutsche trotzdem mehr, als dass ich gehe, und komme gut voran. Bald piept das GPS, um mir die Ankunft am Zielort zu signalisieren. Noch aber stehe ich mitten im Wald. Aus dem Sommer erinnere ich mich an eine riesige tote Fichte am Rand einer freien Senke, die die Quelle kennzeichnet. Also stapfe ich weiter und erreiche nur Minuten später vertrautes Terrain. Die Felsbrocken und Steine, die den Abstieg mit Norm im letzten Jahr erschwert hatten, sind heute unter der geschlossenen Schneedecke begraben. Leider auch der Steinhaufen, an dem Norm eine alte Munitionskiste mit einem Logbuch für die Missouripaddler und Continental-

Divide-Trail-Hiker deponiert hat. Der Wanderpfad entlang der Rocky Mountains verläuft genau hier durch die Berge. Ich hatte mich im letzten Jahr schon mal verewigt und meine Reise angekündigt. In die Box hat Norm außerdem noch den laminierten Ausdruck eines historischen Berichts über eine Wanderung zur Quelle und Artikel zu einigen der bisherigen Komplettbefahrungen gepackt. Und einen Flachmann, für alle Fälle. Alles im Moment unerreichbar unter den Schneemassen.

Je näher ich der toten Fichte komme, desto lauter wird aber das Rauschen des Wassers, auch wenn ich es nicht sehen kann. Ich setze den Rucksack ab, ziehe die Schneeschuhe aus und folge dem Geräusch. Bis ich einbreche. An der Stelle, wo Norm und ich im letzten Sommer standen, trägt der Schnee nicht mehr. Mein rechtes Bein steckt bis zur Hälfte in Schnee und Wasser. Zum Glück halten die Gamaschen und Gore-Membran vom Trekkingstiefel. Ich ziehe den Fuß aus dem Loch, jetzt kann ich das reißende Wasser auch sehen. Ich greife mit der Hand durch den Schnee und nehme einen kühlen Schluck. Weich und süß schmeckt das Wasser. Ich nehme noch eine Handvoll, schlucke langsam, genüsslich, spüre, wie es kalt und erfrischend meine Kehle hinunterrinnt. Auf gewisse Weise ist der Missouri jetzt in mir, denke ich, setze mich für einen Moment auf einen Felsen daneben und atme tief ein. Noch immer keine Wolke am Himmel. Eine kühle Brise zerrt an den ausladenden Ästen der Bäume. Jeder Schneekristall in diesem Tal wird irgendwann zu einem Wassertropfen schmelzen, der von hier aus seinen langen Weg zum Golf von Mexiko nimmt. Die Tropfen speisen zuerst den Hell Roaring Creek, der unten im Tal in den Red Rock Creek strömt, der zum Red Rock River wird und sich schließlich ins Clark Canyon Reservoir ergießt. Aus dem entspringt der Beaverhead River, der sich mit dem Big Hole River zum Jefferson River vereint, bevor der bei Three Forks gemeinsam mit dem Madison und dem Gallatin River den Missouri formt. Das alles in Montana, über eine Strecke von nicht mal 500 Kilometern. Meine erste Etappe. Die werde ich aber erst morgen angehen. Denn die Nacht will ich hier oben direkt neben der Quelle verbringen.

Mit meinen Schneeschuhen stampfe ich eine kleine Fläche fürs Zelt platt. Die Sonne zieht sich bald hinter die Bergkämme zurück, aber der Himmel bleibt zunächst noch stahlblau und klar. Zum Dinner gibt es einen ziemlich trockenen Käsebagel vom Vortag und Gatorade. Um kurz vor neun wird es langsam dunkel und kalt. Vielleicht friert es heute Nacht sogar noch mal. Die ersten Sterne funkeln am jetzt tiefblauen Himmel. Ich krieche in den Schlafsack, ziehe den Reißverschluss ganz nach oben und freue mich auf morgen.

Hell Roaring Creek, was für ein Name. Für knapp zwanzig Kilometer stürzt er sich durch die Berge vor mir zu Tal, nicht höllisch tosend, aber doch deutlich hörbar rauschend. Dann öffnen sich die Schluchten zu einer weiten Hochebene – dem Centennial Valley. Dort unten wartet Claudia auf mich. Ein schnelles Frühstück, Kirschschnitte aus der Industriebäckerei und Quellwasser, dann baue ich das Zelt ab, mache ein paar letzte Fotos und schnalle die Schneeschuhe an. »Bleib möglichst weit oben«, hatte Norm mir wegen des unwegsamen Geländes und der dicht stehenden Bäume weiter unten schon im letzten Jahr empfohlen. Auch auf dem Satellitenbild sah es so aus, als ob ich mich zunächst rechter Hand an den Bergflanken von Mount Jefferson und Mount Nemesis orientieren könnte, um erst nach Nordwesten und dann um den zweiten Berg nach Norden ins Tal zu laufen. Irgendwann würde sich der hier noch offene Taleinschnitt zum unpassierbaren Canyon verengen. Also steige ich mit den Schneeschuhen schon bald nach meinem Aufbruch bergauf statt runter zum Creek. Hin und wieder erhasche ich einen Blick aufs Wasser, das jetzt für einen kurzen Abschnitt kristallklar über Steine und Felsen sprudelt, ehe es wieder in einem Schneetunnel verschwindet. Nach einer guten Stunde muss ich die Schneeschuhe abschnallen, die Schneedecke ist zu löchrig geworden. Wieder ein herrlicher Sommertag, mit sicher zwanzig, fünfundzwanzig Grad und schier endloser Fernsicht auf andere schneebedeckte Bergrücken und zunehmend braun-grüne Hänge und Täler. Der Hell Roaring Creek zieht jetzt in engen Kurven durch eine weite Ebene unter mir. Dort scheint das Vorankommen verlockend einfach, ich hingegen kraxle weiter über Felsen und Sturzbäche, komme nur mühsam voran. Irgendwann entdecke ich einen ausgetretenen Pfad, der über eine Lichtung führt. Ein kleiner, rechteckiger Holzmarker, der in eine Fichte geschraubt ist, bestätigt meine Vermutung: »C D«.

Ich beschließe, dem Continental Divide Trail für eine Weile zu folgen, schließlich führt der ja laut GPS auch aus dem Canyon und ins Tal. Was für ein Unterschied! Kein zähes Klettern mehr, geradezu leichtfüßig tänzle ich nun durch die inzwischen schneefreie Landschaft. Kurz darauf aber zweifle ich an meiner Entscheidung. Mit jedem Schritt führt der Trail rasanter zu Tal, zum Creek. Und nur ein paar Minuten später stehe ich an manchen Stellen ratlos vor bis zu zehn Meter breitem, dieses Mal wirklich höllisch tosendem Wasser. Der Hell Roaring Creek ist durch das Schmelzwasser zu einer unüberwindbaren Hürde angeschwollen. Wo im Hochsommer sicher eine leicht passierbare Furt den Trail fortsetzt, würden mich die gewaltigen, eiskalten Wassermassen jetzt mit ziemlicher Wahrscheinlichkeit mit sich reißen und mein Abenteuer mit nicht minderer Wahrscheinlichkeit tragisch enden lassen. Ich kämpfe mich durchs Gestrüpp am Ufer, kann aber einfach keine sichere Stelle zum Passieren ausmachen. Enttäuscht kehre ich nach ein paar Minuten um, gehe den Trail ein Stück weit zurück und schlage mich dann geradewegs den Berghang hinauf. Die Steigung wird rasch immer krasser. Ich laufe im Zickzack, muss aber trotzdem bald die Hände zu Hilfe nehmen. Auf allen vieren suche ich nach einer Route, aber je höher ich komme, desto unwegsamer und steiler wird es. Ich muss an die Golden Stairs auf dem Chilkoot Trail in Alaska denken, die erste Etappe meines Yukon-Abenteuers. Dort hatten sich die Goldsucher Ende des neunzehnten Jahrhunderts wie die Ameisen Richtung Kanada gekämpft. Vierzig, fünfundvierzig Grad Gefälle sollen die »Goldenen Stufen« haben. Auch dort habe ich mich damals auf allen vieren übers Geröll geschleppt. Die wackligen Steine boten aber zumindest einigermaßen Halt. Hier scheint es mir nicht minder steil, im Gegenteil, und auf dem moosigen Untergrund rutsche ich immer wieder aus. Dazu kommen die Bären, schwarze und braune. Sämtliche Vertreter beider Arten in den Rocky Mountains sind bei der Hitze der letzten Tage bestimmt aus der Winterruhe erwacht und nun auf der Suche nach Nahrung. So haben mich zumindest die Ranger, mit denen ich im Vorfeld gesprochen habe, gewarnt. Zum Schutz trage ich deshalb eine Dose Bärenspray am Gürtel. Aber würde ich die auch im Ernstfall schnell genug aus dem Halfter kriegen? »Hello Brother Bear, it's just me, no harm!«, sage ich zur Sicherheit laut und in kurzen, regelmäßigen Abständen vor mich hin in der Hoffnung, dass die Bären hier Englisch mit deutschem Akzent verstehen und nicht schwerhörig sind. Endlos kommt mir der Aufstieg vor. Statt nach Norden Richtung Centennial Valley zu laufen, stolpere ich immer weiter in die Höhe. Erreiche ich eine Kante, offenbart sich dahinter meist ein tiefer, unüberwindbarer Canyon. Also weiter aufwärts. Eigentlich sollte die Strecke von meinem Camp an der Quelle bis zum vereinbarten Treffpunkt nicht länger als zwanzig Kilometer sein. Ein Fußgänger schafft das in normalem Gelände locker in vier, fünf Stunden. Ich bin schon jetzt fast doppelt so lange unterwegs, kann aber das erlösende Tal noch immer nicht sehen. Ich pausiere für einen Moment, nehme den letzten Schluck Wasser aus der Trinkflasche. Wenn es noch viel länger dauert, muss ich hier an einem Bach nachfüllen. Ich greife zum Funkgerät und versuche mein Glück. Wir haben letzte Woche in Bozeman ein Paar gekauft, um uns verständigen zu können, wenn das Handy keinen Empfang hat. Aber Claudia antwortet nicht.

Schwerfällig wuchte ich meinen Körper mit Rucksack aus dem Sitzen in die Aufrechte. Weiter geht's. Ich muss an Norm denken. »Schau nicht aufs Ziel«, hatte er im Vorfeld geraten, »sonst machst du dich fertig.« Schritt für Schritt, Meter um Meter. So erreiche ich einen Kamm, hinter dem plötzlich zum ersten Mal der Blick aufs Centennial Valley frei wird. Ich greife wieder zum Funkgerät.

»Kannst du mich hören?« Ich atme schwer. Das Tal wirkt wild, weit und flach wie eine Tafel. Auf der anderen Seite erheben sich die sanften Hügel der Gravelly Mountains. Auch den Creek sehe ich jetzt wieder. Wie eine endlose Schlange windet er sich in engen Kurven durch die baumlose Landschaft, unterbrochen nur vom schmalen beigen Band der Straße, die eigentlich eine grobe Schotterpiste ist. Das Grün am Ufer des Bachs strahlt heller, verliert sich aber bald in den Grau- und Brauntönen der Steppe, die von weiteren Wasserläufen zerfurcht wird. Am Fuß der gegenüberliegenden Berge zeichnen sich schemenhaft die Dächer einer einsamen Farm ab. Da! Ich erkenne Loretta.

»Kannst du mich hören?«, frage ich erneut.

Es rauscht und kratzt aus dem Lautsprecher.

»Ja, kann ich!«

Knapp zwei Stunden später nähere ich mich dem Stacheldrahtzaun, der die Straße und das Tal vom Fuß der Berge trennt. Vieles hier ist Privatbesitz, vor allem Viehweide. Zwölf Stunden sind seit meinem Aufbruch von der Quelle am Morgen vergangen. Über eine Furche am Berg steige ich zu

Tal, torkle durch weiches Gras zwischen den Armen des Hell Roaring Creek, der sich hier in der Ebene breit verzweigt. Völlig fertig erreiche ich den Zaun und Claudia. Wir fallen uns in die Arme. Sie reicht mir eine Wasserflasche, an der ich gierig und unersättlich sauge wie ein Kalb an Mutterzitzen. Ein Foto noch am ikonischen Marker, der den Creek als die höchste Quelle des Missouri ausweist.

*Hell Roaring Creek. The Utmost Source of the Missouri River. 3768 Miles to the Atlantic. The Fourth Longest River in the World.* 6064 Kilometer wären das. Aber wer kann das schon genau nachmessen.

Ich nehme den Rucksack ab und zwänge mich flach unter dem Stacheldrahtzaun durch. Loretta parkt neben der Straße, direkt am Creek. Erst jetzt bemerke ich wieder die Mücken. Zu Hunderten umschwirren sie uns. Auch am Berg nervten sie schon gewaltig. Je weiter ich abgestiegen bin, desto häufiger musste ich das Moskitospray nachsprühen. Ein kleiner Vorgeschmack auf den weiteren Verlauf der Reise.

Die Nacht verbringen wir an Ort und Stelle. Es ist zu spät, um noch weiterzufahren, erst recht mit dem Rad. Denn morgen will ich aufs Mountainbike umsteigen und dem Wasserlauf für die nächsten hundert Meilen bis zum Clark-Canyon-Damm folgen. Claudia hat es mitgebracht, ein superleichtes Hardtail aus Carbon. Mein Boot ist zu lang für die engen Kurven von Hell Roaring Creek und Red Rock Creek. Und auf dem Red Rock River versperren auch noch zahlreiche Stacheldrahtzäune den Weg. Mit ihnen versuchen die Rancher, ihre Rinderherden auf den Weiden zu halten. Das ist zwar eigentlich illegal, Flüsse bleiben *public property*, auch wenn sie durch Privatland fließen. Aber wer kann's den Ranchern verdenken. Normalerweise hat ja auch niemand Interesse daran, auf den Flüsschen hier zu paddeln. Außerdem sind die beiden Seen, in die der Red Rock Creek weiter stromabwärts fließt, zurzeit wegen der dort nistenden Trompeterschwäne gesperrt. Bleibt also eigentlich nur, zu laufen oder zu radeln, wenn man aus eigener Kraft weiter vorankommen möchte. Vom Wandern habe ich nach dem heutigen Marathon erst mal genug. Zwei pflaumengroße, nässende Blasen an den Fersen und noch mehr der dicke, unförmige Wulst über meiner rechten Kniescheibe verdeutlichen mir unmissverständlich: Eine Karriere als Long-distance-Hiker kann ich wohl abschreiben.

»Die ersten Rinder kamen 1876 hier ins Tal, also genau zum *Centennial*, zur Hundertjahrfeier der Vereinigten Staaten. Daher hat das Tal auch seinen Namen«, erklärt mir Bill West. Wir sitzen in seinem Büro in Lakeview. Der kleine Ort wurde Ende des neunzehnten Jahrhunderts gegründet als Gemeinde von Schaf- und Rinderzüchtern. Schnell war die Piste nach Lakeview zur Hauptroute für die Kutschen voller Touristen zum noch jungen Yellowstone Nationalpark geworden. Bald gab es Geschäfte, ein Café, eine Schmiede, einen Saloon und ein Hotel, später sogar eine Schule. 1935 wurde dann ein großes Gebiet in der Nähe als *Red Rock Lakes National Wildlife Refuge* ausgewiesen, um die Trompeterschwäne zu schützen. Die Gebäude fürs Hauptquartier errichtete man in Lakeview. Und dort ist Bill der Projektleiter.

»Das hier ist das größte Feuchtgebiet im Großraum des Yellowstone, und die Trompeterschwäne fühlen sich bei uns wohler als irgendwo sonst«, sagt er.

Trompeterschwäne sind groß, über anderthalb Meter und schneeweiß. Sie sehen aus wie unsere Höckerschwäne, aber mit schwarzem Schnabel. Bis zu dreißig Pfund können sie wiegen und sind damit die schwersten Vögel in Nordamerika, die fliegen können. Um sich zu verständigen, tröten sie mit ein bisschen Fantasie wie eine Trompete, daher der Name. Ihre Flügelfedern wurden früher als Tintenschreiber verwendet, ihr Brustgefieder für Kissen. Durch das Bevölkerungswachstum siedelten Menschen plötzlich auch dort, wo die Schwäne einst genistet hatten. Mitte der 1930er sollen keine siebzig Schwäne mehr existiert haben – weltweit! Mittlerweile haben sich die Bestände erholt, es gibt wieder Zehntausende, auch dank des *Red Rock Lakes National Wildlife Refuge*.

»Hier ist es wie im Yellowstone, nur ohne die Touristenmassen. Abgesehen von Bisons und Geysiren haben wir eigentlich so ziemlich alles, was es dort auch gibt«, schwärmt Bill. Er stammt aus Missouri und kam vor zehn Jahren hierher nach Montana, um das Naturschutzgebiet zu leiten. Knapp 12 000 Besucher kommen jedes Jahr ins *Refuge*, in den Yellowstone Nationalpark mehr als vier Millionen. Ein interessantes Phänomen, das in ganz Amerika und wahrscheinlich überall auf der Welt zu beobachten ist. Der Mensch scheint die Natur erst dort so richtig zu schätzen, wo sie offiziell als besonders spektakulär ausgeschildert ist. Dass die Landschaft an den Rändern der Nationalparks oftmals genauso grandios und wesentlich weniger überlaufen sein kann, interessiert kaum einen.

Bevor ich wieder aufs Rad steige und weiterfahre, hat Bill noch einen Auftrag für mich:

»Vielleicht entdeckst du ein Nest mit Jungschwänen und kannst uns darüber informieren. Außerdem wüssten wir es gerne, wenn du großen Raubtieren begegnest, Wölfen und Grizzlybären. Oder Elchen, besonders, wenn es sich um eine Kuh mit ihren Kälbern handelt. Dann kann unser Team entsprechende Vorsichtsmaßnahmen treffen.« Wie die konkret aussehen würden, erzählt er mir nicht mehr. Und ich frage nicht nach. Wird schon gut gehen, denke ich stattdessen, in Alaska ist ja auch nie was passiert. Wenn mir dort überhaupt Wölfe, Grizzlys und Elche über den Weg gelaufen sind, haben die Tiere meist Reißaus genommen, bevor ich sie fotografieren konnte. Vielleicht gelingt mir das ja dieses Mal, überlege ich und ahne noch nicht, wie nah eine solche Begegnung tatsächlich ausfallen kann. Wir verabschieden uns, Bill hat einen Termin in der Stadt, in Bozeman, über drei Stunden mit dem Auto von hier entfernt.

Ich hatte mit Bill schon Monate vor Beginn der Reise Kontakt aufgenommen und nach einer Ausnahmegenehmigung zum Paddeln im *Refuge* gefragt. Damals überlegte ich noch, ob es nicht vielleicht doch möglich wäre, gleich nach Ende meines Hikes zur Quelle ins Boot umzusteigen. Ein paar meiner Vorgänger hatten das versucht. Einige waren gescheitert, andere berichteten von lebensgefährlichen Situationen an den Zäunen. Bill schickte mir ein Formular zum Ausfüllen, äußerte ebenfalls seine Bedenken, gewährte mir aber überraschend meinen Wunsch. Trotzdem entschied ich mich erst mal für das Rad. Aber jetzt unterbreche ich meine Mountainbike-Tour und will das Kajak ausprobieren. Claudia und ich fahren ein paar Meilen auf der Piste zurück zu einer Stelle, wo der Red Rock Creek parallel zur Straße verläuft. Ich inspiziere das Ufer, suche nach einem Einstieg. Der Creek ist hier kaum breiter, als mein Boot lang ist, und strömt in einem rasanten Tempo. Mannshohe Weidenbüsche und kleine Bäumchen säumen den kristallklaren Wasserlauf. Es ist später Vormittag, sonnig und warm. Wir nehmen das Kajak von Lorettas Dach und tragen es ans Wasser. Ich packe nur das Nötigste ein, Wechselkleidung, Wasser, ein paar Snacks und die Kamera, wasserdicht verpackt in einer kleinen Tasche mit Rollverschluss. Sollte ich nicht längst völlig euphorisch sein? Ekstatisch vor Freude, dass ich nach Monaten der Planung und wochenlangem Bootsbau endlich mit meinem Kajak ins Abenteuer starten kann? Stattdessen bin ich nervös, zögerlich. Was, wenn ich kentere, das Boot beschädige, mich verletze? Der kühne Abenteurer hat die Hosen voll. Und ich weiß nicht mal, warum. Ja, man wird vorsichtiger im Laufe der Zeit, ein ganz natürlicher Prozess.

Jugendlicher Leichtsinn und Übermut weichen überlegtem Abwägen und Lebenserfahrung. Verändern sich damit neben der Herangehensweise auch die Erwartungen an eine Reise?

Angespannt steige ich ins Boot, das Claudia vom Ufer aus festhält, ziehe die Spritzdecke über den Süllrand des Cockpits und stoße in die Strömung. Das Wasser trägt mich schnell fort, ich muss gar nicht paddeln und rase nach kaum hundert Metern unsicher wie ein Anfänger in die erste Rechtskurve. Um einen Crash mit der Böschung zu vermeiden, paddle ich hektisch auf einer Seite, steuere auf der anderen gegen. Es passiert trotzdem. Mit voller Wucht kracht der Bug in die Büsche, das Kehrwasser dreht mein Boot in die falsche Richtung, ich fluche. Laut. Sehr laut. Und sehr derb. Kann mich ja eh keiner hören, außer die Schwäne und der Rest der Vogelschar. Rückwärtspaddeln, beidrehen, neuer Anlauf. Dieses Mal kriege ich die Kurve, allerdings zu nah am Ufer. Zweige und Äste kratzen quietschend übers Deck, ich ducke mich und halte das Paddel schützend vor meinen Kopf, versuche die Balance zu halten. Irgendwie schaffe ich es zurück in die Hauptströmung und gleich darauf in die nächste Kurve nach links. Ich versuche, dieses Mal rechtzeitig gegenzusteuern, wie ein Skirennfahrer, der schon weit vor dem Tor zum Schwung ansetzt. Schaffe ich auch, aber zu früh, das Heck kracht seitlich in die Büsche, das Kehrwasser dreht mein Boot wieder in die falsche Richtung. Ich fluche. Wieder sehr laut. Und wieder sehr derb. So geht es unablässig weiter, Kurve um Kurve. Der Red Rock Creek mäandert so stark, dass es kaum einen gerade verlaufenden Abschnitt zum Verschnaufen gibt. Ich bin voll konzentriert und bekomme mit jeder Schleife etwas mehr Routine. Nicht nur Gegensteuern, auch Rückwärtspaddeln wird zur richtigen Strategie. Ich bin nicht mehr Spielball, sondern kann mein Vorankommen zunehmend besser kontrollieren. Die Anspannung lässt nach. Bis ich die Elchkuh entdecke.

Bill hatte mich ja schon vorgewarnt. Und die Statistiken sind sich einig: Elche sind für den Menschen gefährlicher als die großen Raubtiere. In Alaska gibt es jährlich mehr Angriffe von Elchen als von Wölfen und Bären zusammen. Besonders brenzlig kann es werden, wenn man einer Elchkuh mit ihrem Kalb begegnet. Nicht selten reagieren die Tiere extrem aggressiv aus Angst um ihren Nachwuchs. Um ihre Jungen zu schützen, ist die Mutter zu allem bereit. Meine Kuh hat gleich zwei Kälber. Als die Tiere mich bemerken, stürzen sie sich panisch ins Wasser, keine zwanzig Meter vor mir. Ich kann gerade noch bremsen und mich am anderen Ufer festkrallen. Die Mutter quert den Red Rock Creek mit wenigen Sätzen, ein Kalb folgt ihr in kurzem Abstand. Das zweite nicht. Die Strömung ist zu stark, das Wasser zu tief, die Böschung zu steil. Verzweifelt schreit es nach der Mutter, die ihre Flucht sofort abbricht und zurück ans Ufer kommt. Breitbeinig stellt sie sich an den Rand und beäugt mich misstrauisch. Das Kleine versucht es immer wieder, kämpft mit aller Kraft gegen die Strömung, schreit um sein Leben. Die Elchkuh schnaubt drohend in meine Richtung, als ob ich schuld an allem sei. Stimmt ja auch. Wäre ich nicht hier, hätten sie das saftige Gras auf ihrem sonnigen Plätzchen am Wasser entspannt weiter genießen können. Hoffentlich halten die Zweige, an denen ich mich festhalte. Wenn sie abbrechen, treibt mich die Strömung in Sekunden zu dem verzweifelt strampelnden Kälbchen, und dann würde die Mutter mit Sicherheit angreifen. Minuten vergehen. Jeder neue Anlauf vergeblich. Das Kleine wirkt immer schwächer, treibt ein Stück ab, probiert es dort am Ufer und scheitert wieder. Mit letzter Kraft kämpft es sich irgendwie zurück zur Mutter, die am Ufer hilflos ihren Kopf Richtung Wasser neigt, wie um Mut zuzusprechen. Ich würde gerne einstimmen, mithelfen, weiß aber nicht, wie. Halt durch, bleib ruhig, du schaffst das. Und tatsächlich scheint das Kälbchen jetzt mit den Vorderläufen Halt zu finden. Kräfte sammeln,

Schwung holen – und mit einem letzten Kraftakt wuchtet es sich ans rettende Ufer zu Mama. Wir alle sind erleichtert. Die drei suchen schnell das Weite und verschwinden im Unterholz. Ich warte noch einen kurzen Moment, bis die Luft rein ist. Dann lasse ich los und treibe mit der Strömung weiter, jetzt noch wachsamer.

Es bleibt nicht bei dieser einen Elchbegegnung, die anderen aber verlaufen deutlich weniger brenzlig. Auch unzählige Vögel schrecke ich auf, aber keine Schwäne. Dafür erhasche ich beim Vorbeirauschen einen kurzen Blick auf einen Wolf. Vielleicht war's auch nur ein großer Kojote. Schade, dass ich vor lauter Manövrieren keinen Blick für die grandiose Landschaft habe. Die Weite des Tals ist überwältigend. Fünfzehn bis zwanzig Kilometer erstreckt es sich als breite, tellerflache Ebene zwischen schneebedeckten Bergrücken zu beiden Seiten. In der Sonne strahlt das Grün der Büsche und Gräser noch frischer, dazu wieder stahlblauer Himmel. Eine solche Szenerie müssen die Werbetexter im Sinn gehabt haben, als sie Montana den Slogan *Big Sky Country* verpassten. Der Inbegriff schier grenzenloser Freiheit.

Ich erreiche das Ende des Red Rock Creek. Er ergießt sich in den größeren der beiden Red Rock Lakes. Die Strömung stoppt hier abrupt. Dafür bläst der Wind kleine Wellen übers Wasser. Ich pausiere mitten auf dem See. Endlich Zeit für einen Schluck Wasser und einen Energieriegel, ohne Gefahr zu laufen, in die nächste Kurve zu krachen und womöglich zu kentern. Eine Viertelstunde Durchschnaufen, dann paddle ich weiter. Ich halte mich nah am Ufer, ohne zu wissen, wo genau es am Ende weitergeht. Meine Karte ist eine simple Kopie aus dem Laserdrucker, die Bill mir mitgegeben hat. Ein buntes, aber wenig detailliertes Blatt zur groben Orientierung. Erst beim vierten Anlauf finde ich den Auslass am Westende des

Sees und steuere in einen kleinen Kanal, der mich bald darauf in eine breite Bucht führt. Das Wasser ist flach, strömt aber wieder deutlich wahrnehmbar. Ich scheuche Dutzende von Vogelfamilien auf und vor mir her. Panisch suchen sie das Ufer, um sich dort zu verstecken. Mir ist die ganze Aufregung unangenehm, regelrecht peinlich. Ich tue euch doch nichts, will nur mal eben hier kurz vorbei.

Mehr als 200 Vogelarten wurden im *Red Rock Lakes National Wildlife Refuge* gesichtet. Wasservögel wie Enten, Pelikane, Reiher und Ibisse. Greifvögel wie Adler, Habichte, Falken und Eulen. Dutzende Singvögel und stattliche Kanadakraniche mit ihrer markanten roten Krone. Ein feuchtes, sumpfiges Paradies umrahmt von Bergen und Hügelketten. Der Wasserweg wird nun mehr und mehr zum Labyrinth aus Schilfgras, Buchten und Verzweigungen. Ich versuche, den Überblick nicht zu verlieren und die westliche Richtung zu halten. Plötzlich sitze ich fest. Das Wasser ist zu flach geworden. Zum Glück ist der Grund morastig und weich, keine Gefahr für mein Boot. Ich versuche, mich zu befreien, stakse mit dem Paddel durch den Sumpf, bis ich wieder genug Wasser unterm Kiel habe und vorsichtig weiterpaddeln kann. Viele Stunden sind seit meinem Start vergangen. Claudia hat inzwischen Loretta zum Lower Lake, dem zweiten See im Schutzgebiet, gefahren. Dort gibt es eine kleine Wiese mit Klohäuschen zum Campieren, auf der wir übernachten wollen. Ich öffne meine blaue Decktasche auf dem Boot und greife zum Funkgerät. Sie antwortet gleich auf meinen ersten Versuch. »Aber ich kann dich nicht sehen!«

Ich sie mittlerweile schon. Die beiden Plumpsklos und Lorettas Silhouette zeichnen sich im Gegenlicht der tief stehenden Sonne deutlich erkennbar vor der sonst flachen Seenlandschaft ab. Ich beschreibe ihr meine Position, bis auch sie mich entdeckt und zur Kamera greift. Sie ist nicht allein. Neben ihr im Gras sitzt ein Mann, der abwechselnd Bier aus einer Dose schlürft und den Blick über die Landschaft schweifen lässt. Als ich mich dem Ufer nähere, beschließen wir, das warme Abendlicht für ein paar weitere Fotos zu nutzen. Claudia dirigiert mich per Funk. »Noch ein Stück raus, nach links, nee, wieder zurück, jetzt schräger, einen Tick mehr …« Der Mann steht auf und sucht das Weite. Er hat noch irgendwas gebrummelt »nicht mal hier draußen, in the middle of nowhere, hat man seine Ruhe«, erzählt sie mir später.

Regen prasselt auf mein Zelt, als ich aufwache. Ein Vorzeichen für den Rest des Tages. Zwischen den zerzausten Wolkenfronten kämpft sich aber auch immer wieder die Sonne durch. Ich will dem Wasserlauf weiter mit dem Mountainbike folgen. Etwa achtzig Kilometer sind es bis Lima, einem 200-Seelendorf, unserem Tagesziel. Meine Ausrüstung verpacke ich in wasserdichte Bikepackingtaschen, die ich an Lenker, Rahmen und Sattelstütze schnalle. Wir verladen das Kajak wieder auf Loretta, und los geht's. Claudia fährt voraus, ich folge mit einigem Abstand. Die Schotterstraße verläuft erst am Südrand des Tals, bald aber müssen wir nach Norden abbiegen.

»Da würde ich nicht langfahren, alles überflutet«, warnt uns ein Rancher auf seinem Quad an der Weggabelung. Wir wollen es trotzdem probieren. Nach ein paar Kilometern stehen wir vor einer breiten Lache, die sich gut hundert Meter quer über die Furchen der Piste zieht.

»Lass mich probieren und schauen, wie weit ich komme«, schlage ich vor, ziehe meine Regengamaschen über die Schuhe und trete in die Pedale. Ich versuche, möglichst viel Speed mitzunehmen, damit die Reifen sich im Schlamm unterm braun-trüben Wasser nicht festfahren. Mit Vollgas presche ich ins Ungewisse. Kalter Schlamm spritzt auf. Je weiter und tiefer ich in die Lache komme, desto rutschiger wird es. Ich verliere erst an Geschwindigkeit, dann fast das Gleichgewicht, die Räder drehen durch. Aber ich schaffe es, ohne abzusitzen. Und Loretta, schwer beladen, ohne Allradantrieb? Kommt sie ins Schleudern, bleibt nicht viel Platz. Zu beiden Seiten der Piste begrenzen Stacheldrahtzäune die Viehweiden. Und was, wenn wir festsitzen? Weit und breit keine Häuser oder Menschen. Ich müsste zurück zum Rancher auf seinem Quad, wenn der dann überhaupt noch da ist, und kleinlaut um Hilfe bitten. Während ich überlege, stürzen sich Schwärme von gierigen Mücken auf mich. Irgendwo habe ich mal gelesen, dass Schwarz ihre Lieblingsfarbe ist. Leider auch meine. Schwarzes Shirt zu schwarzen Shorts trage ich gerade, und das rettende Spray befindet sich auf der anderen Seite in Loretta. Ich will gerade umdrehen, als ich Motorengeräusche höre. Ein weiteres Quad nähert sich. Ich warte, bis der Fahrer mich erreicht. Scott, ein Rinderzüchter aus dem Tal. Wir plaudern, erst über meine Reise, dann über den Zustand der Straße.

»Oh, es ist wirklich nur dieses kleine Stück hier. Dahinten ist alles wieder gut«, sagt er.

»Ich bin unsicher, ob wir das mit dem Truck schaffen«, sage ich.

»Aber klar, und wenn nicht, ziehe ich euch raus!«, verspricht Scott.

Bingo! Ich lasse das Rad zurück, springe zu Scott auf das Sitzpolster für Mitfahrer, und wir düsen zusammen zu Claudia und Loretta. Dabei checken wir die Beschaffenheit des Untergrunds. Die beiden Fahrrinnen sind voller Morast, aber in der Mitte und am Rand scheint der Boden einigermaßen fest zu sein. Einen Versuch ist es wert. Claudia tauscht den Platz mit mir und setzt sich jetzt zu Scott aufs Quad. Die beiden drehen gleich wieder um und fahren zurück ans andere Ende der Lache.

»We're gonna make it!«, spreche ich mehr mir als Loretta Mut zu, setze mich hinters Steuer, schließe die Tür und trete aufs Gas. Bloß nicht bremsen. Ich peile den linken Rand der

Straße an, setze die rechten Reifen auf den Erdwulst in der Mitte zwischen den Fahrrinnen. Die linken Reifen greifen auf Schotter und Gras. Ich gebe noch mehr Gas, trete das Pedal durch. Wieder spritzen Schlamm und Wasser in hohem Bogen zur Seite. Loretta rutscht, das Heck bricht aus, ich steuere dagegen, die Hälfte haben wir schon. Jetzt nicht nachlassen. Sie schlingert weiter, vorwärts, Fuß auf dem Gas lassen, noch zwanzig Meter, noch zehn. Geschafft.

Wir danken Scott für seine Hilfe, tauschen Adressen aus und rollen weiter. Erst über den Red Rock River, der verführerisch sanft unter einer alten Stahlbrücke hindurchfließt, dann scharf links entlang der Hügel am Nordrand des Centennial Valley, den Fluss in der Ferne immer im Blick. Die Piste steigt jetzt an, ich muss aus dem Sattel und trete stehend in die Pedale. Wolken drohen dunkel und regenschwer, auch der Wind wird stärker. Ich versuche, so viel Strecke wie möglich zu machen, bevor das Unwetter so richtig loslegt. Die Straße windet sich in einem steten Auf und Ab durch die Hügel, weitere Überflutungen bleiben uns glücklicherweise erspart. Der Regen nicht. Schwere Tropfen prasseln bald sintflutartig auf die Hänge und erwischen auch mich. Claudia hält mit Loretta, ich kann mich gerade noch zu ihr retten. Das Rad lehne ich an den Truck und steige zu ihr in die Fahrerkabine, wo wir den stärksten Niederschlag gemeinsam im Trockenen aussitzen. Als der Regen nachlässt, steige ich zurück aufs Rad. Unten im Tal wird der Red Rock River jetzt zum Lima Reservoir gestaut, dem ersten von vielen weiteren Stauseen, durch die ich stromabwärts paddeln werde. Drei Pferde traben vor mir auf der Straße. Ich kann nicht erkennen, von welcher Weide sie ausgebüxt sind. Die Rancher trennen ihre Ländereien durchgängig mit Zäunen, wo die Straße eine Weide quert, sind Viehgitter eingelassen, über die sich die Tiere nicht trauen. Ich bremse, will die Pferde nicht noch weiter verunsichern. Mit weit aufgerissenen

Augen suchen sie am Zaun nach einem Durchlass und preschen dann im Galopp davon. Bis zum Viehgitter, vor dem sie verharren und mich beobachten. Ich rolle langsam weiter, auf sie zu. Bei den Vögeln war ich entspannter. Die haben zwar auch nicht kapiert, dass ich nichts Böses im Schilde führe, aber sie haben auch keine halbe Tonne gewogen, pro Exemplar. Ich muss an den drei vorbei, sonst kann ich nicht weiterfahren. Wie versteinert stehen sie vor dem Gitter. Die beiden Zäune rechts und links der Straße liegen insgesamt vielleicht zwanzig, dreißig Meter auseinander. Die Tiere werden unruhiger, tänzeln aufgeregt zwischen den Zäunen hin und her. Plötzlich entscheiden sie sich für eine Seite und preschen rechts an mir vorbei. Freie Fahrt. Nur ein Reh springt später noch kurz vor mir über die Straße nach Lima. Gegen 21 Uhr sind wir da. Es ist kalt, feucht und fast dunkel geworden. Wir nehmen ein Zimmer im einzigen Motel, gleich neben der Interstate. Aus der heißen Dusche mag ich später gar nicht mehr rauskommen.

Lima ist trotz seiner geringen Größe bekannt. Als Versorgungspunkt für die Hiker auf dem nahen Continental Divide Trail und wegen Gopher Fest. Das lockt jedes Jahr mehr als hundert schießwütige Jäger in den kleinen Ort. Sie treffen sich an einem Samstag im Juni um zehn bei der Tankstelle, Ralph's Exxon, und haben dann sechs Stunden Zeit, um möglichst viele Erdhörnchen von den Feldern zu ballern. Wer die meisten schafft, gewinnt, danach gibt's Barbecue und Tombola. Kritiker sehen darin ein blutrünstiges Abschlachten aus Lust am Töten. Fans loben das Event als prima Möglichkeit, die lästigen Plagegeister davon abzuhalten, weiter Felder, Weiden und Grundstücke zu verwüsten. Wir verpassen das diesjährige Massaker um fünf Tage, zum Glück.

Auch der nächste Tag bleibt regnerisch. Ich ziehe die Regenkleidung über und dann sofort wieder aus, wenn die

Schauer vorbei sind, weil die Sonne mich sonst kocht. Besser als frieren, rede ich mir das ständige Hin und Her schön. Gut fünfzig Kilometer noch, dann darf ich endlich wieder ins Kajak, das ich erst am Golf von Mexiko wieder verlassen werde. Natürlich werde ich zwischendrin aussteigen, aber Paddeln wird nach dem Hiken und Radeln bis zum Ziel die letzte Disziplin meines Abenteuertriathlons sein. Wir folgen dem alten Highway 91 parallel zur Interstate 15 nach Norden. Kurz vorm Clark Canyon Reservoir muss ich für gut zehn Kilometer auf die Autobahn. Das ist Radfahrern in Amerika tatsächlich überall dort gestattet, wo es keine Alternative gibt. Meist ist der Seitenstreifen breit, sodass der Verkehr zwar nervt, aber abgesehen von Auf- und Ausfahrten nicht wirklich gefährlich wird. Ich bin trotzdem froh, als ich nach etwa einer halben Stunde abfahren kann. Ein paar Kilometer bleibe ich noch auf der Straße, die am Beaverhead River entlangführt. Dort werde ich meine Reise morgen fortsetzen. Wir inspizieren den Wasserstand und mögliche Stellen zum Einsetzen, bevor wir zurück zum See fahren, wo wir an historischer Stelle campieren wollen.

# KAPITEL 3

*»Ich sah in der Ferne einige Indianer zu Pferd, die auf mich zukamen. Der Übersetzer und seine Squaw, die sich in einiger Entfernung vor mir befanden, tanzten vor Freude über den Anblick.«*

So schrieb es William Clark am 17. August 1805 in sein Tagebuch, als er etwa an die Stelle kam, an der jetzt mein Zelt steht. Entlang der gesamten Route von Lewis und Clark stehen immer wieder Infotafeln an den Highways oder direkt am Fluss, die ihre Schriften zitieren. Auch ihre Expedition lagerte hier, und wegen der freudigen Ereignisse bekam der Platz am Red Rock River den Namen Camp Fortunate, das Glückliche Camp. Aber der Reihe nach.

Captain Meriwether Lewis und Lieutenant William Clark gelten in Amerika als Volkshelden. Die beiden Freunde zogen 1804 im Auftrag von Präsident Thomas Jefferson in den Westen, um unbekanntes Gebiet zu erkunden. Jefferson hatte gerade das riesige Louisiana Territorium von Napoleon gekauft. Der Deal ging als Louisiana Purchase in die Geschichte ein und verdoppelte locker die Größe der damals noch jungen Vereinigten Staaten. Mit den Grenzen des heutigen Bundesstaates Louisiana hat das nichts zu tun, auch wenn das Gebiet damals zum gleichnamigen Territorium gehörte.

Lewis und Clark scharten rund vierzig Freiwillige für das *Corps of Discovery* um sich und zogen von St. Louis aus mit Booten gen Westen. Über den Missouri erreichten sie nach vielen Monaten stromaufwärts die Rocky Mountains, die sie mit Pferden überquerten, um dann auf der anderen Seite auf dem Columbia River bis zum Pazifik zu gelangen. Zweieinhalb Jahre später kehrten sie nach erfolgreicher Mission auf dem gleichen Weg wieder zurück nach St. Louis. Eine unvorstellbare Leistung auch angesichts der umfangreichen Proben und Aufzeichnungen, die sie trotz aller Strapazen unterwegs gesammelt haben, und damit völlig neue Erkenntnisse über Fauna, Flora, Geologie und die im Westen lebenden Ureinwohner mit nach Hause brachten. Zu ihrem Team gehörten auch ein Franzose, der ihnen als Übersetzer diente, und seine junge indianische Frau Sakakawea, die gerade einen Sohn zur Welt gebracht hatte. Sie war als Mädchen von den Hidatsa verschleppt worden und erkannte eben hier am Red Rock River vertraute Gesichter: das ihrer Freundin aus Kindertagen und kurz darauf auch das ihres Bruders, der inzwischen der Häuptling des Shoshonen-Stammes war. Er stattete Lewis und Clark für die Weiterreise über die Berge mit Pferden aus und ließ sie einen Teil der Ausrüstung inklusive ihrer Kanus für die Rückreise hier deponieren. Der genaue Ort des Zusammentreffens liegt seit mehr als fünfzig Jahren unter dem Wasser des Clark Canyon Reservoirs, eines in den 1960er-Jahren gebauten Stausees. Aber historische Marker und die pyramidenförmige Insel in Ufernähe – die aus dem Wasser ragende Spitze des Hügels, an dem das Camp lag – zeugen von der bedeutsamen Zusammenkunft. Lewis' und Clarks Spuren werde ich auf meinem weiteren Weg immer wieder begegnen.

Der Angler steht mit roten Gummistiefeln im flachen Wasser. Er trägt Khakishorts, ein olivgrünes Hemd und eine weiße Kappe gegen die grelle Sonne. Es ist Samstag, der Beaverhead voll mit Fliegenfischern in Gummistiefeln und in Booten. Das stresst mich. Zusätzlich zur Strömung und den engen Kurven muss ich jetzt beim Steuern nicht nur auf Untiefen und das Ufer achten, sondern auch auf die Angelleinen. Nervös belade ich mein Kajak wieder nur mit dem Nötigsten für den Tag. Ich will nicht riskieren, die Ausrüstung für die weitere Reise bei einer möglichen Kenterung zu verlieren. Norm hatte sogar vorgeschlagen, in Anbetracht der momentanen Wassermassen mit dem Rad weiter bis Three Forks zu fahren und erst dort, auf dem Missouri, ins Boot zu steigen. Die Schneeschmelze in den Rockies lässt viele Flüsse auf Rekordniveau anschwellen, auch den Beaverhead River weiter flussabwärts. Hier ganz am Anfang, unterhalb der Staumauer des Clark Canyon Reservoirs, ist er zwar auch schon schnell, aber nicht bedrohlich. Trotzdem geht mir ganz schön der Puls, als ich mich von Claudia verabschiede. Spätestens 25 Kilometer weiter unten wollen wir uns wiedersehen, am *Barret's Dam*, dem ersten Wehr auf meiner Route.

Mit meinem Ersatzpaddel stoße ich mich vom Ufer in die Strömung. Das teure Carbonpaddel will ich lieber erst auf dem breiteren Missouri einsetzen. Ich muss mich ganz rechts halten, um an der Kiesbank mit dem Angler vorbeizukommen. Rasant geht es stromabwärts. Auch der Beaverhead mäandert, nicht ganz so krass wie der Red Rock Creek, aber dafür liegen mitten im Fluss kleine grüne Grasinseln und Treibholzpyramiden, zwischen denen hindurch ich manövrieren muss. Mein Boot ist ein Seekajak, für große Flüsse, Seen und das Meer gemacht, wo es stabil geradeaus läuft. Für die engen Kurven der Quellflüsse des Missouri wäre ein kürzeres, wendigeres Boot besser geeignet. Mit jeder Schleife, jedem Hindernis auf dem Beaverhead aber wächst meine Zuversicht. Das unbeladene Kajak reagiert schnell auf meine Kursänderungen, die Probestunden auf dem Red Rock Creek machen sich bezahlt. Zwar kann ich nicht immer früh genug beidrehen und rausche hin und wieder ins Ufer, aber ich drohe nie zu kentern.

Der Canyon, durch den der Beaverhead anfangs strömt, ist grandios. Schroffe Felsen und karge Hügel ragen an den Ufern auf. Leider verläuft hier auch die Interstate, meistens parallel zum Fluss, mal links, mal rechts. Mindestens ein halbes Dutzend Mal kreuzt sie den Fluss und stört die Idylle. Hinterm Barrett's Dam wird sich die Landschaft verändern. Das Wehr staut das Wasser für die Landwirtschaft und leitet es über Bewässerungskanäle zu den Feldern. Claudia erwartet mich schon.

»Da vorne geht's runter!«, warnt sie vom Ufer aus. Ich muss umtragen. Eine gute Gelegenheit, um die Transportkarre auszuprobieren. Sie ist faltbar, aus Stahl, mit zwei Vollgummirädern, Polstern fürs Boot und einem Ständer, damit man stabil beladen kann. Ich lande an, steige aus, laufe zum Parkplatz neben dem Fluss und ziehe den Karton aus Lorettas Campertop. Schnell sind die Räder montiert, das Boot festgezurrt, und wir marschieren ums Wehr herum zu einer Stelle unterhalb, wo ich das Kajak wieder ins Wasser lassen kann. Als ich es vom Ufer zurück in den Fluss schiebe, kippt es auf der Karre zur Seite und wird von der starken Strömung erfasst. Nur mit Mühe kann ich es festhalten. Ich rufe nach Claudia, die sich auf der nahen Brücke schon zum Fotografieren positioniert hatte. Gemeinsam gelingt es uns, die Karre mitsamt Kajak zurück ans Ufer zu ziehen. Da muss ich wohl noch ein bisschen üben. Wir schnallen das Boot ab und setzen es parallel zum Ufer zurück ins Wasser. Claudia hält es fest, ich steige ein, verschließe das Cockpit wieder mit der Spritzdecke und paddle ein Stück Richtung Wehr, bevor ich beidrehe und in den Hauptarm steuere. Ich passiere das Gelände einer Talkfabrik. Der wird aus Speckstein gewonnen, der in den umliegenden Bergen abgebaut wird. Es fühlt sich an, als ob ich jetzt auf einem komplett neuen, ganz anderen Fluss unterwegs bin. Der Beaverhead River zwängt sich nun nicht mehr durch einen Canyon, sondern mäandert wieder stärker durchs offene Beaverhead Valley. An den Ufern grasen Rinder. Kulturlandschaft statt Wildnis. Kurz vor Dillon blockiert ein zweites Wehr meine Weiterreise. Wieder nutze ich die Bootskarre und laufe mit meinem Kajak im Schlepptau an der Straße entlang ums Wehr. Die Strecke ist dieses Mal deutlich länger, knapp einen Kilometer. Spielerisch leicht lässt sich das Boot auf der Karre ziehen. Wenn ich sie beim Paddeln halbwegs vernünftig auf dem Deck fixieren könnte, wäre sie beim Umtragen der noch kommenden großen Stauseen sicher eine große Hilfe. Um das zu testen, biege ich nach einem Kilometer links in einen kleinen Park mit Picknicktischen und Zugang zum Fluss. Ich setze das Boot ins Wasser, zerlege die Karre, falte sie flach zusammen und packe sie hinters Cockpit aufs Deck. Dann schlinge ich zwei Gurte um ihren Rahmen und unter Wasser um den Rumpf des Kajaks und verzurre alles kräftig. Sieht kompakt und vielversprechend aus! Meine Bedenken, dass das Boot damit zu kopflastig und kippelig wird, zerschlagen sich schon nach den ersten Paddelschlägen zurück im Fluss. Jetzt muss ich nur noch umpacken, die Ausrüstung in Bug und Heck verstauen, dann bin ich bereit fürs große Abenteuer!

Sosehr ich mich auch anstrenge, ich kann keinen Biberkopf erkennen. Ja, die Klippe ist markant, der Hügel, aus dem sie bricht, groß, mächtig. Fast wie ein Monolith im weiten Tal. Aber mir fehlt wohl die Fantasie von Sakakawea, die Lewis und Clark auf den Beaverhead Rock aufmerksam gemacht hatte, als die Expedition hier ankam. Sie erinnerte sich aus ihrer Kindheit an die Felsklippe. Und weil die eben aussähe wie der Kopf eines schwimmenden Bibers, hatte sie von ihrem

Volk den Namen bekommen. Egal, ich habe mir den Ort bereits am Morgen als Tagesziel ausgesucht, weil er auf jeder Karte vermerkt und schon aus großer Entfernung gut erkennbar ist. Ein paar Flussschleifen weiter campiere ich jetzt, direkt am Ufer einer Viehweide. Knapp vierzig Kilometer stromabwärts von Dillon. Die Kühe grasen wohl gerade woanders, aber ihre Fladen und Hufabdrücke sind so zahlreich und frisch, dass ich fürchte, sie könnten jederzeit zurückkommen und mein Camp überrennen. Unaufgeregt und zunehmend trüb und braun fließt der Beaverhead an meinem Ufer vorbei.

Ich bin alleine. Claudia musste zurück nach Hause und hat Loretta bei Freunden in Colorado geparkt. Ich vermisse sie, Claudia mehr als Loretta. Ihre Nähe und Unterstützung haben gutgetan im Stress der letzten Wochen. Sie hat mich versorgt, mir Mut zugesprochen, meine Wutausbrüche stoisch ertragen. Ab jetzt muss ich alles mit mir selbst ausmachen. Drei Tage haben wir in Dillon pausiert, Proviant aufgestockt und gepackt. Das war die größte Herausforderung, alles unterzubringen. Ich bin es von Kanus gewohnt, dass man sich kaum beschränken muss. Ausrüstung wasserdicht in Taschen, Beutel und Tonnen verpacken, reinwerfen, fertig. Im Kajak spiele ich Tetris, muss für jedes Ausrüstungsteil den idealen Platz finden, damit die anderen auch noch reinpassen. Das dauert und nervt. Je größer die Teile, desto schwieriger. Ich verwende viele kleine Packsäcke. Für Kleidung, Zelt, Schlafsack, Isomatte, Batterien. Auch meinen Laptop stecke ich gut gepolstert in einen wasserdichten Beutel. Die zwei externen Festplatten zum Sichern der Bilder und Interviews kommen zusammen mit Papierkram, Ladegeräten, Kabeln, Büchern und Karten in unterschiedlich große, wasserdichte Kartentaschen. Fotoausrüstung mit zwei Kameras und drei Zoomoptiken gemeinsam mit dem digitalen Audiorekorder in eine wasserdichte Fototasche. Irgendwie quetsche ich das alles durch die hintere Ladeluke in den Stauraum und schaffe es gerade so, den Deckel bündig zu schließen. Er sitzt in der Luke auf einem umlaufenden Streifen Isolierband und wird mit einem Spanngummi fixiert. Ins vordere Kompartiment kommt die Küche. Topf, Besteck, Becher, Proviant, Wasservorrat in Faltflaschen und Gallonen. Zwei Vierliterkanister stelle ich außerdem zu mir in den Fußraum vor die Pedale, mit denen ich das Ruder steuere. 25 Liter bringe ich so maximal unter, genug für fünf bis sechs Tage. Auf die vordere Luke spanne ich Ersatzpaddel, Campingstuhl, Fotostativ und eine Wasserpumpe. Falls ich kentere, kann ich damit das Wasser aus dem Cockpit pumpen. Direkt vor mir schnalle ich ein *deck bag* fest, eine Tasche mit wasserdichtem Reißverschluss, zu der ich jederzeit Zugriff habe. Trinkflasche, Snacks, Sonnenschutz, Mückenspray, GoPro, Leatherman, Fernglas und Kompass packe ich rein, Land- und Flusskarten hänge ich verpackt in eine wasserdichte Kartentasche davor. Im Cockpit stecken zwischen meinen Beinen auch noch zwei weitere Packsäcke mit Regenjacke und -hose sowie Neoprenkleidung. Außerdem meine Hauptkamera in einer wasserdichten Tasche sowie eine kleine Kompaktkamera für Schnellschüsse in einem Case. Unter meine Knie schiebe ich das *paddle float*, ein grellgelbes Kissen zum Aufblasen, das man bei einer Kenterung über ein Paddelblatt zieht und darüber mit ein bisschen Übung aus dem Wasser wieder ins Boot kommt. Ach ja, und mein tragbares Klo nehme ich natürlich mit ins Cockpit, eine rote Weithalsflasche, Fassungsvermögen ein Liter. Anlanden würde viel zu viel Zeit kosten und wäre im Notfall vielleicht gar nicht immer sofort möglich. Ich habe keine Ahnung, wie viel mein voll beladenes Boot wiegt, für knapp 200 Kilo Zuladung ist es ausgewiesen. Wahrscheinlich reize ich das ziemlich aus. Dafür liegt es beim Paddeln jetzt noch stabiler im Wasser. Und so genieße ich nach meiner Abfahrt aus Dillon am Mittag die ersten sonnigen Kilometer auf dem sich weiter durchs

Tal windenden Fluss. Zwei, manchmal drei Bootslängen weit liegen die Ufer auseinander, das Steuern um die engen Kurven ist zur Routine geworden. Die Strömung hat etwas abgenommen, hilft mir aber immer noch ordentlich. Alles prima also. Bis ich über ein kleines Wehr rutsche. Die Stufe ist keinen halben Meter hoch, deshalb unterschätze ich sie. Denn das Wasser plätschert über scharfkantige Steine, die beim Darüberrutschen unterm Rumpf Furcht einflößend kratzen. Als ich das Boot am Abend aus dem Fluss ziehe und umdrehe, sehe ich das ganze Ausmaß. Drei tiefe, etwa zehn Zentimeter lange Kratzer ziehen sich durch den Lack bis auf die Glasfaser. Bootsbauer Marc hatte mir geraten, in einem solchen Fall sofort mit Epoxidharz abzudichten, wenn das Holz trocken ist. Ich vertage auf morgen, will mir erst in Twin Bridges die Zeit nehmen. Ein Fehler, wie ich bald merken werde.

Der alte Wasserturm kündigt den Ort an. Er steht gleich neben der ersten Brücke. Die zweite führt etwas weiter westlich über den Big Hole River, mit dem der Beaverhead außerhalb der Stadt den Jefferson River formt. Twin Bridges entstand als wichtiger Versorgungspunkt, nachdem in den 1860er-Jahren Gold im Tal entdeckt worden war. Heute leben gut 400 Menschen in dem kleinen Örtchen. Ich lande kurz hinter der Brücke an der Bootsrampe an. Knöcheltiefer Schlamm bedeckt den Beton, das Hochwasser fällt seit ein paar Tagen. Barfüßig entlade ich und schlage mein Zelt gleich neben der Rampe bei einem Picknicktisch auf. Das ist eigentlich nicht gestattet, aber im kleinen Jessen Park zwischen Fluss und Straße liegt auch das Bill White Bike Camp für Radreisende, die dort kostenlos zelten können. Ich will den Radlern ihren Platz nicht streitig machen und vertraue darauf, dass sich niemand an meinem Camp stört. Später patrouilliert ein Streifenwagen auf dem Parkplatz, die Polizisten nehmen mich zur Kenntnis, fahren aber weiter. Zeit, sich um die Kratzer von gestern zu kümmern. Ich drehe das Boot um und beschließe, es nur mit Klarlack zu versuchen. Nach den klebrigen Katastrophen beim Kajakbau habe ich einfach keinen Bock mehr auf Harz und Härter. Und so schlimm sehen die Kratzer heute auch gar nicht mehr aus, rede ich mir ein. Mit Schmirgelpapier aus dem Reparaturkit, das ich nach dem Bau zusammengestellt habe, raue ich die Stellen am Rumpf großzügig auf und trage danach ebenso großzügig den Lack mit einem kleinen Schaumstoffpinsel auf. Nach einer Viertelstunde ist alles erledigt und muss bis morgen trocknen. Ich laufe rüber zum Camp. Ein paar Biker sind seit meiner Ankunft eingetrudelt und haben ihre Zelte um die Holzhütte in der Mitte verteilt. Die meisten folgen der Trans-America-Route der Adventure Cycling Association quer durch die USA. Bill White aus Twin Bridges hatte die Idee zu dem Camp, als er die vielen Radler sah, die jedes Jahr durch den Ort kamen, und überlegte, wie man sie dazu bringen könnte, die Nacht hier zu verbringen. Davon würden sicher die Geschäfte in Twin Bridges profitieren, vor allem der Supermarkt und die wenigen Restaurants. Er sammelte 9000 Dollar und begann 2009 mit dem Bau. Seitdem ist der Stopp hier für einige Hundert Long-Distance-Biker jedes Jahr fest eingeplant. Die Hütte hat zwei Duschen, eine Kochnische mit Spülbecken und einen Aufenthaltsraum mit Tischen und Infos über den Ort und die Region, alles zur kostenlosen Nutzung. Ein bisschen komisch fühle ich mich ja schon, als ich unter eine der beiden Duschen hinterm Haus steige. Aber eigentlich schummle ich ja gar nicht, bin schließlich auch immer wieder mit dem Rad durch Amerika unterwegs. Und Bill White hätte bestimmt nichts dagegen, wenn er von meiner Bootsreise wüsste. Leider kann ich ihn nicht fragen, er ist 2012 verstorben.

Den Rest des Abends verbringe ich im Ort, kaufe im Laden einen Becher Ben & Jerry's »The Tonight Dough«, Karamell- und Schokoeiscreme mit Schoko Cookies, Chocolate Chip

Cookie Dough und Peanutbutter Cookie Dough. Macht 1200 Kalorien, die ich gleich vorm Laden an der Hauptstraße verputze. Und zwar alle, kann ja nix einfrieren. Sehr positiv geschätzte 27 Kalorien davon verbrenne ich gleich wieder auf dem Weg zurück zum Camp, wo mich die nervigen Mücken gegen 21 Uhr ins Zelt jagen.

Ich bin fassungslos! Wie konnte das nur passieren? Nur einen Tag nach den Kratzern am Rumpf, die mir Warnung genug hätten sein sollen! An der Stelle, an der das Holz jetzt gebrochen ist, zeichnet sich die Glasfaser als großes, verzerrtes, weißes *H* ab, mit einem zusätzlichen, zum Heck verlaufenden, etwa zehn, fünfzehn Zentimeter langen Riss. Ungläubig starre ich durch die hintere Ladeluke auf den Schaden. Das verdammte Wehr! Ich hatte es am Nachmittag zu spät erkannt. Auf der Karte sah es so aus, als ob es erst weiter flussabwärts kommen würde. Als ich den Fehler bemerkte, war es zu spät. Die Strömung erfasste mich, ich konzentrierte mich nur noch darauf, das Boot gerade zu halten, nicht zu kentern. Einen, vielleicht zwei Meter tief stürzte das Kajak übers Wehr. Eine mächtige Wasserwalze ergoss sich über mich, aber ich war im nächsten Moment schon durch und happy darüber. Jetzt erinnere ich mich an das Knacken, das zu hören war, als das Boot über die Steine rutschte, das ich aber nicht zuordnen konnte. Ich drehe das Kajak um und sehe den breiten Kratzer im Lack. Darunter hat sich die Glasfasermatte vom Holz abgelöst, scheint aber intakt. Wenigstens das. Trotzdem ärgere ich mich über den Schaden und auch über mich selbst. Warum war ich nicht vorsichtiger und bin rechtzeitig angelandet, um zu *scouten*? Genervt baue ich mein Zelt auf einer kleinen, sandigen Landzunge mitten im Fluss auf.

Und dabei hatte der Tag so vielversprechend begonnen. Bald nach meinem Aufbruch aus Twin Bridges kam ich zum Ende des Beaverhead und steuerte zuversichtlich in den Jefferson River. Sein Hochwasser flößte mir zwar gewaltigen Respekt ein, aber die Kurven zogen sich nun deutlich länger durchs Tal und ließen mir mehr Zeit zum Manövrieren. Ich wechselte vom Slalom der ersten beiden Quellflüsse zum Riesenslalom. Weiter flussabwärts würde es dann sogar ein regelrechter Super-G werden, und auf dem Missouri würde ich spätestens in den Abfahrtsmodus schalten. Außerdem kam ich in der reißenden Strömung schnell voran.

Zu früh gefreut. Fast schon makaber die Parallele zu meinem Abenteuer auf dem Yukon, auf dessen erstem Quellsee mein voll beladenes Kanu 2010 im Sturm gegen die Felsen am steinigen Ufer geschlagen war. Dabei war die Birkenrinde am Heck so stark zerfetzt worden, dass ich drei Tage für die mühsame Reparatur brauchte. Und jetzt das! Ich beschließe, nicht sofort zu reparieren, will bis Three Forks warten. Dort, am Zusammenfluss der drei Quellflüsse, gibt es einen State Park, in dem ich den Schaden mit etwas Glasfaser und Epoxid sicher abdichten kann. Für den Moment klebe ich deshalb nur ein paar Streifen Duck Tape drüber, nicht ahnend, dass ich sie erst einen Monat später, in North Dakota, wieder abziehen würde.

»Das ist eine Queraxt. Damit kannst du ein komplettes Kanu bauen.«

Churchill Clark hält sein wichtigstes Werkzeug wie eine Waffe mit beiden Händen fest umschlossen. Wie der Name andeutet, steht die Klinge quer zum Schaft und eignet sich besonders gut zum Aushöhlen.

»Man schwingt sie wie einen Golfschläger, und mit jedem Schlag trägt man etwas mehr Holz ab«, sagt er.

Ich treffe Churchill am Ufer des Jefferson River, wo er seit Wochen an einem *Dugout*, einem Einbaum, arbeitet. Er trägt ein schweres, selbst geschneidertes Lederhemd, wie es auch schon die Trapper im neunzehnten Jahrhundert hatten, und eine olivgrüne Arbeitshose. Seine langen grau-blonden Locken sind zu einem Zopf gebunden.

»Wer bin ich? Ich weiß nicht. Kanubauer. Ich paddle Bäume«, sagt er, nachdem ich mein Aufnahmegerät eingeschaltet und ihn um eine kurze Vorstellung gebeten habe. »Das verdanke ich meinem Urururgroßvater William Clark.«

Ja, *der* William Clark, Partner von Meriwether Lewis. Ich erinnere mich nicht mehr genau, wann ich zum ersten Mal von Churchill gehört habe. Am Anfang meiner Planungen zum Missouri hatte ich sogar überlegt, mit ihm einen Einbaum zu bauen und damit zu fahren, so wie die Ureinwohner. Dann aber schien es mir zu kompliziert, mit dem schweren Kanu um die vielen Staudämme herumzukommen. Als mir Norm aber kurz vor Beginn der Reise erzählte, dass Churchill gerade in der Nähe sei, wollte ich ihn unbedingt treffen.

»Als ich fünf war, hat mein Vater versucht, mir zu erklären, wer Lewis und Clark waren«, sagt er. »Und ich fragte: Die waren Entdecker und gingen zum Camping? Wo denn? Und er sagte, im Westen. Ich: Können wir dahin? Er: Mein Sohn, das ist viel zu weit. Und ich sagte: Ich mach's trotzdem.«

Hat er dann auch, viel später, zum 200. Jubiläum der Expedition. Er nahm an einem aufwendigen *Reenactment* teil, bei dem über drei Jahre lang Hobbyisten und Historiker der Spur von Lewis und Clark folgten, in voller Montur, authentisch gekleidet, mit Kielboot, Kanus, Pferden oder einfach zu Fuß. Zur gleichen Zeit und aus dem gleichen Grund war auch Norm Miller zu seiner Mammuttour aufgebrochen, allerdings allein und mit moderner Ausrüstung.

»Ich hab davor in der Serviceindustrie gearbeitet, in Restaurants. Für diese einmalige Reise musste ich also eine Auszeit nehmen«, sagt Churchill. »Dabei habe ich gelernt, wie man diese Boote baut, und bin in ihnen Tausende von Meilen die Flüsse rauf- und runtergepaddelt.«

Die erste Reise auf den Spuren seines Vorfahren hat Churchills Leben verändert, eben auch weil er damals sein erstes Dugout gebaut hat. Inzwischen ist daraus sein Beruf geworden, mehr noch, seine Berufung. Klingt abgedroschen, aber wie schon bei Tom, meinem Baumeister vom Birkenrindenkanu, schwingt etwas tief Leidenschaftliches mit, wenn Churchill von seinen Einbäumen spricht. Wahrscheinlich sind alle Bootsbauer so, eine Mischung aus Handwerker, Künstler und Philosoph. Wochenlang, manchmal monatelang dauert der Bau eines Bootes. Die intensive Auseinandersetzung mit dem natürlichen Baumaterial und sicher auch die Verbindung zum Element Wasser mit seiner Kraft und Mystik verändern das Wesen, den Charakter.

»Den richtigen Baum zu finden ist jedes Mal die größte Herausforderung«, sagt Churchill. »Ich fange immer mit dem Boden an. Der muss erst mal abgeflacht werden, wegen der Stabilität. Je breiter, desto besser.«

Seit zwei Monaten arbeitet Churchill schon hier am Jefferson River, fast jeden Tag. »Bella« heißt der Einbaum, der inzwischen schon ordentlich Form angenommen hat und auf jeweils zwei aufeinandergestapelten Holzpaletten thront. Churchill ist heute nicht allein. Sein Auftraggeber Tom Elpel hilft ihm mit der Motorsäge, auf die er einen Aufsatz montiert hat. Damit lässt sich das harte Holz der Douglasfichte fast spielerisch ausfräsen. Tom gehört auch das Land am Ufer des Jefferson, ein paar Flusskilometer abwärts von meinem Camp der letzten Nacht.

»Ich hatte mir schon immer einen Einbaum gewünscht, mir aber nie vorgestellt, dass er auch ein Kunstwerk sein kann«, sagt er. Tom spielt auf den Biberkopf an, den Churchill aus dem Bug herausgearbeitet hat. Hinten will er auch noch einen Schwanz schnitzen.

»Da drin ist viel Platz. Bella ist groß, zwanzig Fuß lang, breit und schwer. Besser, als ich es mir jemals erträumt hätte.«

Sechs Meter sind das. Nächstes Jahr will Tom mit Bella den Missouri bis St. Louis befahren, gemeinsam mit einigen seiner Studenten. Er ist Gründer der Green University, einer alternativen Uni, deren Kurse hier am Fluss auf zwanzig *acres*, also gut acht Hektar, stattfinden.

»Unsere Studenten erwerben hier die Fähigkeiten zum Überleben in der Wildnis. Ein Schwerpunkt ist die Verarbeitung von Tieren, vom Schlachten bis zum Gerben der Haut, aus denen wir dann Kleider fertigen.«

Die trägt Tom gerne und regelmäßig, wie Bilder auf seiner Website zeigen. Heute aber arbeitet er lieber in Jeans und T-Shirt.

Der Campus seiner Green University hat keine Gebäude, von einem runden Erdhaus als Versammlungsstätte und einem kleinen Schuppen mal abgesehen. Es ist eine grüne Aue, mit Wiesen und Pappeln. Sein Wissen gibt Tom nicht nur in Kursen weiter. Sieben Bücher hat er mittlerweile geschrieben über den Bau von Häusern aus Baumstämmen, Steinen und Strohballen, über Botanik und Survival in der Wildnis.

»Dabei geht es mir vor allem um die Verbindung zur Natur«, sagt er. »Natur ist für viele wie eine Tapete, die man nur anschaut. Aber wenn du rausgehst, aus Stöcken und Rinde einen Unterschlupf baust, um zu überleben, dann verändert das deine Beziehung zur Natur. In unserer Kultur fühlen wir uns oft überlegen. Dein Abendessen mit Stöcken und Steinen zu erlegen ist aber eine ziemlich demütige Erfahrung. Du entwickelst eine viel tiefere Verbindung zur Welt, die dich umgibt.«

Knapp 6000 Dollar kostet die Teilnahme am Programm der Green University für ein Jahr inklusive Kost und Logis. Wobei beides spartanisch ausfällt. Zum Essen gibt's Reis, Bohnen, selbst angebautes Gemüse und *road kill*, überfahrene Tiere, die hier geschlachtet und zubereitet werden. Wohnen können die Studenten im Erdhaus, einem Zelt oder einer Jurte, so wie es gerade Bartle aus Ohio tut.

»Ich wollte nach der Highschool nach Westen«, sagt sie. »So weit weg wie möglich von meiner Familie und Gemeinde, auf der Suche nach einem Umfeld, das mich bei meiner Vision des *Auswilderns* unterstützt.«

Bartle ist Mitte zwanzig, archaisch tätowiert, auch im Gesicht: Kleine, selbst gestochene Punkte verzieren ihre Augen. Auf den Unterarmen und der Brust erkenne ich verschiedene indianische Federsymbole. Sie trägt Shorts, ein graues T-Shirt mit langen Armen über einem olivgrünen Tanktop und läuft barfuß. Ihre Beine sind kräftig definiert vom Laufen, Ultrarunning, lang und anstrengend, wie sie mir erzählt. Eigentlich heißt sie Emily, aber alle rufen sie nur beim Nachnamen. Das *Auswildern*, wie sie es nennt, ist für Bartle wichtig, weil sie glaubt, dass sonst tiefe seelische Wunden entstehen können.

»Ohne eine gesunde Beziehung zu seinem Körper und zum Land fühlt man sich wie abgeschnitten. Man sabotiert sich selbst als Mensch. Deshalb habe ich mich für diesen Weg entschieden.«

Ihr Geld verdient Bartle als Dozentin hier an der Green University. Sie gibt Kurse zum Gerben von Tierhaut, Schneidern von Kleidung aus Leder, verkauft selbst gemachten Schmuck online. Bald will sie selbst wieder los, raus auf den Colorado Trail, zum Wandern, 500 Meilen durch die Rockies. Wir wünschen uns beide eine gute Reise.

Der Jefferson strömt jetzt durch einen Canyon, flankiert von einem zweispurigen Highway links und der Eisenbahnlinie rechts. An den steilen Südhängen stemmen sich dunkle Fichten gegen die Schwerkraft. Die ersten, seit ich mit Schneeschuhen ins Centennial Valley gelaufen bin. Zehn Tage ist das her. Seitdem habe ich am Fluss hauptsächlich Weiden und Pappeln gesehen. Aus dem Schatten am Ufer beobachtet eine Herde pechschwarzer Rinder mein Näherkommen. Einige nehmen Reißaus, andere kacken in den Fluss. Ein Bild, das sich einprägen wird. Ich bin empört. Das ist auch mein Fluss, aus dem ich zwar nicht vorhabe zu trinken, in dem ich mich aber doch waschen werde. Kann die blöde Kuh ihr Geschäft nicht einen Meter weiter weg auf dem Trockenen machen? So was ist mir am Yukon nie passiert. Weder Elche noch Bären haben in den Fluss geschissen, zumindest nicht vor meinen Augen, denke ich und werde von der Strömung erfasst, die plötzlich stark zunimmt. Der Jefferson bildet hier im Canyon eine Reihe von Pools, die in schneller fließende Abschnitte übergehen. Kein Wildwasser, aber rasant genug, um reichlich Adrenalin durch meine Adern pumpen zu lassen.

Am Ende des etwa zwanzig Kilometer langen Canyons wartet das letzte Wehr auf meiner Route. Nach dem Schock vom Vortag, der immer noch tief sitzt, will ich lieber auf Nummer sicher gehen. Ich lande rechtzeitig an, nehme die Lastkarre vom Deck, baue sie zusammen und hieve das voll beladene Boot darauf. Dann ziehe ich mit aller Kraft, komme aber kaum voran, weil die Räder im weichen Sand versinken. Die 200 bis 300 Meter am Ufer werden zur Tortur. Ich wuchte, fluche, pausiere, überlege, ob ich es nicht doch auf dem Fluss wagen soll, verwerfe den Gedanken, ziehe weiter. Fast eine halbe Stunde dauert es, bis ich das Boot auf der anderen Seite wieder ins Wasser setzen kann. Ein paar Fotos noch vom Wehr als Beweis, dass meine Entscheidung bedacht und richtig war. Klick. Besser noch eins, aus einem anderen Winkel, auf dem es dramatischer wirkt. Wieso löst die Kamera nicht aus? Ich drücke den Auslöser nochmals fest durch. Nichts. Das Display zeigt keinen Fehler, die Batterie ist voll, die Flashkarte auch o.k. Trotzdem keine Reaktion. Ich schalte aus, wieder an, nehme die Batterie raus, setze eine andere ein. Immer noch nichts. Ist bestimmt nur eine momentane Störung, vielleicht doch irgendwie ein bisschen nass geworden? Wird schon wieder, rede ich mir ein. Tut es aber nicht. Ich bin noch nicht mal auf dem Missouri, und meine Kamera streikt. Wahnsinn! Ich nehme die kleine Kompaktkamera aus der Box und mache damit doch noch ein Foto vom Wehr. Die kaputte Kamera nervt zwar, aber ich habe ja noch eine zweite dabei. Und die wird bis zum Schluss halten.

# KAPITEL 4

Elf Uhr. In den letzten Tagen war ich um diese Zeit längst auf dem Wasser. Aber der Regen will einfach nicht nachlassen. Also lese ich im Zelt den Flussführer, den ich mir schon lange vor der Reise gekauft habe. Er ist alt, viele Infos sind wahrscheinlich längst überholt. Aber es ist das einzige Buch, das eine Komplettbefahrung des Missouri von Three Forks bis nach St. Louis detailliert beschreibt. Autor David L. Miller hat über Jahre hinweg alle Infos akribisch gesammelt und aufgeschrieben. Das Ergebnis heißt treffenderweise *The Complete Paddler* und wird wie schon für meine Vorgänger in den nächsten Monaten zu meiner Bibel. Denn ab heute gilt sie. Ich bin am Missouri!

Gestern Abend haben mich die Fluten, die mit dem Zusammenfluss von Jefferson und Madison abschnittsweise bedrohlich anwuchsen, am Missouri Headwaters State Park wieder ausgespuckt. Die Mündung des Gallatin, des dritten Quellflusses, liegt etwas weiter stromabwärts. Leider konnte ich keinen Ausstieg in der Nähe des offiziellen Campgrounds finden und habe mein Lager stattdessen auf einer kleinen Sandbank am linken Ufer aufgeschlagen. Als ich das Zelt aufbaute, schwammen vier halbstarke Otter stromaufwärts an mir vorbei und beschwerten sich mit langen Hälsen und aufgeregt fauchend über mein Eindringen. Heute Morgen ist alles wieder ruhig, bis auf den prasselnden Regen auf dem Zelt.

2321 Meilen sollen es laut Flussführer von hier bis zum Mississippi sein, 3725 Kilometer. Im State Park gibt es eine Hinweistafel, die behauptet, dass man mit einem aufgeblasenen Autoschlauch von hier aus zweieinhalb Monate bis zum Golf von Mexiko brauchen würde. Eine Milchmädchenrechnung, die mathematisch zwar stimmen mag, wenn man nur die durchschnittliche Fließgeschwindigkeit des Flusses zugrunde legt. Aber spätestens auf dem ersten Stausee würde der virtuelle Autoschlauch an der Staumauer hängen bleiben. Und vom Rechenexempel auf die tatsächliche Reisezeit im Kajak rückzuschließen wäre töricht. Ein voll beladenes Boot kann mit dem Fluss nicht mithalten. Nur wenn man ordentlich paddelt, schafft man es vielleicht, gleich schnell zu sein. Aber das hält man ja keine 24 Stunden durch, ganz abgesehen davon, dass man am Abend den Fluss verlässt und campiert. Mehr als zehn oder zwölf Stunden täglich ist kaum jemand auf dem Wasser. Meine Vorgänger haben im Schnitt zwischen vier und sechs Monate für die Reise gebraucht. Mitte Oktober also könnte ich mein Ziel erreichen. Heute ist Samstag, der 16. Juni. Auf den Tag genau vor acht Jahren habe ich meine Reise im Kanu auf dem Lake Bennett begonnen. Noch eine Parallele zum Yukon. Ein gutes Omen? Meine Bilanz der ersten zwölf Tage klingt anders: ein kaputtes Boot, eine defekte Kamera und krasse Verspannung im Nacken vom Paddeln. Da ist eindeutig noch Luft nach oben. Der Regen lässt nach, es wird warm im Zelt. Zeit, aufzubrechen.

Ich nehme jetzt das Carbonpaddel, es ist schwarz, superteuer und superleicht. Vielleicht wird dadurch auch die Verspannung besser. Seit Tagen plagt sie mich, weil ich ganz offensichtlich noch zu verkrampft paddle.

Der Missouri ist breit und tief genug, sodass ich mich nicht mehr sorgen muss, das Paddel zu beschädigen. Knapp hundert Meter liegen die Ufer nun auseinander. Wie ich diesen Moment herbeigesehnt habe. Nordamerikas längster Fluss. Der Fluss, auf dem der Westen entdeckt wurde. Noch strömt er durch die Ausläufer der Rocky Mountains, bald wird er die Great Plains erreichen, die Prärie, und mich später durch den Mittleren Westen zum Mississippi bringen. An seinen Ufern leben bis heute wilde Tiere. Elche, Weißwedelhirsche, Kojoten und Bisamratten habe ich in den letzten Tagen gesehen. Weiße Pelikane, Adler, Eulen, Enten, Schwäne, Gänse, Kraniche und Reiher. Der Mississippi mag bedeutsamer sein, vor allem als Wasserstraße, für mich aber ist der Missouri Amerikas Fluss, nicht nur wegen seiner Länge. Er ist die wilde kleine Schwester des Mississippi, die man zwar über die Jahrzehnte hinweg zu bändigen versucht hat, die aber immer wieder ausreißt und ihre Zähne fletscht. Im Frühjahr 2019 hat sie den Mittleren Westen überschwemmt, in Nebraska und Iowa nie da gewesene Rekordmarken erreicht und schreckliche Verwüstungen angerichtet. So tragisch das für die Menschen dort ist, ich mag den Gedanken irgendwie, dass der Fluss sich nicht zähmen lässt, egal wie sehr wir das auch versuchen. Schade, dass wir dem Missouri im Deutschen das maskuline Geschlecht zugeschrieben haben. *Sie* wäre tatsächlich viel passender.

Schnell passiere ich den Madison River, der von rechts in den Missouri fließt. Lewis und Clark haben ihn im Juli 1805 nach dem damaligen Finanzminister benannt. In derselben Manier trägt der Gallatin den Namen des damaligen Außenministers und der Jefferson den des Präsidenten.

Der junge Missouri zieht für seine ersten Flusskilometer durch einen Canyon. An seinem Ende staut der Tolston Dam ihn zu einem kleinen Stausee. Ich muss nach ein paar Stunden wieder portagieren, lande an der Bootsrampe links an und entlade das Boot komplett. Ich schraube die Karre zusammen, schnalle das leere Kajak drauf und räume die Ausrüstung wieder ein. Dann marschiere ich mit dem voll beladenen Boot im Schlepptau über eine Schotterstraße am Damm vorbei zur nächsten Bootsrampe, etwa einen Kilometer flussabwärts. Unterwegs treffe ich zwei Angler, Vater und Sohn. Wir plaudern kurz, bevor sie über die Felsen runter zum Fluss steigen und ihr Glück im turbulenten Wasser unterhalb vom Damm versuchen. Alle sieben Tore des gut hundert Meter langen Damms scheinen geöffnet zu sein. Unter gewaltigem Tosen stürzen die Wassermassen in den Fluss, feinster Nebel schwängert die Luft und benetzt selbst hier auf der Straße noch meine Haut. Neben der unteren Bootsrampe sind ein paar einfache Zeltplätze angelegt, mit Toilettenhäuschen und Campingtischen. Ich überlege kurz, aber die Sonne ist einfach zu verlockend. Obwohl es schon nach achtzehn Uhr ist, entscheide ich, das gute Wetter und Tageslicht noch weiter auszunutzen. Ich entlade mein Boot wieder, setze es an der Rampe parallel zum Ufer ins Wasser und verknote die schwarze Leine, die ich für solche Fälle an den Ösen des Tragegriffs am Bug befestigt habe, an einem Busch. Dann alles wieder einladen, bevor ich weiterpaddeln kann. Die ganze Prozedur geht mir schon jetzt auf den Geist. Wie viel einfacher und schneller ist es doch mit einem Kanu. Aber es gehörte noch nie zu meinen Stärken, den einfachsten Weg zu gehen. Ich fahre einen über 45 Jahre alten Truck, der ständig repariert werden muss und Unmengen von Sprit verschlingt. Ich paddle auf dem Yukon in einem Kanu aus Birkenrinde, das extrem anfällig und selten dicht ist. Und jetzt entscheide ich mich für ein Kajak, das ich mühsam selbst baue, und verbringe jeden Tag mindestens eine Stunde mit Ein- und Ausladen. Warum? Weil es besonders ist? Was auch immer das heißt. Oder suche ich die Herausforderung, den Widerstand, weil ich mir einrede, nur das bringt mich wirklich weiter? Sieht jedenfalls so aus, als ob ich bei meinen Entscheidungen nicht auf Ratio, sondern Bauchgefühl setze. Auf den Seen und im Sturm wird sich das Kajak aber noch bezahlt machen, hoffe ich.

Dicke Wolken hängen am Himmel. Es tröpfelt wieder. Ich zögere meine Abfahrt hinaus, weil der erste richtige Stausee vor mir liegt – Canyon Ferry. Knapp fünfzig Kilometer lang, fünf bis acht Kilometer breit. »Do not continue on to Canyon Ferry Lake unless you have good weather«, steht in meinem Flussführer als Warnung. Das Südende des Sees ist flach, und die Hügel am Ufer trichtern den Wind und können dort hohe, gefährliche Wellen produzieren. Ich habe kein gutes Wetter. Also folge ich dem Rat und paddle am Mittag nur zehn Kilometer von meiner kleinen Sandinsel, auf der ich die letzte Nacht verbracht habe, nach Townsend. Dort will ich bis morgen auf Wetterbesserung warten. Mein Zelt schlage ich auf einem einfachen Campground am Fluss auf und erkundige mich bei einer Großfamilie, die unter dem *shelter* neben der *picnic area* gerade den Vatertag feiert, nach Einkaufsmöglichkeiten. Sie erklären mir den Weg und drücken mir noch vier kleine Wasserflaschen in die Hand, für alle Fälle. Als der Regen endgültig stoppt, schnalle ich mir meinen großen roten Packsack mit Tragegurten auf den Rücken und marschiere mit Radio im Ohr die knapp zwei Kilometer in den Ort.

Townsend, *the first city on the Missouri River*, etwa 2000 Einwohner. Bobby Ewing wurde hier geboren. Die Eltern von Schauspieler Patrick Duffy, der später die Rolle seines Lebens in der kultigen Achtziger-Soap *Dallas* spielte, hatten eine Kneipe in Townsend. Und sonst? Alles eher funktional und wenig charmant. Ein Motel, ein paar Restaurants und Geschäfte, eine Tankstelle. Aber ich freue mich über den *Wi-Fi-Park* mit kostenlosem Internet neben der Straße, in dem ich auf einem Picknicktisch Mails checken und beantworten kann. Die meisten haben mit dem Job zu tun. Claudia hält mir in Deutschland weitgehend den Rücken frei. Manchmal aber müssen wir uns eben doch austauschen.

Bei Bob's Supermarket stocke ich den Proviant auf, Wasser, Tütenpasta, Äpfel, Bananen, ein paar Snacks. Das sollte bis Great Falls reichen. Zum Dinner kehre ich im *Highway 12 Caffe* ein und gönne mir Soup and Salad, die Tagessuppe mit einem schlichten Salat aus geschmacklosem Eisberg, geraspelten Karotten, ein paar dicken Gurkenscheiben und kleinen Cocktailtomaten. Dazu dickes, übersüßes Honig-Senf-Dressing aus der Fertigflasche. Um kurz nach 21 Uhr liege ich im Zelt und lese mich mit Johnny Cashs Autobiografie in den Schlaf.

Mir ist kalt. Richtig kalt. So muss sich Hypothermie anfühlen, wenn der Körper anfängt zu zittern in der Hoffnung, die Muskeln würden dadurch Wärme produzieren. Der Regen wird immer stärker. Ich kann kaum mehr das Ufer erkennen. Seit bald einer Stunde geht das schon so. Die Tropfen hämmern auf die schwarze Wasseroberfläche des Sees, wo sie umgehend als Minifontänen zurückspritzen. Zum ersten Mal trage ich meine Neoprenkleidung, Oberteil, Hose und Socken. Aber die Füße wollen einfach nicht warm werden. Meine vermeintlich wasserdichte Paddeljacke weicht längst durch, der Regen rinnt mir den Rücken runter. Ich schaudere. Nirgendwo ein Platz zum Anlanden. Und selbst wenn ich es irgendwie an Land schaffen würde, das würde mich auch nicht wärmer machen, solange ich keinen Schutz finden und in trockene Kleider schlüpfen könnte. Also paddle ich stoisch weiter, nah am linken Ufer. Zwischendurch blicke ich flehend zum Himmel, rede mir ein, dass er schon ein bisschen heller wird. Stattdessen schieben sich weitere Gewitterwolken über die Hügel und auf den See. Ich habe Hunger, pausiere aber nicht aus Angst, noch weiter auszukühlen.

Gestern nach meinem Aufbruch aus Townsend hat es zwar auch geregnet, aber fein nieselnd, das Wasser spiegelglatt. Alles wirkte gedämpft, friedvoll. Nach etwa der Hälfte der Strecke erwischte mich dann ein Sturm. Innerhalb von Momenten verwandelte sich der eben noch beschauliche See in ein tosendes Monster. Gute Lektion. Ich konnte gerade noch in eine kleine Bucht fliehen, genau auf Höhe der White Earth Recreation Area. Unterm großen, überdachten *group shelter* dort habe ich die Ausrüstung über Nacht getrocknet und mich heute gegen Mittag wieder auf den Weg gemacht.

Dicht stehende Ferienhäuser krallen sich ans hügelige linke Ufer. Jeder Meter scheint bebaut zu sein, manchmal so eng, dass die Nachbarn sich aus den Schlafzimmern *Gute Nacht!* zuraunen könnten. Immerhin komme ich voran. Der See verengt sich, keine zwei Kilometer liegen die Ufer auseinander. Als der Regen endlich nachlässt, finde ich eine kleine Bucht, in der ich kurz pausiere, gierig trinke und einen Energieriegel verschlinge. Vor mir in der Ferne erkenne ich den Rand der Staumauer und quere nach rechts. Irgendwo dort soll eine Bootsrampe sein. Der Wind hat gedreht und hilft mir von hinten. Schneller als gedacht, nähere ich mich dem Nordende des Sees, kann nun auch die Rampe sehen. Ein Steg in der Mitte erlaubt das Anlanden auf beiden Seiten. Die Wellen klatschen ungebremst auf den Beton. Hinter mir höre ich Motorenlärm. Ein Hobbyangler rast mit seinem Boot ebenfalls zur Rampe. Wir erreichen sie fast gleichzeitig. Schnell springt er auf den Steg, befestigt die Leine und läuft zum Parkplatz. Kurz darauf kommt er mit Truck und Anhänger zurück. Den fährt er ins Wasser, springt wieder ins Boot, steuert es auf den Hänger, fixiert es dort und düst mit Truck und Boot im Schlepptau davon. Eine Angelegenheit von wenigen Minuten. Bei mir dauert das Aussteigen deutlich länger. Und so wie die Wellen gerade wogen, traue ich mich gar nicht, die Spritzdecke zu öffnen, geschweige denn auszuladen. Was aber, wenn ich's genauso mache wie der Freizeitkapitän? Ich springe ins Wasser, nehme die Bootskarre vom Deck, schraube sie rasch zusammen und schnalle sie im Wasser unters Boot. Dann ziehe ich das Kajak langsam am Griff aus dem Wasser und die Rampe hoch und bin erstaunt, wie einfach das geht. Wieso bin ich nicht schon früher auf die Idee gekommen?

Die beiden Studentinnen sind unsicher und beraten sich. Ist das ein Boot, das sie inspizieren müssen? Eine greift zum Handy und wählt eine Nummer. Die andere läuft etwas verlegen um mein Kajak, das Schreibbrett in der Hand.

»Es ist ein Kanu … und es ist nicht registriert …«, sagt die Kollegin laut ins Handy.

Ich schmunzle. Es ist schon die zweite Aquatic Invasive Species Inspection, die ich mitmachen muss. Die erste war noch auf der Anreise mit Loretta in Idaho. Vor allem die Wandermuschel ist gefürchtet, weil sie in Nordamerika eigentlich nichts verloren hat, sondern mit Frachtern aus Europa eingeschleppt wurde. Seit den 1980er-Jahren vermehrt sie sich rapide, verdrängt die hier heimischen Arten und verstopft Kühlsysteme von Industrieanlagen. Nach ein paar Minuten drücken mir die Mädels einen Zettel in die Hand, alles o.k., mein Boot ist sauber. Ich kann weiterziehen.

Gut zweieinhalb Kilometer sind es von der Bootsrampe um den Berg zum Campground unterhalb des Staudamms. Der erste Kilometer bergauf zum Checkpoint fühlt sich an, als ob ich einen Lkw hinter mir herzöge. Ich habe einen der Spanngurte durch die Schlinge am Tragegriff gezogen und lege ihn mir über die Schulter, zur Sicherheit, falls der Griff reißen sollte. Im Schneckentempo stapfe ich voran, auf der linken Straßenseite, ohne Seitenstreifen. Die Autos bremsen zwar, aber sie nerven mich trotzdem. Schon nach kurzer Zeit steht mir der Schweiß auf der Stirn, und ich sehne den kalten Regen vom Nachmittag zurück. Vielleicht hätte ich doch auf meinen

Flussführer hören sollen. Der schlug vor, zur Marina am See zu paddeln und dort jemanden um Hilfe zu bitten. Aber ich wollte es lieber alleine probieren. Schließlich werden einige Portagen um die richtig großen Stauseen noch länger sein. Und da ist bestimmt auch nicht immer jemand mit Pick-up zur Stelle. Zum Glück geht's nach dem Checkpoint nur noch bergab. Jetzt schiebt mein voll beladenes Boot, und ich habe Mühe, die Kontrolle zu behalten. Immer wieder setze ich ab. Die Straße windet sich nun durch eine dicht bewaldete Senke, es wird schattiger und kühler. Nach einer guten Stunde hat die Schinderei ein Ende. Ich erreiche den Riverside Campground direkt am Missouri. Dichte weiße Schaumberge treiben wie kleine Eisberge auf dem Wasser. Die Tore des Damms sind anscheinend voll geöffnet und lassen einen Kilometer weiter stromaufwärts vier Wasserfälle ungebremst in die Tiefe stürzen. Im Radio geben sie eine *flood warning* für die nächsten Tage durch.

»Meine Frau ist Philippinerin, sie lässt niemanden hungrig ziehen«, sagt Kurt und reicht mir am Morgen eine kleine Kunststoffbox mit Essen und eine Orange. Er hatte mich gestern Abend auf dem Campground schon angesprochen. Genau wie Austin, der mit seinen Freunden auf einem blauen Kinderrad über den Platz tollte. »Have a good trip!«, wünscht er mir wiederholt, als ich mein Boot jetzt über die Rampe in den Fluss schiebe. Seine Mutter und ein paar andere Frauen versuchen gerade, einigen Kleinkindern die Angst vor dem Wasser zu nehmen. Mit mäßigem Erfolg. Vielleicht liegt's an der Strategie. Eine ältere Frau packt ein blondes Mädchen an der Schwimmweste und lässt es vom Steg aus langsam in den schaumigen Fluss gleiten. Das Mädchen strampelt wild und schreit panisch, als das kalte Wasser an seine Füße schwappt.

Der Missouri strömt jetzt wieder durch einen Canyon. Fliegenfischer treiben mit ihren Booten stromabwärts. Nach etwa vier Stunden erreiche ich den nächsten Damm, wo Dan und Dan mir beim Portagieren helfen. Sie arbeiten für den Stromversorger, der auch das Wasserkraftwerk am Damm betreibt, und erwarten mich schon mit ihrem Truck. Routine für sie in den Sommermonaten, wenn Paddler regelmäßig den landschaftlich reizvollen Abschnitt bis zu den Gates of The Mountains erkunden.

Captain Lewis hat den Begriff geprägt, »das Tor zu den Bergen«. Als die Expedition stromaufwärts zog, kam sie Mitte Juli 1805 in der Nähe des heutigen Helena an eine Stelle, an der mächtige Felswände die Weiterfahrt zu blockieren schienen.

»Am heutigen Abend erreichten wir die bemerkenswertesten Klippen, die wir je gesehen haben. Diese Klippen reichen vom Rand des Wassers auf jeder Seite senkrecht bis zu einer Höhe von 1200 Fuß …«, notierte Lewis in sein Tagebuch.

Die mehr als 350 Meter hohen Felsen gaben der Expedition erst beim Näherkommen den weiteren Verlauf des Flusses preis. Der sich anschließende, knapp zehn Kilometer lange Canyon ist heute als Wilderness Area geschützt und wahrscheinlich der spektakulärste Flussabschnitt am Oberlauf. Ich erreiche ihn von der anderen Seite und bin nicht weniger beeindruckt als das *Corps of Discovery* damals. Der Missouri zwängt sich hier durch monumentale weißgraue Kalksteinfelsen. Nach gut einem Kilometer erblicke ich eine flache Lichtung, die sich bis ans klare Wasser erstreckt. Dort finde ich das bisher schönste Camp der Reise. Umrahmt von ein paar knorrigen Kiefern, die Schatten spenden, bietet der felsige Canyon die perfekte Kulisse für einen romantischen Lagerfeuerabend. Als ich gerade mit dem Ausladen beginne, brettern ein paar Motorboote an mir vorbei. Ihre Wellen drohen mein Boot gegen das Ufer zu werfen. Ich stelle mich schützend vor das

Kajak, kann aber nicht verhindern, dass die Wellen ins Cockpit klatschen. Vollidioten! Doch spätestens beim Dinner bin ich wieder versöhnt. Das Zelt steht direkt am Wasser, keine zehn Zentimeter trennen es vom Fluss. Ich setze mich in den Faltstuhl, öffne die Box von Kurt und löffle genüsslich das Reisgericht seiner Frau mit Kochbanane und Hühnchen, während die Klippen sich im warmen Abendlicht perfekt auf der Wasseroberfläche vor mir spiegeln. Himmlisch, auch ohne Feuer, auf das ich verzichte, weil ich mal wieder zu müde bin.

»Therapie ist das für mich, Psychotherapie«, antwortet Kevin auf meine Frage nach dem Fliegenfischen. Er hockt in seinem bequemen Campingstuhl vor dem begehbaren Zelt und reckt den Daumen in die Höhe, um seiner Begeisterung noch mehr Ausdruck zu verleihen. »Life is simple … EAT, SLEEP, HUNT«, steht auf seinem olivgrünen T-Shirt. Dazu trägt er eine Camouflage-Kappe und einen dicken weißen Walrossschnauzer.

»Fliegenfischen ist ziemlich intellektuell«, wirft sein Freund Eric ein. »Du versuchst, lebende Fliegen und alles, was sonst noch herumschwirrt, zu imitieren.«

Er sitzt neben seinem Angelkumpan vor seinem eigenen Zelt, gleich neben dem von Kevin. Die beiden Schulfreunde hatten sich vierzig Jahre lang aus den Augen verloren. Bei einem Klassentreffen haben sie sich dann wiedergesehen. Und weil sie inzwischen beide pensioniert sind, gehen sie jetzt gemeinsam regelmäßig zum Fliegenfischen.

Ich campiere mit Kevin und Eric in Craig, Montana. Ein kleines Dorf, in dem sich alles ums Fischen dreht. Ein paar Dutzend Menschen leben und arbeiten hier als Guides, im Restaurant, oder sie vermieten und verkaufen als Outfitter Ausrüstung und Boote. Der Oberlauf des Missouri gilt wie seine Quellflüsse als bestes Revier zum Fliegenfischen, offiziell mit einem Blue Ribbon, einem blauen Band, ausgezeichnet.

Robert Redford hat diesem Sport mit seinem Meisterwerk *Aus der Mitte entspringt ein Fluss* 1992 ein filmisches Denkmal gesetzt. Nie wurde Fliegenfischen schöner gefilmt als für das Drama mit Brad Pitt. Deshalb gab es damals auch zu Recht einen Oscar für die beste Kamera. Gedreht übrigens unter anderem auf dem Gallatin River, einem der drei Quellflüsse des Missouri.

Der Fluss ist hier tagsüber voll mit *drift boats*, Booten mit flachem Boden, die keinen Motor haben, sondern mit Rudern gesteuert und bewegt werden. Die Fischer werfen ihre Rute aus und lassen die Angelleine auf der Wasseroberfläche treiben. Köderfliegen sind meist selbst geknüpfte Imitationen aus verschiedensten Materialien: Kaninchenfell, Federn von Enten oder Fasanen und Kunstfaser.

Kevin zeigt mir seine Ködersammlung, bunt, in allen Größen, dutzendfach akribisch in kleine Plastikköfferchen sortiert. Aber er und sein Freund sind alles andere als Angelnerds. Ob sie was fangen, ist nicht so wichtig, sagt Eric.

»Gestern zum Beispiel haben wir unser Boot zu Wasser gelassen, und nach der Hälfte der Strecke ist ein Gewitter aufgezogen. Also sind wir angelandet und haben uns einfach ein bisschen umgeschaut. Zwanzig Meter vor uns liefen drei große Maultierhirsche am Ufer. Manchmal siehst du auch Adler. Die Fische bringen dich hierher, aber es gibt so viel mehr zu entdecken.«

Heute wollen sie gar nicht raus, wegen des Hochwassers. Da beißen die Forellen nicht gut. Mir hat es gestern beim Vorankommen geholfen und mich gleichzeitig eingeschüchtert. Vor allem unterhalb vom Holter Dam, den ich umtragen musste. Dort schäumten die Wassermassen, die Bootsrampe war überflutet. Als ich am Ufer entlanglief, um nach einer Alternative zu suchen, ertönte auf einmal schrill die Sirene und signalisierte, dass noch mehr Wasser abgelassen wird und der Pegel im Fluss rasant steigen kann. Normalerweise sammeln die Stauseen in dieser Region das Wasser im Juni noch. Erst im Hochsommer wird es abgelassen, um eine konstante Bewässerung der Felder zu garantieren. Die Schneeschmelze nach dem Rekordwinter und der Regen der letzten Tage aber haben viele Reservoirs schon jetzt bis zum Überlaufen gefüllt.

Als ich am Abend im einzigen Restaurant von Craig ein überteuertes Pulled Pork Sandwich bestelle und Mails checke, finde ich eine Nachricht von Norm. Er warnt mich vor den Überflutungen, die Great Falls gerade heimsuchen. Morgen oder übermorgen wollte ich eigentlich dort sein.

Laut International Canoe Federation gibt es sechs Kategorien für Wildwasser, von I, leicht, bis VI, praktisch unbefahrbar. Ich werde am nächsten Tag von Kategorie II bis III überrascht. Das extreme Hochwasser des Dearborn River, der von links in den Missouri mündet, sorgt für einen wilden Ritt. Stehende Wellen, bis zu einem Meter hoch, vielleicht auch mehr. Dazu ein dicker Felsbrocken mit Stufe mitten im Fluss und wirre Querströmungen. Statt zu paddeln, konzentriere ich mich ganz aufs Steuern. Schön gerade halten, dann kann eigentlich nichts passieren. Mein Boot liegt stabil wie ein Baumstamm im Wasser. Wird es kippelig, schiebe ich das Paddelblatt blitzschnell weit nach außen, um besser die Balance halten zu können. Nach einem Kilometer ist der Rausch auch schon wieder vorbei, und ich treibe in ruhigere Gefilde. Insgesamt sechs Mal kreuzt die Interstate hier im Tal den Missouri und stört die Idylle. Einige Brückenpfeiler stehen mitten im Fluss. Am Ufer sind Parks und Bootsrampen wegen Überflutung gesperrt. Am Abend habe ich zum ersten Mal Schwierigkeiten, ein Camp zu finden. Und die Strömung nimmt ab, sodass ich nur langsam vorankomme. Das Land ist weit geworden und gestattet dem Fluss, in vielen Kurven träge zu mäandern. Erst nach zwanzig Uhr probiere ich mein Glück an einem moskitoverseuchten Hain, der zu einer riesigen Ranch weiter stromaufwärts zu gehören scheint. Ich beschließe, trotz der Mücken zu bleiben. Es ist zu spät, und bald wird es dunkel. Etwa neunzig Kilometer habe ich seit Craig hinter mich gebracht, überschlage ich. Entsprechend sind es immer noch gut fünfzig bis Great Falls.

Great Falls ist nach den fünf großen Wasserfällen benannt, die Lewis und Clark damals den Weg versperrten. Heute sind sie durch fünf Dämme gezähmt und werden zur Stromerzeugung genutzt. Im dünn besiedelten Montana mit einer Million Einwohnern gilt die Stadt als eine der wenigen Metropolen. Knapp 60 000 Menschen leben hier, größter Arbeitgeber ist der Militärstützpunkt, von dem aus Hunderte von Raketen im Umland überwacht werden. 1950 machte der Manager des örtlichen Baseballteams die ersten Filmaufnahmen von vermeintlichen UFOs über der Stadt, die jahrelang heiß diskutiert wurden. Richtig gelöst werden konnte das Rätsel um sie nie. Und dann sind da noch die Meerjungfrauen.

»Ich habe eine Onlineanzeige gesehen und mich beworben«, erzählt mir Mermaid Alice, die eigentlich Caitlin heißt. Ich treffe sie am Hotelpool des O'Haire Motor Inn, in dem tagsüber die Gäste schwimmen. Heute trägt sie einen Schwanz aus weinrotem Samt, dessen Flosse mit schillernden bunten Pailletten besetzt ist. Sie hat noch zwei weitere zur Auswahl, dazu passende Bikinioberteile und Perücken in blond und brünett.

»Eine Schicht dauert vier bis fünf Stunden, das wird dann körperlich ganz schön anstrengend, weil die Flossen so schwer sind«, sagt Alice. Insgesamt arbeiten acht Meerjungfrauen im O'Haire Motor Inn. Eine Idee von Sandy, der Tochter des Besitzers, die auch die Kostüme näht. Außerdem gibt es vier Meermänner. Sie schwimmen immer dienstags, zur Ladies Night. Das Motel wurde 1962 erbaut, mit Restaurant und *Sip'n'Dip* Tikibar, in der die Gäste jeden Abend den

Meerjungfrauen zuschauen. Zwei große Scheiben hinter der Theke ermöglichen den Blick auf Alice und ihre Kolleginnen, die Saltos machen und mit den Gästen schäkern. Besonders wirkungsvoll sind die *bubble kisses*, die sie ihnen durch die Fenster zuwerfen, meist genau auf Höhe des Glaskrugs für die Trinkgelder.

»Die Meerjungenfrauen sind extrem wichtig fürs Geschäft. Wenn sie mal nicht auftreten, verlieren wir im Schnitt zwischen 300 und 500 Dollar am Abend«, sagt Donny Johnson, der für Speisen und Getränke zuständig ist.

»Sie verdienen elf, zwölf Dollar die Stunde, plus Tip.«

Wer Lust hat, kann auch mit den Meerjungfrauen schwimmen, gegen hundert Dollar Spende, mit der der Schwimmunterricht für Kinder in Great Falls finanziert wird.

Es ist Wochenende, die Tikibar bis auf den letzten Platz besetzt. Donnie und sein Team haben alle Hände voll zu tun. Das *GQ Magazin* hat die Bar als eine der besten des Landes beschrieben, für die es sich sogar lohne, extra einzufliegen. Das liegt nicht nur an den Mermaids, sondern auch an Piano Pat. Die 82-Jährige klimpert dreimal die Woche mit knochigen Fingern auf dem Keyboard und haucht dazu mit rauchiger Stimme ziemlich eigenwillige Coversongs ins Mikro. Ich habe Mühe, Elvis oder Sinatra zu erkennen. Bei *Sweet Caroline* aber grölt die ganze Lounge mit. Larry, der mit seiner Freundin zum ersten Mal hier ist, kriegt sich gar nicht mehr ein. »Es macht Spaß, die Meerjungfrauen zu beobachten, weil man sie echt gut anschauen kann. Wie Stripperinnen, ohne Stange, aber mit Flossen.«

Am Nachmittag hatte ich Great Falls erreicht, zwischen mehreren Gewittergüssen. Ein großes Schild mit der Aufschrift PORTAGE HERE markierte die Bootsrampe. Auf der Rückseite stehen ein paar Telefonnummern und der Hinweis, sie im Falle einer nötigen Portage anzurufen. Ich fotografierte die Nummern ab und zog mein Kajak zu einem dreistöckigen Motel keine 200 Meter von der Rampe entfernt. Paddlerfreundlicher hätte man nicht bauen können. Der Regen setzte erneut ein, als ich die Lobby betrat. Hundert Dollar kostet die Nacht, um einiges teurer als erhofft. Ich nahm trotzdem ein Zimmer und durfte mein Kajak im Heizungsraum parken. Nach einer ausgiebigen Dusche wählte ich eine der Nummern vom Schild. Der Outfitter hatte am Samstagabend schon geschlossen und würde laut Internet erst am Montag wieder aufmachen. Sollte ich doch zu Fuß portagieren, zwanzig Kilometer? Eine schwierige Entscheidung. Ich rief Norm an.

»Ich will nicht, dass du stirbst!«, meinte er, ganz ernsthaft, ohne Theatralik.

Es geht um die Morony Rapids, einen mehrere Kilometer langen Flussabschnitt unterhalb des letzten der fünf Dämme. Wildwasser der Kategorien II bis III. Als besonders gefährlich gelten die *ledges*, unterschiedlich hohe Stufen, über die das Wasser mehr als einen Meter in die Tiefe stürzt. 2004 soll hier ein Vater mit seinem Sohn ertrunken sein. Ich habe nicht sosehr vorm Kentern Angst, sondern sorge mich eher um mein Boot. Die scharfkantigen Felsen im Fluss könnten es irreparabel beschädigen. Und sollte ich doch kentern, würde ich vielleicht wichtige Teile der Ausrüstung verlieren. Ist es das Risiko wert? Der nächste sichere Einstieg wäre bei Carter Ferry, 25 Kilometer weiter stromabwärts. Norm und ich kontaktieren per Mail meine Vorgänger. Einige antworteten, mit unterschiedlichem Feedback. Die Reaktionen reichten von »war überhaupt kein Thema« bis zu »bin ich nicht gefahren«. Grundsätzlich scheint es machbarer, je höher der Wasserstand. Außer er wird zu hoch, dann sind die Stromschnellen unkontrollierbar. Ich wollte bis Montag warten und dann den lokalen Outfitter nach seiner Einschätzung fragen. Also pausiere ich einen Tag.

Genau drei Wochen sind vergangen, seit ich mit Schneeschuhen zur Quelle gestartet bin. Ich wasche meine Kleider, setze den Rucksack auf und laufe am Fluss entlang zum knapp fünf Kilometer entfernten Walmart, um meinen Proviant aufzustocken. Außerdem kaufe ich eine kleine Tube Epoxidharz und Härter in der Doppelspritze für schnelle kleine Reparaturen.

Als ich das Boot später im Heizungskeller umdrehe, ärgere ich mich. Die Kratzer vom Beaverhead sind inzwischen dunkel verfärbt, Indiz für das Wasser, das sich unter der Glasfaser weiter auf dem Holz ausgebreitet und es beschädigt hat. Sogar im Cockpit entdecke ich eine Stelle neben dem Sitz, wo das Wasser sich nach innen durchgedrückt und die Fasermatte abgelöst hat. Unter einer länglichen Luftblase ist das Holz dort ebenfalls schon verfärbt. Hätte ich vor zehn Tagen in Twin Bridges gleich ordentlich repariert, wäre das nicht passiert. Zum Glück scheint das Holz noch nicht verfault oder aufgeweicht. Ich raue die Oberfläche um die Kratzer herum großzügig auf, verrühre etwas Harz und Härter und trage auf. Innerhalb von wenigen Minuten sind die Stellen versiegelt und angetrocknet. Mein Boot ist bereit für morgen, den Tag der Entscheidung.

# KAPITEL 5

Jims Truck ist alt, nicht so alt wie Loretta, aber zwanzig Jahre hat er sicher schon auf dem Buckel. Ein Ford Ranger, blaumetallic mit Campertop und Dachträger für die Boote. Jim hat ihn gut gepflegt. Nur die Windschutzscheibe ist zersprungen, Steinschlag, letzte Woche erst, auf genau der Strecke, auf der er mich jetzt shuttelt. Tim hatte mir Jims Nummer gegeben. Und er war es auch, der letztendlich die Entscheidung traf: »Lass es mich so formulieren, ich würde da im Moment keine Boote reinlassen!«

Zu oft hatte er sie in den gnadenlosen Walzen der Morony Rapids aufwendig und unter großer Gefahr bergen müssen. Tim arbeitet für den Outfitter, dessen Nummer auf der Tafel am Ausstieg in Great Falls stand. 150 Dollar würde der Shuttle bei ihm kosten, aber ich könne es ja mal bei Jim probieren. Der mache das umsonst, hatte er mir am Telefon geraten. Auf meine Nachfrage ergänzte er noch, dass der Wasserpegel im Moment so hoch sei, dass sie bis auf Weiteres keine Raftingtrips durch die Rapids anbieten. Wenn der schon kneift, dann hat es wohl tatsächlich keinen Sinn, überlege ich und rufe Jim an. Zwei Stunden später brechen wir am Motel auf. Jim macht das schon lange, war Mitglied im örtlichen Kanuverein, der sich aus Altersgründen aufgelöst hat. Er selbst ist 87, hat Zeit, warum also nicht den Paddlern helfen. Jim wirkt mindestens so rüstig wie sein Truck. Er trägt Khakishorts, ein hellrotes Polohemd, Kappe und Brille. Wir sind auf dem Weg zu Carters Ferry. Eine kleine Seilfähre über den Missouri verbindet dort die Schotterpisten durch die Hügel. Ich hadere. Betrüge ich den Fluss, oder war es die richtige Entscheidung, die Reise nicht zu gefährden? Eine klare Antwort werde ich nie erhalten, umso mehr nagt der Zweifel. Immerhin mussten Lewis und Clark auch großräumig um die Wasserfälle portagieren, versuche ich mich zu trösten. Allerdings aus eigener Kraft, ohne klimatisierten Allrad.

Nach einer Dreiviertelstunde Fahrt erreichen wir die Fähre, die wegen des Hochwassers zurzeit nicht verkehrt. Ich bedanke mich bei Jim und drücke ihm zwanzig Dollar in die Hand. »Wenigstens für den Sprit«, sage ich. Als Jim abgefahren ist, belade ich mein Boot und lege ab, immer noch traurig über die verpassten Flusskilometer. Das schnelle Wasser trägt mich rasch fort, vorbei an Farmland, Weiden und steilen Abbruchkanten am hohen Ufer. Kaum zwei Stunden später erreiche ich Fort Benton.

Fort Benton ist ein nettes Städtchen, klein und historisch. 1500 Einwohner, *The Birthplace of Montana* ist als Slogan für den Ort sogar urheberrechtlich geschützt. Fort Benton wurde 1846 als Außenposten für die Pelzhändler gegründet, also eine volle Generation, bevor die meisten anderen Städte im Westen Amerikas entstanden. Dreißig Jahre lang war Fort Benton die Endstation für die Dampfschiffe aus Kansas City, St. Louis, Memphis oder gar New Orleans. Bis Ende des neunzehnten Jahrhunderts die Eisenbahn der Schifffahrt den Rang ablief. Heute lockt Fort Benton jedes Jahr Tausende von Paddlern an den Missouri, die im Sommer hier ihren Trip durch die Missouri Breaks starten.

Ich habe Probleme, einen guten Ausstieg am Canoe Launch Camp zu finden. Es liegt ganz am Ortsrand. Der Missouri schießt hier förmlich am Steilufer entlang und reißt mich mit sich. Bis ich erkenne, dass ich schon zu weit bin und ins Kehrwasser einer kleinen Kiesbank in der Flussmitte steuere. Von dort kämpfe ich mich mühsam stromaufwärts, quere die Hauptströmung zurück ans richtige Ufer und lande an einem schlammigen Einschnitt, der mir Halt zum Aussteigen bietet. Ich wuchte die Ausrüstung und das Boot hoch auf den frisch gemähten Rasen und stelle das Zelt in den Schatten einer Pappel. Im Camp dürfen nicht nur Kanuten übernachten. Ein paar Stellplätze sind sogar für Wohnmobile ausgelegt.

Nach einer Dusche im Waschhaus laufe ich in den Ort, immer am Fluss entlang. Im River Market decke ich mich mit Proviant und Wasser ein, ohne zu wissen, wann ich das nächste Mal Nachschub bekommen werde. Anschließend gehe ich rüber zum dreistöckigen Backsteingebäude des makellos restaurierten Grand Union Hotel. Es wurde ursprünglich 1882 eröffnet, zur Blütezeit der Schaufelraddampfer. Nach mehr als hundert Jahren machte es in den 1980er-Jahren dicht, stand lange leer, bis ein Ehepaar es 1997 kaufte, zwei Jahre lang renovierte und schließlich wiedereröffnete. Ich werde argwöhnisch beäugt, als ich eintrete.

»Can we help you?«, fragt eine der Damen an der Rezeption in strengem Ton.

»Hat das Restaurant geöffnet?«, frage ich zurück, ihre Mienen entspannen sich ein wenig. Aber mein River-Outfit mit verwaschenen Shorts, dreckigem Rucksack und langen Haaren scheint ihnen immer noch suspekt. Trotzdem bekomme ich einen Platz im eleganten Speisesaal, am Tisch von Ann und Bill aus San Clemente in Kalifornien. Sie übernachten in ihrem kleinen Wohnwagen auch im Canoe Launch Camp und überlassen mir später sogar noch ihren eben erst gekauften *Boater's Guide* für das Upper Missouri River Breaks National Monument. Ich bräuchte die detaillierten Karten und Infos sicher dringender als sie.

Bevor ich nach dem Dinner zurück ins Camp laufe, will ich Shep meine Aufwartung machen. Shep war der berühmteste Hund am Missouri. Er gehörte einem unbekannten Schäfer, mit dem er die Schafe hütete. Im Sommer 1936 erkrankte der Mann schwer und verstarb wenige Tage später im Krankenhaus von Fort Benton. Als der Sarg mit seinem Leichnam zum Bahnhof gebracht wurde, folgte Shep der Prozession und kehrte von da an jeden Tag dorthin zurück in der Hoffnung, sein Herrchen komme mit dem nächsten Zug wieder. Fast sechs Jahre lang ging das so. Bis ein Zug ihn tragischerweise überfuhr. Zu seiner Beerdigung kam die ganze Stadt. Und heute erinnert eine Stahlskulptur an den treuen Hund. Sein Halsband und Fressnapf sollen im örtlichen Museum ausgestellt sein. Das besuche ich am nächsten Tag nicht mehr. Ich will weiter.

Der landschaftlich spektakulärste Flussabschnitt liegt vor mir, die Missouri Breaks. Der Fluss hat sich hier über knapp 250 Kilometer tief in die Prärielandschaft gefräst und schroffe Felsklippen und Canyons geschaffen. Bis auf die Rinder, die heute mitunter am Ufer grasen, wirkt es hier nahezu unverändert seit der Zeit von Lewis und Clark. Viele Rancherfamilien leben seit Generationen am und mit dem Missouri.

»Es ist einfach atemberaubend, ein echtes Geschenk, dass ich hier leben darf«, findet Jennifer Darlington. Sie kommt gerade von einem abendlichen Hike, als ich gegen neunzehn Uhr mein Boot am Eagle Creek Campground auslade. Ihrer Familie gehört das Land, auf dem er liegt. Durch ein sogenanntes *easement*, eine Sondervereinbarung zwischen Staat und privaten Landbesitzern, dürfen Paddler hier im Naturschutzgebiet kostenlos zelten. Jennifer läuft kurz nach Hause, um meine Wasserflaschen aufzufüllen, und will später noch mal wiederkommen. Das gibt mir Zeit, mein Zelt aufzuschlagen und mich einzurichten. Neunzig Kilometer bin ich heute gepaddelt dank Rückenwind und starker Strömung. Anfangs habe ich noch mit der Landschaft gefremdelt, die gar nicht so wild und unberührt wirkt, wie sie mir beschrieben worden war. Vor allem die zahleichen Rinderherden und Getreidefelder am Ufer irritierten mich. Erst nach etwa sechzig Kilometern änderte sich das langsam.

Ich passierte die Bootsrampe von Coal Banks Landing, wo gerade ein Pontonboot zu Wasser gelassen wurde. Diese floßähnlichen Boote mit zwei länglichen Auftriebskörpern unterm Rumpf sind ziemlich beliebt in Amerika, vor allem für feuchtfröhliche Partys nach Feierabend und am Wochenende werden sie gerne genutzt. Auf dem kleinen Campground direkt bei der Rampe herrschte reger Betrieb. Dutzende von Schlauchbooten und Kanus lagerten am Ufer. Das kann ja heiter werden, wenn die morgen alle in meine Richtung wollen, dachte ich.

Zum Glück bleibt Eagle Creek, der beliebteste und häufig auch überfüllte Campground dreißig Kilometer weiter flussabwärts, heute vom Ansturm verschont. Ich teile mir den weitläufigen Platz lediglich mit zwei kleinen Gruppen und finde ein ruhiges Lager am Ufer. Schuld am fast ständigen Rummel hier sind die spektakulären, steil abfallenden White Cliffs am anderen Ufer.

»Wir nennen sie White Rocks«, erklärt mir Jennifer, als sie zurückkommt. Die weißen Felsen bestehen vornehmlich aus Sandstein, der durch Erosion stellenweise auseinanderzubrechen scheint. Deshalb auch der Name für die Missouri Breaks. Es gibt aber auch dunkle, vulkanische Formationen und rötliche Schichten, wo das Eisenerz im Stein oxidiert.

»Da oben kann man noch Tipi-Ringe finden!«, sagt Jennifer begeistert. »Wie alt mögen die wohl sein, welche Geschichte erzählen sie?«

Sie kommt regelmäßig hierher, um dem Leben ein Stück weit zu entfliehen, gibt sie zu. Jennifers Haus liegt nicht weit entfernt, auch wenn man es vom Campingplatz aus nicht sehen kann. Sie trägt noch immer ihre grauen Laufshorts und ein langärmeliges, dunkelblaues Funktionshemd, obwohl es inzwischen deutlich kühler geworden ist. Wir hocken nebeneinander am Ufer und schauen auf den Fluss. Die Nacht senkt sich aufs Tal und taucht die weißen Klippen auf der anderen Seite in fahles Licht.

»Der Fluss ist gnadenlos, unvorhersehbar. Man weiß nie, was da draußen im Wasser passieren kann«, antwortet Jennifer auf meine Frage, was der Missouri ihr bedeutet.

»Manchmal ist er ganz ruhig und friedlich. Manchmal tosend und wild. So wie Montana.«

Die Begegnung mit Jennifer beschäftigt mich auch am nächsten Morgen noch, als ich den Pfirsich, den sie mir am Abend gebracht hat, in mein Müsli schnipsle.

Ich habe ihr von meinen Problemen auf der Reise erzählt. Vor allem das Be- und Entladen des Kajaks, das jedes Mal ewig dauert, nervt mich weiterhin. Gestern habe ich in Fort Benton einen neuen Rekord aufgestellt. Fünf Stunden hat es gedauert, vom Moment des Aufwachens, bis ich endlich im Wasser war. Kaffee, Frühstück, Tagebuch, Duschen, Zusammenpacken, Einladen. Und dabei hatte ich nicht das Gefühl, dass ich wahnsinnig getrödelt hätte. John Steinbeck hat mal geschrieben, irgendwann unterwegs findet dich die Reise. Ich glaube, es war in seinem Reisebericht *Travels with Charley*. Ich warte immer noch darauf, dass ich endlich in den Fluss komme. Mit jemandem darüber zu sprechen tat gut. Ich fühlte mich verstanden. Auch weil Jennifer den Fluss kennt, an ihm lebt, um seine Launen und Gefahren weiß. Jetzt würde sicher alles besser werden, meinte sie abschließend noch lächelnd.

Bevor ich weiterfahre, will ich noch einen *coulee* erkunden, den sie mir ans Herz gelegt hat. So heißen die engen Schluchten durch die Sandsteinhügel am Ufer des Missouri. Seit zwei Wochen bin ich inzwischen allein unterwegs und habe den Fluss seitdem noch kein einziges Mal wirklich verlassen. Paddeln und Campieren bestimmten meine Tage. Keine Wanderung, keine Fotostopps. Mein Fokus lag auf dem Vorankommen, nicht dem Erleben. Dabei sollte ich es eigentlich besser wissen. Ich wollte dieses Mal von Anfang an alles richtig machen. Den Moment genießen, nicht auf das Ziel gieren. Und trotzdem mache ich genau das immer wieder. Ist der Wunsch, am Ende erfolgreich zu sein, den Golf zu erreichen, so viel stärker als die Erkenntnis, dass die Reise das eigentliche Ziel ist? Ich bleibe töricht und werde mir im Laufe der Zeit noch viel mehr unbequeme Fragen stellen müssen.

Ein schmaler Pfad führt weg vom Ufer in die Hügel, die sich zunehmend zu einem engen Slot Canyon verengen. Eine große, *bull snake*, eine ungiftige Natter, verschwindet vor mir auf dem Weg in ihrem Loch. Schon nach kurzer Zeit bin ich in einer anderen Welt. Die grau-gelben Wände der Schluchten sind vom Wasser im Laufe von Millionen von Jahren modelliert worden. Überall Löcher, Stufen und kleine Höhlen. Fichten und Tannen klammern sich an die Felsen. Wären sie rot, könnte ich gerade auch durch die Wüstenlandschaft in Utah klettern. Nach einer halben Stunde lande ich in einer Sackgasse. Der Canyon ist zu schmal geworden, ich drehe um, in der Hoffnung, Jennifer würde vielleicht noch mal vorbeischauen. Tut sie aber nicht. Etwas enttäuscht baue ich mein Zelt ab und will gerade einpacken, als ich das Kielboot am Ufer entdecke.

Ich hatte es gestern Abend schon gesehen. Es ankerte an einer kleinen Insel stromaufwärts, die Crew hatte ihre Zelte und Planen aufgeschlagen, hockte ums Lagerfeuer und plauderte munter. Ich hatte kurz überlegt anzulanden, wollte aber nicht stören und war stattdessen bis Eagle Creek gepaddelt.

»Wir treiben zurück in die Vergangenheit, in die Zeit zwischen 1840 und 1850«, erklärt mir Glenn Davis, als ich ihn jetzt anspreche. Er ist als Einziger an Bord geblieben. Die anderen erkunden gerade an Land den Eagle Creek, an dem Lewis und Clark campierten. Glenn hält die Stellung, von seinen Mokassins hat er Blasen an den Fersen, die machen das Laufen beschwerlich. Ich gebe ihm zwei große Pflasterstreifen aus meinem Erste-Hilfe-Set, dann setzen wir uns auf einen Baumstamm am Ufer und reden. Glenn kommt aus Butte, Montana, war früher beim Militär. 2004 wurde er im Irak verletzt und musste in Frührente. Seine Crew auf dem Boot besteht aus einem Dutzend Männern unterschiedlichen Alters, die auf den Spuren der Pelzhändler des neunzehnten Jahrhunderts ziemlich authentisch durch die Missouri Breaks reisen. Und das bezieht sich nicht nur auf ihre Kleidung aus Wildlederhosen, Wollhemden und Mokassins.

»Wir campen unter freiem Himmel und ernähren uns von wildem Fleisch: Berglöwe, Reh, Hirsch, Bär, das einer von uns vorher eingekocht hat«, sagt Glenn.

Das Boot ist der Nachbau eines typischen Kielboots aus dem neunzehnten Jahrhundert mit flachem Boden, Segelmast und großer Kabine auf dem Deck. Gesteuert wird es mit einem langen Ruder am Heck. Manchmal muss die Crew mit Stangen zusätzlich helfen und durch Untiefen staksen.

»Der Missouri ist der Anfang, die Quelle, mit ihm hat sich unsere Zivilisation nach Westen ausgebreitet«, schwärmt Glenn. »Er kann heimtückisch sein, du musst vorsichtig bleiben. Aber er ist auch friedlich, ein großartiger Ort.«

Er lädt mich ein, später mit ihm und seiner Crew zu campieren. Ein verlockendes Angebot, aber mich zieht es weiter, zurück auf den Fluss und durch den eindrucksvollsten Abschnitt der Missouri Breaks und vielleicht meiner gesamten Reise.

Eagle Rock, Citadel Rock, Hole-in-the Wall, Steamboat Rock, Archangel oder Seven Sisters. Die Felsformationen auf den Hängen sehen zunehmend aus wie abstrakte Skulpturen und tragen Namen. Man braucht nicht viel Fantasie, um die Objekte, die dem Bildhauer dieser Landschaft augenscheinlich Modell gestanden haben, zu erkennen. Am Ufer stehen Pappelhaine, essenzieller Teil des Auenbiotops. Seit der Wasserstand des Flusses über die Dämme reguliert wird, sind sie gefährdet und werden an manchen Stellen behutsam wieder aufgeforstet. Kleine Zäune um die Setzlinge sollen sie schützen.

Wie in den letzten Tagen nutze ich zum Steuern wieder mein Ruder. Eigentlich hatte ich es für die großen Seen installiert, aber auch hier auf dem Fluss leistet es mir gute Dienste. Meine Füße ruhen auf Pedalen, die über einen Kabelzug mit dem Ruder verbunden sind. Trete ich rechts, dreht das Boot nach rechts, trete ich links, schwenkt auch das Boot entsprechend nach links. Brauche ich es nicht, kann ich es mit einer Kordel aus dem Wasser aufs Deck ziehen. Zwei Sprungfedern sollen eigentlich beim Ins-Wasser-Lassen helfen, versagen aber meist, weil sich der feine Silt im Fluss überall absetzt und irgendwann die Mechanik blockiert. Dann hilft nur noch Gewalt. Ich drehe mich um und hämmere mit dem Paddel so lange aufs Ruder, bis es ins Wasser rutscht. Der Aufwand lohnt sich, besonders, wenn ich eine Pause machen will. Denn statt anzulanden und auszusteigen, lasse ich mich lieber weiter treiben, während ich meinen am Morgen frisch mit Salami und Käse belegten Wrap esse und dazu einen ebenfalls in der

Früh schon angerührten Elektrolytdrink schlürfe. Mit dem Ruder kann ich solange einigermaßen Kurs halten, auch ohne Paddeln.

Überhaupt haben die Tage mittlerweile einen festen Rhythmus bekommen. Ich wache zwischen sechs und sieben Uhr auf, mache erst mal Kaffee. Auf dem Benzinkocher erhitze ich einen halben Liter Wasser, nehme einen Löffel Kaffeepulver und gebe ihn in meinen transparenten Isobecher mit Pressfilter im Deckel. Dann aufgießen, vier Minuten ziehen lassen, Stempel runterdrücken, fertig. Den Kaffee habe ich noch aus Alaska, Black Gold, meine Lieblingsröstung von der lokalen Rösterei in Fairbanks. Die schmeckt nicht nur stärker und besser als alle Kaffeesorten, die ich kenne, sie erinnert mich auch an den Yukon, den ich immer noch vermisse. Zum Frühstück gibt's Haferflocken mit Wasser, Zimt, Banane, Apfel, Sultaninen und Granola. Anschließend schreibe ich Tagebuch, lese den zur vor mir liegenden Etappe passenden Abschnitt im Flussführer, falte die Kartenausschnitte für den Tag in die wasserdichte Tasche und checke auf dem Handy den Wetterbericht, wenn ich Empfang habe. Dann baue ich das Zelt ab, verstaue die Ausrüstung in den Packsäcken, ziehe das Boot ins Wasser und beginne mit dem Beladen. Ach ja, Zähneputzen, Katzenwäsche und Sonnenschutz habe ich vergessen. Ich nehme Lichtschutzfaktor siebzig und hoffe, dass der Schutz dann auch den ganzen Tag hält. Umziehen muss ich mich auch noch. Leichte Sportshorts, T-Shirt, Sonnenbrille und Strohhut. Einsteigen, Spritzdecke zu, ablegen. Ich sitze barfuß im Boot, die Fersen ruhen bequem auf kleinen Schaumstoffquadraten, die ich vor Beginn der Reise eingeklebt habe. Meistens ist es neun oder zehn Uhr, wenn ich ablege. Zwei, drei Stunden Paddeln, Mittagspause auf dem Fluss. Weiterpaddeln, Energieriegel gegen fünfzehn Uhr, ein zweiter Wrap gegen achtzehn Uhr, je nachdem, wie lange ich vorhabe zu paddeln. Spätestens gegen zwanzig Uhr suche ich nach einem Schlafplatz.

Heute wird es später als geplant. Der angepeilte Campground im Schutzgebiet ist wegen eines dort nistenden Adlerpärchens gesperrt. Obwohl es schon spät ist und bald dunkel wird, muss ich weiter, quere den Fluss und entscheide mich nur ein paar Kilometer stromabwärts pragmatisch für eine unebene Wiese oberhalb eines steilen, schlammigen Uferstreifens. Als die Sonne untergeht, steht mein Zelt. Die Ausrüstung lasse ich am Ufer beim Boot, das ich an Büsche dort knote. Kein Traumcamp, aber ich bin zu erschöpft, um mich darüber zu ärgern, und schlafe bald ein.

»Ist das ein Kanu?«

Träume ich?

»Schau mal, er hat sogar 'ne Luftpumpe …«

Dem Grölen folgt betrunkenes Gelächter. Sofort schrecke ich hoch und bin hellwach. Es ist mitten in der Nacht. Jetzt höre ich noch eine zweite Stimme etwas murmeln, vielleicht ist da auch noch eine dritte. Verdammt! Meine gesamte Ausrüstung lagert da unten, bis auf die Wertsachen habe ich nichts mit ins Zelt genommen. Wo kommen die nur her? Am Abend sah es so aus, als ob hier weit und breit keine Straße verlaufen würde. Blitzschnell schlüpfe ich in Fleecehose und Gummistiefel und setze die Stirnlampe auf, lasse sie aber noch ausgeschaltet. Leise öffne ich das Zelt und steige in die Nacht. Der Lichtschein einer Laterne flackert vom Ufer her bis zu dem kleinen Plateau, auf dem ich mit großen Schritten jetzt zur Kante laufe. Die Stimmen werden lauter, kurz darauf sehe ich sie. Zwei dunkle Gestalten stehen zwischen meinem Boot und den Packsäcken, die ich in die Böschung gelegt hatte.

»Kann ich euch helfen?«, rufe ich und versuche, so souverän wie möglich zu klingen.

Einer der beiden macht sich sofort aus dem Staub, der andere stammelt: »Wir wollten zum Fischen, aber unsere Luftmatratze ist platt, und wir haben keine Pumpe …«

Während ich ihn mustere, schaue ich mich gleichzeitig um, um zu erkennen, ob irgendetwas fehlt.

»Wir dachten, da hat jemand alle seine Sachen vergessen…«, lallt er weiter.

Hm, schon klar.

Ich blicke in glasige Augen. Auf um die zwanzig schätze ich ihn, flaumiger Bart, die Kapuze seines Hoodies hat er tief in die Stirn gezogen. In seiner linken Hand hält er noch immer die grelle Laterne.

»War der Packsack da nicht verschlossen?«, frage ich jetzt extra provokant.

»Aber wir haben nichts genommen…«

Noch immer versuche ich, die Situation zu erfassen, ich lasse den Blick über meine Sachen und die Büsche schweifen. Von seinem Kumpel keine Spur. Wo ist ihr Auto? Sind da noch mehr? Ich reiche dem Laternenmann die Hand und stelle mich vor. Er sagt mir seinen Namen, den ich zwar wiederhole, aber sofort wieder vergesse. Ich ärgere mich, über die Situation, meinen Leichtsinn, die Ausrüstung zurückzulassen, den unerwarteten Besuch. Aber hier in der Wildnis hätte ich einfach mit niemandem gerechnet. Nach einem kurzen Small Talk verabschieden wir uns, und er verschwindet in der Dunkelheit. Im Schein meiner Stirnlampe kontrolliere ich die Ausrüstung, schließe den offenen Kleidersack, an dem sie offensichtlich zugange waren, und stapfe zurück zum Zelt. Soweit ich es überblicken kann, fehlt nichts. Der Puls pocht mir trotzdem noch immer bis zum Hals. Erst als ich ihren Motor aufheulen höre und sie kurz darauf wegfahren, löst sich die Anspannung. Irgendwann schlafe ich wieder ein.

Dem Schock in der Nacht folgt am Morgen die Bestätigung, dass tatsächlich nichts fehlt. Glück gehabt. Aber was ist die Konsequenz? Alles immer mit ins Zelt nehmen? Das wäre zu aufwendig und vor allem nervig. Am Yukon ist mir das nie passiert. Da gab es weniger Menschen, und die, die ich getroffen habe, wollten mir nie etwas Böses, sondern immer nur helfen. Das war eigentlich auch bislang auf dieser Reise der Fall. Vermutlich sollte ich die Begegnung der Nacht einfach als unerfreuliche Ausnahme abhaken. Trotzdem werde ich ein wenig vorsichtiger und misstrauischer weiterreisen. Schade.

Die Landschaft wird karger. Kaum noch Bäume, und sogar die Büsche tun sich schwer, hier zu überleben. *Badlands* haben die ersten Siedler solche Regionen genannt, als sie mit ihren Planwagen gen Westen zogen, ständig auf der Suche nach fruchtbarem Ackerland. Auf der Karte sind jetzt zahlreiche *rapids* eingezeichnet. Das Wasser rauscht in diesen Abschnitten rasant über Untiefen, ist aber für Paddler weit weniger gefährlich als früher für die Schaufelraddampfer, die hier schnell auf Grund laufen konnten. Am Nachmittag ziehen schwere Gewitterwolken auf, aber ich bleibe verschont, bis ich Kipp erreiche. Die James Kipp Recreation Area wurde nach einem Pelzhändler aus dem neunzehnten Jahrhundert benannt. Der kleine Campingplatz liegt am Highway 191 und markiert das Ende der Missouri Breaks. Spätestens hier gehen die meisten Paddler an Land und lassen sich zurück nach Fort Benton fahren.

Wegen des Wetterumschwungs will ich die Nacht hier verbringen und steuere unter der Highway-Brücke am rechten Ufer entlang zur Bootsrampe. Die ist komplett mit Schlamm bedeckt, den das Hochwasser des Missouri in den letzten Tagen hier abgelagert hat. Ich denke über die beste Strategie für den Ausstieg nach. Ein Motorboot schießt in die kleine Uferlücke, bremst abrupt und landet genau neben mir an. Ein Indianer mit seinem Sohn, völlig durchnässt. Offenbar wurden sie vom Gewitter erwischt. Der Mann springt in den knöcheltiefen Schlamm und läuft zum Parkplatz, um seinen Truck zu holen. Ich will es trotz des Schlamms wieder mit der

Karre probieren. Außerdem schnalle ich meine Sandalen an, damit ich auf dem rutschigen Grund besseren Halt bekomme. Funktioniert aber nicht. Das voll beladene Boot quietscht auf den Polstern der Karre, bewegt sich aber erst, als der durchnässte Motorbootfahrer mir hilft und von hinten schiebt. Nach zwanzig, dreißig Metern endet der Schlammteppich, und ich schaffe den Rest alleine. Für Paddler bietet die Rec Area hier eine eigene kleine Lichtung mit ein paar Campingtischen und Feuerringen, gleich daneben Klohäuschen und Wasserpumpe. Mit der kann ich auch meine Füße wieder vom Schlamm befreien. Leider ist das Wasser ungenießbar. Eine unappetitliche orangefarbene Brühe läuft aus dem Hahn. Da muss ich wohl filtern, denn mein Wasservorrat aus Fort Benton ist nahezu aufgebraucht. Zum ersten Mal kommt mein Filter zum Einsatz, ein offener Wassersack mit Keramikeinsatz und Schlauch, entwickelt für den Einsatz in Katastrophengebieten. Eigentlich zu groß für meine Zwecke, aber zuverlässig und deutlich günstiger als die kleineren Hightechteile für Backpacker. Ich hänge ihn an einen Pfosten am Rand der Rasenfläche für die Zelte und fülle die ersten Liter ein. Während das Wasser in eine Gallone tröpfelt, sprühe ich mich mit Insektenschutzmittel ein. Die Mücken hier sind die aggressivsten seit dem Centennial Valley. Deswegen verzichte ich auch auf eine Dusche unter der Wasserpumpe und folge stattdessen dem Weg von der Bootsrampe zum eigentlichen Campground. Ich entdecke einen Wohnwagen, an dem ein Schild auf Infos hinweist. Ich klopfe, Fred öffnet umgehend. Er ist der *campground host*, also so etwas wie der Platzwart. Das macht er zusammen mit seiner Partnerin schon eine ganze Weile, freiwillig, ohne Bezahlung. Dafür darf er den Sommer über hier campieren. Er bittet mich in seinen klimatisierten Trailer und bietet mir einen bequemen Sessel neben der Tür an. An der Wand sind verschiedene kostenlose Karten und Broschüren in einen Ständer sortiert. Fred checkt für mich im Internet den

Wetterbericht. Das dauert, er kommt hier draußen nicht mit Lichtgeschwindigkeit durchs Glasfaserkabel, sondern extrem langsam per Satellit. Außerdem berät mich Fred zur weiteren Route. Nicht weit von hier staut der Fort Peck Dam den Missouri zu einem gigantischen, fast 250 Kilometer langen See, dem ersten von sechs, die die nächsten tausend Meilen meiner Reise bestimmen werden. Ob ich nicht doch lieber geshuttelt werden möchte, ans Ende des Sees, er könne mir helfen, meint Fred. Und würde mir das im Übrigen auch empfehlen. Der See habe schon viele in die Knie gezwungen, die Stürme seien berüchtigt und lebensgefährlich. Er sei selbst ein erfahrener Kanut, würde sich aber niemals auf den See trauen.

»Wie soll das Wetter denn werden?«, hake ich nach.

»Gut«, sagt er mit einem Blick auf den Bildschirm.

Prima! Dann steht meiner Weiterfahrt morgen ja nichts mehr im Weg.

# KAPITEL 6

Als Dammed Upper bezeichnet mein Flussführer den Abschnitt, der vor mir liegt. Der Verdammte also. Wegen der sechs Dämme. Und weil das Wortspiel im Deutschen noch schöner ist als im Englischen: Der Name passt tatsächlich zu dem, was Paddler hier erwartet. Fast 1800 Kilometer See. Rechnet man ab Three Forks, dem offiziellen Beginn des Missouri, ist der Fluss knapp zur Hälfte ein See! Ohne Strömung, aber mit viel Wind, im ungünstigsten und wahrscheinlichsten Fall von vorne. Der bremst nicht nur, er verursacht auch richtig hohe Wellen, ein bis zwei Meter, kein Scherz. Es gibt unzählige Geschichten von Paddlern, die tagelang am Ufer ausharren und auf Besserung hoffen mussten, bevor sie weiterfahren konnten. Dazu kommen die Wildnis und Einsamkeit. Die Seen werden zwar von Freizeitfischern genutzt, es gibt Campingplätze und Marinas, aber nur in bestimmten Ecken. Dazwischen viel Nichts und schon gar keine Straße, falls wirklich mal was passieren sollte und man Hilfe bräuchte. Handyempfang? Selten. Die Dimensionen sind kaum vorstellbar. Die ersten drei der sechs großen Missouri-Seen zählen zu den Top Five der größten Stauseen in Amerika.

Nur der Colorado River hat größere, Lake Mead zwischen Arizona und Nevada und Lake Powell zwischen Arizona und Utah. Und weil mir beim Schreiben dieser Zahlen eh schon schwindelig wird, gleich noch ein paar: Mehr als 23 Billionen Liter Wasser soll der Fort Peck Lake, in den ich gerade hineinpaddle, fassen. Zur Auffrischung längst verstaubter Mathekenntnisse: Eine Billion ist das Tausendfache einer Milliarde! Wenn ich mich nicht verrechnet habe, was bei diesen Maßstäben nicht verwunderlich wäre. Aber auf eine Null mehr oder weniger kommt's jetzt auch nicht mehr an. Fakt ist, das sind umgerechnet ziemlich viele volle Swimmingpools und noch mehr bayerische Maßkrüge. Legt man den Bierverkauf vom Oktoberfest 2017 zugrunde, auf dem 7,7 Millionen Mass ausgeschenkt wurden, müsste man fast 200 Jahre lang alles Bier der Wiesn in den Fort Peck Lake kippen, um ihn einmal aufzufüllen. Aber da würden nicht nur die Bayern Amok laufen. Also protzen wir mit der Küstenlänge. Peck hat mehr zu bieten als beispielsweise Hawaii oder Oregon. Er ist ein Monster! Und wird seinem Ruf bald gerecht werden.

Ich verlasse den Kipp Campground mit gefülltem Wasservorrat. Das Filtern hat das Wasser aus der Pumpe zwar klarer, aber nicht viel leckerer gemacht. Am Morgen füllt Campground Host Fred alle meine Behälter aus seinem privaten Tank auf. Eine Landkarte habe ich auch noch mitgenommen. Aber die Seiten aus meinem Straßenatlas scheinen korrekter und hilfreicher. Das Wasser des Missouri ist längst nicht mehr klar, sondern schlammig braun. *Big Muddy* ist deswegen sein Spitzname. Allmählich macht er ihm alle Ehre. Noch komme ich aber gut voran, die Strömung bleibt stark, auch als der Fluss anfängt, sich zu verzweigen. Nur die Orientierung fällt mir zunehmend schwerer. Wo verläuft der Hauptstrom? Normalerweise in einer Kurve immer außen, am Rand. Es sei denn, das Wasser ist so hoch, dass es den Uferstreifen überspült, wo kleine Bäumchen und Büsche wachsen. In die gerate ich ein paarmal, finde aber immer wieder zurück, auch wenn's manchmal ein bisschen dauert. Immer noch besser als das, was David Miller, der Autor des Flussführers, mitgemacht hat. Er beschreibt die Durchfahrt bei Niedrigwasser als extrem beschwerlich. Streckenweise war es so flach, dass er sich stundenlang mit den Händen im Schlamm abstoßen musste, wie ein Rennrodler beim Start. Wäre er ausgestiegen, hätte der Morast ihn bis zur Hüfte verschluckt.

Einen Nachteil hat mein hohes Wasser allerdings auch: Ich finde keine guten Camps. Alle Strände sind unter Wasser, die Ufer sumpfig. In den kommenden Wochen wird das zu einem Problem, das ich jetzt noch unterschätze. David Miller warnte außerdem vor den Stürmen, die über Peck manchmal so plötzlich entstehen können, dass man kaum noch rechtzeitig aus dem Wasser kommt. Deshalb müsse man sich ständig umschauen, den Himmel immer im Blick haben. Am späten Nachmittag folge ich seinem Rat und entdecke tatsächlich hinter mir eine dunkle Front, die rasch näher kommt. Ich halte mich ans rechte Ufer, finde aber immer noch keinen Platz zum Campieren, nicht mal zum Aussteigen. Entweder ist es zu steil oder zu instabil. Die Wolken jagen mich, der Wind frischt auf. Ich muss an Land! Aus Mangel an Alternativen steuere ich eine Senke am Ufer an, die zumindest halbwegs eben erscheint. Kaum bin ich ausgestiegen, geht es los. Erst legt der Wind weiter zu und treibt *whitecaps* übers Wasser, Wellen mit weißen Schaumkronen. Ich räume das Kajak hastig aus und ziehe es an Land. Die ersten dicken Tropfen fallen aufs ohnehin schon aufgeweichte Ufer. Ich kann gerade noch in die Regenkleidung schlüpfen, schon geht die Post ab. Die Gewitterfront erreicht mich mit schlagartiger Wucht. Platzregen, Blitze, Donner, Sturm. Fast eine Stunde dauert das Spektakel. Das andere Ufer ist kaum mehr erkennbar. Ich hocke mich in meinen Campingstuhl und lasse die Naturgewalten hilflos über mich ergehen. Das war echt knapp. Ich mag mir gar nicht ausmalen, was passiert wäre, wenn ich nicht rechtzeitig hätte anlanden können. Irgendwann lassen Wind und Regen nach, die Blitze züngeln weiter in der Ferne vom Himmel. Zeit, das Zelt aufzubauen. Der Boden ist jetzt allerdings noch weicher und schlammiger. Für solche Fälle habe ich meine Gummistiefel aus Alaska mitgenommen, die sich auch schon auf dem Yukon bewährt haben. An ihren Sohlen klebt der Matsch schnell in fetten Klumpen, sie werden mit jedem Schritt dicker und schwerer. Zwischendurch versuche ich, ihn an Büschen abzustreifen. Aber er ist so batzig, dass nur ein Stöckchen hilft, mit dem ich den Schmodder mühsam von den Sohlen kratze. Als das Zelt steht, koche ich schnell eine Ramensuppe und packe danach einen Teil der Ausrüstung zurück ins Boot. Die restlichen Packsäcke versuche ich auf Büsche oder Gräser zu legen, die dicht genug sind, um den Matsch abzuhalten. Trotzdem ist der Großteil schon versifft inklusive meiner selbst. Am Ufer finde ich kaum Halt, um mich zu waschen. Marginal Camp nennt David Miller so was in seinem Buch, echt grenzwertig. Aber leider wird das eher die Regel als die Ausnahme auf meiner weiteren Reise.

Am nächsten Morgen weckt mich die Sonne. Der Wind von gestern weht weiterhin von Westen und hilft mir beim Vorankommen. Ich verlasse mein Schlammcamp gen Osten. Dann windet sich der See nach Süden, um gleich wieder eine 180-Grad-Kehre nach Norden zu vollziehen. Das Wetter scheint stabil, sodass ich mehrmals problemlos queren kann. Das verkürzt die Strecke, mitten auf dem See aber fehlt jede Relation fürs Vorankommen. Man hat das Gefühl, auf der Stelle zu paddeln. Um mich abzulenken, zähle ich meine Paddelschläge. Fünfzig in der Minute, macht 3000 in der Stunde. Am Ende des Tages vielleicht 20000? Wie viele es wohl am Ende der Reise sein werden? Am anderen Ufer vergleiche ich die Landschaft mit den Strukturen auf der Karte, um ein Gefühl für meine Geschwindigkeit zu bekommen. Mit Rückenwind fünf, maximal sechs Kilometer in der Stunde, schätze ich. Schneller als gedacht. Auf den Quellseen des Yukon habe ich damals nur etwa die Hälfte geschafft. Das lag an meinem trägen Kanu, aber auch am Paddel. Das Doppelblatt beim Kajak ist deutlich effizienter. Nach all dem Ärger über das nervige Be- und Entladen spielt mein Boot jetzt endlich seine Überlegenheit aus. Nur mit dem Sitz hadere ich, finde einfach keine bequeme Position. Er wurde extra für das Kajak entworfen. Ein herausnehmbares Schaumstoffpolster sitzt in einer strapazierfähigen Neoprenhülle, die mit Klettband auf dem Boden befestigt wird. Die Rückenlehne ist mit drei Karabinern an Gurten im Boot verankert und lässt sich individuell anpassen. Aber irgendwie kann ich die Beine nicht entspannen. Die Füße stehen angewinkelt auf den Pedalen und ständig unter Spannung. Die setzt schmerzhaft meine Gesäßknochen unter Druck und lässt mich ständig hin- und herrutschen. Erst als ich den Sitz weiter nach hinten schiebe, bessert sich das. Jetzt bin ich allerdings so nah am Ende des Cockpits, dass mein Rücken am Süllrand scheuert. Noch blöder ist das für die Spritzdecke. Sie soll eigentlich das Wasser, das von den Paddeln tropft, ableiten. Das funktioniert aber nur, wenn sie konstant unter Spannung steht. Tut sie jetzt nicht mehr. Um meinen Rumpf legt sie sich in Falten, in denen sich das Wasser sammelt und im Lauf der Zeit durch die eigentlich wasserdichte Membran tropft. So steige ich jeden Abend klatschnass aus meinem Boot, selbst an Sonnentagen. Noch krasser wird es bei Regen und Wellengang, wenn die Brecher ständig übers Deck rollen. Schuld ist die Fußstütze mit den Pedalen, die ich ganz offensichtlich beim Bau im Fußraum des Cockpits nicht weit genug entfernt vom Sitz eingeklebt habe. Daran lässt sich jetzt nichts mehr ändern. Ich entscheide mich für die Bequemlichkeit und nehme einen konstant nassen Hintern in Kauf. Habe ja schon über tausend Kilometer geschafft, sind also nicht mal mehr 5000 …

White Caps. Schon wieder. Aber dieses Mal deutlich heftigere als vorgestern. Seit Stunden peitscht der Wind die Wellen über einen Meter hoch. Unablässig klatscht die Brandung auf die Bootsrampe, an der ich gestern Abend mein Kajak rausgerollt habe. Selbst wenn ich wollte, käme ich da nicht mehr ins Wasser. Also warte ich. Stundenlang. Heute ist wieder Sonntag, vor vier Wochen bin ich zur Quelle gestartet.

»Wo ist dein Auto?«, fragte mich ein Mann, als er am Morgen sein Speedboot zu Wasser ließ.

»Ziemlich radikal!«, war dann sein Kommentar, als ich ihm erklärte, wie ich hierhergekommen bin. Aus Mangel an Alternativen habe ich mich am Abend für die Devil's Creek Recreation Area entschieden und dort mein Zelt auf einem kleinen Plateau neben der Rampe aufgebaut. Ich bin der einzige Camper. Allein, umgeben von Prärie, See und Himmel. Heute Morgen kamen ein paar Trucks mit Bootsanhängern. Schon da war der Wind aber so stark, dass selbst die schweren Motorboote kaum gegen die Wellen ankamen. Mit jedem Wellenkamm wurden sie in die Luft geworfen, um im nächsten Moment zurück aufs Wasser zu krachen. Ich beobachte und warte weiter. Lese, schreibe Tagebuch, mache ein paar Fotos. Später tuckert ein *pontoon* auf mein Camp zu. Statt zur Rampe steuert es um eine Landzunge in eine kleine, windgeschützte Bucht, zu der ein kleiner Pfad führt. Minuten später springen erst ein Hund und dann zwei Pärchen von Bord und laufen zum Klohäuschen. Auf dem Rückweg plauschen wir kurz. Wir hatten uns schon in den Missouri Breaks gesehen. Die vier sind jetzt auf dem Weg zum Fort Peck Damm, wo sie ihren Trip beenden werden. Vielleicht könnte ich es ja auch in der Bucht probieren, überlege ich, nachdem sie wieder abgelegt haben. Ich laufe den Pfad runter zum Wasser. Der Boden ist weich und wird am Ufer morastig, aber einen Versuch wäre es wert. Ich baue das Zelt ab, belade mein Boot auf der Karre und ziehe es vorsichtig bergab. Unten am Ufer versinken die Räder im Schlamm. Mit Schwung ziehe ich weiter, das Boot rutscht auf der Karre, kippt nach vorne. Ich bin aber nah genug am Wasser und kann es von der Karre die letzten Meter über den Schlick in den See wuchten. Auf der Karte sieht es so aus, als ob ich mich für ein paar Kilometer am rechten Ufer entlanghangeln müsste, dann knickt der See nach Südosten ab, dort hätte ich dann vollen Rückenwind. Unsicher stoße ich mich ab und werde bald seitlich vom Wind erfasst. Die ersten Wellen brechen von links über das Boot. Anfangs fürchte ich, die Wucht der Wellen könnte das schwer beladene Kajak umwerfen. Das aber hält sich wacker und stabil, wie auch schon in den Stromschnellen am Oberlauf. Je weiter ich aufs tiefe, offene Wasser komme, desto weniger heftig sind die Wellen. Auch das Ruder macht sich hier voll bezahlt. Ohne große Anstrengung kann ich trotz des starken Seitenwinds die Spur halten und kämpfe mich so langsam, aber stetig vorwärts. Es ist später Nachmittag, als ich beidrehe und der Wind mich jetzt vor sich her treibt. Ich bin froh, dass ich mich getraut habe. Auch weil ich nun noch mehr Vertrauen ins Boot habe. Leider finde ich am Ufer wieder keine Camps. Kurz nach Sonnenuntergang entdecke ich einen *butte* am rechten Ufer, einen kleinen Hügel mit flacher Kuppe. Wenn ich da raufkäme, wäre das vielleicht eine Möglichkeit. Und ich hätte bestimmt eine großartige Aussicht. Ich paddle in eine Bucht und zu einem kurzen Uferstreifen, der Halt verspricht. Im letzten Tageslicht klettere ich den Hügel hinauf und gelange auf das Plateau mit reichlich Platz fürs Zelt. Ich halte kurz inne. Überall wachsen Salbeibüsche mit betörend süßem Aroma. Von hier oben kann ich auch den weiteren Verlauf des Sees und seine Konturen besser ausmachen. Ein toller

Platz. Solange der Wind nicht wieder auffrischt. Anderenfalls wäre ich ihm ungeschützt ausgesetzt.

Wieder entlade ich das komplette Boot, nehme es aus dem Wasser, drehe es um und lagere es parallel zu einem Baumstamm am Ufer, an dem ich es verknote. Da sehe ich den Schaden: Ein kleiner, aber tiefer Kratzer drückt sich durch die Glasfasern aufs Holz. Muss beim Ablegen passiert sein, als ich mit der Karre feststeckte, aber in meiner Ungeduld unbedingt schnell weiterwollte. Dabei war das Boot nach vorne gerutscht. Die Polster, die es von den scharfen Kanten der Karre schützen sollen, sind nicht dick und lang genug. Da muss ich also morgen erst mal reparieren, bevor es weitergeht.

Nach einer erholsamen Nacht wache ich kurz vor Sonnenaufgang auf. Der Kratzer am Kajak ist schnell geflickt. Ich raue die Stellen mit einem kleinen Stück Schmirgelpapier auf und pinsle anschließend Epoxidharz in die Furchen. Schon zehn Minuten später ist alles getrocknet, ich kann weiter.

Nach etwa zwei Dritteln der Strecke ändert sich der Fort Peck Lake. Der See wird zum unübersichtlichen Meer. Seine Ufer liegen mindesten fünf Kilometer auseinander, mehr als ein Dutzend riesiger Buchten, die nicht selten genauso breit sind, zerfransen seine Ufer. Aber Peck meint es heute gut mit mir, Windstille bis zum Abend. Stoisch paddle ich stundenlang vor mich hin, quere ein paarmal, um abzukürzen. Und ich singe wieder, wie auf dem Yukon. Ich weiß nicht mehr genau, wann und warum, aber irgendwann habe ich damals beim Paddeln angefangen, laut vor mich hin zu singen. Vielleicht weil mir die Musik so fehlte. Ich kann mir ein Leben ohne sie nicht vorstellen. Sie ist essenziell für mich. Wenn ich arbeite, egal ob am Rechner oder physisch, treibt sie mich an, inspiriert mich, lässt mich erinnern, ausflippen, traurig sein.

Sie berührt mich auf eine derart intensive Weise, dass ich es kaum beschreiben kann. Das passiert natürlich nicht bei jeder Musik, im Gegenteil. Es muss meine Musik sein, raue Gitarren, schwermütiger Sound, gerne einen Hauch depressiv, in jedem Fall mitreißend. Country, Americana, Classic Rock, Blues, Soul. All das gab es auf dem Yukon nicht, für Wochen. Kein Radioempfang, und den MP3-Player hatte ich bewusst zu Hause gelassen. Also musste ich selbst für die Musik sorgen. Außerdem suggerierten mir die Songs Vertrautheit, vielleicht sogar Sicherheit. Inmitten der rauen Wildnis erinnerten sie mich an Zuhause, das Unterwegssein in Loretta, und gaben mir das Gefühl von Geborgenheit. Und sie lenkten mich ab. Von den Zweifeln, die mich immer wieder überkamen. Eine Strategie, von der ich hier auf dem Missouri auch wieder reichlich Gebrauch machen würde. Blöd nur, dass ich bei kaum mehr als einem Dutzend Songs halbwegs textsicher bin. Einer davon ist *The River* von Garth Brooks, weil's so naheliegt. Und genauso passend wie *Build a better boat* von Travis Meadows. Allein bei der ersten Zeile könnte ich schon heulen, so schön, so treffend.

*I ain't lonely, but I spend a lot of time alone.*
Und dann noch der Refrain:
*I breathe in, I breathe out.*
*Got friends to call who let me talk about.*
*What ain't workin', what's still hurtin'.*
*And all the things I feel like cussing out.*
*I ride the waves I can't control.*
*If it's working I don't know,*
*When I get done, the thing may not float.*
*But I'm learning how to build a better boat.*

Da muss man sein Boot nicht mal selbst gebaut haben, um innerlich loszuschluchzen, finde ich.

Am Abend schlage ich mein Zelt auf einer kleinen, sumpfigen Landzunge auf. Ein dunkler Wolkenteppich zieht in meine Richtung. Aus seiner Mitte bauscht sich ein dunkelgraues Band bedrohlich zum See. Minuten später erlebe ich das gleiche Szenario wie vor zwei Tagen. Heftigem Wind folgt ein Platzregen, der die aufgerissene Erde um mein Camp in einen Sumpf verwandelt. Zum Glück liege ich da schon im Zelt und ahne noch nicht, dass der See keine 24 Stunden später noch mal eine gewaltige Schippe drauflegen wird.

»Ich kann nicht glauben, dass du hier nicht fischst!«

Ben ist entsetzt. Er arbeitet normalerweise als *fishing guide*, ist aber heute mit seiner Partnerin Tasha auf dem See. Urlaub. Am Morgen schon haben sie ihr Glück in der Nähe meiner Landzunge versucht, wollten aber nicht stören. Später treffe ich sie mitten auf dem See wieder. Ihr Boot ist ein Rennwagen in Rotmetallic, mit wuchtigem Mercury-Außenborder. 300 PS stark, 20 000 Dollar teuer. Und dafür gibt's nur den Motor, nicht das ganze Boot. Daneben hängt ein kleinerer Ersatzmotor und vorne ein *trolling motor*, ein kleiner Propeller an einem ausfahrbaren Schaft zum leisen Manövrieren beim Fischen.

»Ich schenk dir eine Angel, wenn du magst«, bietet mir Ben an.

Am Yukon hatte ich eine dabei und sie genau ein Mal erfolglos eingesetzt.

»Das ist echt nett, aber mein Boot ist so schon hoffnungslos überladen«, sage ich.

»Dann nimm wenigstens einen Fisch«, schlägt er jetzt vor. »Ich muss ihn nur noch filetieren, dauert nicht lange.«

Ben greift zu einem Brett und in den Kühlbehälter mit Fischen, die er heute Morgen gefangen hat. Mit geübten Schnitten sind sie in wenigen Minuten zerlegt. Er packt sie in einen Beutel, den er noch mit Eiswasser aus dem Cooler auffüllt.

»Hattest du schon mal *walleye*? Der beste Fisch der Welt!«, sagt er und überreicht mir den Beutel.

Walleye ist ein Zander mit zartem, weißem Fleisch und in der Tat sehr lecker. Ich hatte ihn in einem Restaurant irgendwo schon mal auf dem Teller, aber noch nie so frisch. Ich bedanke mich, stelle den Beutel auf den Boden ins Cockpit, damit das Seewasser von unten durch den Rumpf noch zusätzlich kühlen kann, und paddle weiter.

Ben hat recht. Eigentlich sollte ich fischen. In Amerika macht das fast jeder, viel selbstverständlicher als bei uns. Für ein perfektes Wochenende braucht man hier drei Dinge: einen See, ein Boot und einen Truck, der es zieht. Und die Angel natürlich. Viele kaufen beim Outdoorgiganten Bass Pro. Die meisten der derzeit 171 Läden in Nordamerika haben die Größe einer deutschen Mehrzweckhalle, mit verschiedenen Abteilungen für Angeln, Köder und Boote. Besonders beliebt sind Pakete – Boot mit Motor und Trailer. Nicht nur Bass Pro freut sich über den Umsatz, auch die einzelnen Staaten profitieren vom Riesenmarkt der Hobbyfischer. Fast jede freie Minute verbringen sie auf dem Wasser, gerne in Gruppen. Sie tanken Sprit, kaufen Angellizenzen, ein Sixpack und Snacks für den Tag. Abends grillen sie auf dem Campingplatz oder gehen ins Restaurant. Die Ausgaben summieren sich und bescheren den lokalen Geschäften ordentlich Umsatz. Die American Sportsfishing Association will berechnet haben, dass der Sport pro Jahr mehr als hundert Milliarden Dollar zur amerikanischen Wirtschaft beiträgt und dabei über 800 000 Jobs schafft. Kein Wunder, dass es unzählige Magazine und TV-Shows dazu gibt. Die besten Sportfischer sind Rockstars. Was die wohl über unsere heimischen Angler auf ihren olivgrünen Klappstühlen am Fischteich denken? Wobei die Fische in den Stauseen hier auch zu einem großen Teil aus der Zucht stammen, staatlich finanziert und kontrolliert. Sonst wäre längst alles leer gefischt.

Etwa fünfzig Kilometer sind es noch bis zum Damm. Wenn ich mich ranhalte, sollte ich es eigentlich noch heute schaffen. Doch plötzlich dreht der Wind und bremst von vorne. Volle drei Stunden lang kämpfe ich gegen ihn an. Gegen neunzehn Uhr breche ich gut zehn Kilometer vor Fort Peck ab und finde eine kleine, flache Landzunge mit dichtem Gras und festem Ufer. Perfekt. Es ist windstill. Von rechts schieben sich lila Wolken näher. Aus einigen regnet es. Aber sie scheinen weit genug entfernt zu sein und eine andere Richtung zu nehmen. Ich lasse das Boot im Wasser, verknote es nur am Ufer. Die Ausrüstung packe ich auf einen Haufen vors Zelt und koche Bens *walleye* mit Reis auf dem Campingkocher. Als er gerade fertig ist, erwischt es mich. Von null auf hundert Meilen pro Stunde, wie ich am nächsten Tag erfahre. Erst der Wind, dann der Regen. Als ob jemand einen Schalter umgelegt hätte. Mein Zelt wird von hinten platt gedrückt, die Böen zerren unerbittlich am Nylon. Um das Alugestänge zu entlasten, drücke ich den hinteren Bogen von innen wieder nach außen und muss zusehen, wie der vordere zum Spielball des Sturms wird. Er tanzt wild von einer Seite zur anderen und wieder zurück. Hoffentlich bricht er nicht. Der Donner grollt immer näher, Blitze schlagen um mich herum ein. Es ist ohrenbetäubend laut im Zelt, vom Wind und von dem Regen, der erbarmungslos gegen die Plane hämmert. Ich riskiere einen Blick durch die Apsis nach draußen. Die kleinen Bäumchen im See vor mir werden flach aufs Wasser gedrückt. Die Ausrüstung scheint noch unversehrt, aber die Brandung klatscht das Boot unablässig gegen das Ufer. Soll ich raus, es an Land ziehen? Das wäre Wahnsinn in dem Gewitter. Selbst wenn ich mich beeile, könnte der Sturm die Zeltstangen in der Zeit zerbrechen. Also harre ich weiter aus. Ist bestimmt gleich wieder vorbei, denke ich, wie bei den anderen Stürmen auch, die sich meist nach zwanzig, dreißig Minuten wieder beruhigt hatten. Dieser tut es nicht. Auch nach einer Stunde hocke ich noch im

Zelt und stabilisiere das Gestänge, während Wind und Regen es mit unveränderter Wucht peinigen. Dafür löst sich meine Anspannung etwas. Der *walleye* ist inzwischen kalt, aber ich habe Hunger und löffle ihn mit dem Reis aus dem Kochtopf. Nach unendlichen anderthalb Stunden scheint das Schlimmste überstanden. Der brutalste und längste Gewittersturm, den ich je erlebt habe, zieht weiter. An Schlaf ist nicht zu denken, ich bin zu aufgewühlt und greife zum Handy, schalte es an. Tatsächlich Empfang. Ich setze einen Hotspot und checke auf meinem Laptop die E-Mails der letzten Tage. Absurd.

Heute ist der 4. Juli, *Independence Day*. Keine Wolke mehr am Himmel. Aber der Wind bleibt, längst nicht mehr so tosend wie gestern Abend, aber immer noch kräftig genug, um Schaumkronen auf den Wellen zu erzeugen. Ich will es trotzdem versuchen und packe zusammen. Eine etwa vier Kilometer breite Bucht liegt vor mir. Beim Queren rollen die Wellen seitlich über mein Boot, einige von ihnen sind meterhoch. Ich werde ordentlich durchgeschaukelt, muss hin und wieder beidrehen, um die größten Brecher nicht mit der vollen Breitseite zu erwischen. Nach einer Stunde erreiche ich das Nordufer des Sees, an dem entlang ich mich jetzt mit Rückenwind Richtung Staumauer nach Osten bewege. Noch eine Stunde später ist es geschafft, ich paddle erleichtert in die Bucht der Marina. Der Sturm letzte Nacht hat einen der beiden Landestege komplett aus der Verankerung geblasen. Er treibt verformt auf dem Wasser. Als ich zur Bootsrampe paddle, versuchen zwei Männer gerade, ein wuchtiges Ponton-Boot aus dem Wasser zu holen. Der starke Wind aber schiebt es immer wieder weg vom Hänger. Mich bringt er beim Aussteigen aus der Balance, und ich lande im kalten Wasser. Keiner auf dem Steg nimmt Notiz. Klatschnass und frierend ziehe ich das Boot die lange, steile Rampe rauf zum Parkplatz. Im Klohäuschen wechsle ich die Kleidung und laufe rüber zu einem kleinen Laden.

»Du brauchst einen *ride*, oder?« Ken kommt gleich zur Sache und greift zum Telefon. Sein *tackle shop* ist übersichtlich sortiert. Motoröl, Köder, Campingzubehör, ein paar Snacks. Ich greife zu einem Snickers im Regal, ist schließlich Feiertag heute. Eine Stunde später sind Diane und Rod mit Anhänger da. Sie helfen regelmäßig, genau wie Ken. Wir verzurren das Boot auf dem Anhänger, laden meine Ausrüstung in den Truck und fahren erst mal zum Einkaufen. Gut zwanzig Minuten sind es von der Marina bis Glasgow. Der Ort ist nicht groß, hat aber den einzig gut bestückten Supermarkt in der Nähe. Ich stocke reichlich auf. Am Abend werde ich zum Barbecue bei den Nachbarn eingeladen – Hotdogs, Burger, Salate. Vollgefressen liege ich später im Kingsize-Bett des Gästezimmers von Rod und Diane und kann mein Glück kaum fassen. Und das ist erst der Anfang vom Netz der *river angels*, in das ich auf meiner weiteren Reise immer wieder fallen darf.

Rod ist *semi-retired*, muss also eigentlich nicht mehr arbeiten, macht es aber trotzdem. Im Winter leitet er in Arizona das Rettungsteam für den Sheriff von Beaver Dam. Die Sommer verbringt er mit seiner Frau im großen Haus unterhalb des Damms und ist jede freie Minute zum Fischen auf dem See. Das weitläufige Wohngebiet, in dem ihr großes Haus steht, ist neu und noch nicht komplett erschlossen. Auf vielen der anderen Parzellen steht bislang nur eine riesige Garage für die Boote. Manche der Eigentümer haben mehrere, für den See und den Fluss. Dazu Quads, Rasenmäher und die Autos. Übernachtet wird im Wohnwagen, der gegen die gigantischen Schuppen zwergenhaft wirkt. Da ist klar, wo die Prioritäten liegen.

Zum Frühstück am nächsten Morgen gibt's Pancakes mit Sirup und Erdnussbutter, eine willkommene Abwechslung nach vier Wochen Wassermüsli. Im Schatten der Veranda packe ich die Lebensmittel um. Haferflocken und Cookies kommen in Ziploc-Beutel, Granola-Riegel nehme ich aus der Verpackungsbox, die Äpfel aus ihrem Sack. Wahrscheinlich habe ich viel zu viel gekauft. Die wenigen Siedlungen, die auf der nächsten Etappe folgen, liegen aber ungünstig weit weg vom Fluss und haben nur kleine Dorfläden. Eine Woche muss der Proviant also mindestens halten, bevor ich wieder problemlos nachkaufen kann. Das Einladen wird dann zu einer echten Herausforderung, obwohl Rod sogar eine kleine Bootsrampe hat. Das Wasser ist kristallklar, eiskalt und schnell. Wir setzen das Kajak ins Wasser vor der Rampe. Rod hält, Diane reicht an, ich verstaue, bis zu den Knien im kalten Wasser. Schnell werden meine Füße taub. Da hilft auch die strahlende Sonne nicht. Zwischendrin muss ich raus aus dem Wasser und mich kurz aufwärmen. Als alles verpackt ist, staune ich selbst darüber, dass ich nichts zurücklassen muss. So schwer war mein Boot noch nie. Ich verabschiede mich, dann trägt mich das Wasser zügig um die Kurve und aus der Sicht. Meinen ersten Megastausee habe ich also hinter mir, fünf folgen noch. Und der nächste wird der fieseste. Dazwischen 224 unverbaute Flussmeilen, gut 350 Kilometer, länger als jeder andere Abschnitt im Oberlauf. Klingt vielversprechend, wird es aber nicht.

Anfangs bin ich noch zuversichtlich, habe sogar zwischenzeitlich das Gefühl, endlich angekommen, im Fluss zu sein. Nach knapp einer Woche auf dem See freue ich mich wieder über die Strömung. Meine Handgriffe sitzen, Routine hat sich eingestellt. Ich fühle mich fit, Boot und Ausrüstung funktionieren prima. Für die ersten Camps finde ich sogar ein paar Sandstreifen am Ufer. Und trotzdem bin ich *grumpy*, richtig miesepetrig. Offenbar ist das mein liebster Gemütszustand. Das liegt zu einem großen Teil an den Wasserpumpen, mit denen die Felder am Ufer hier bewässert werden. Sie knattern so laut und so häufig, dass ich tatsächlich überlege, meine

Ohrstöpsel gegen den Lärm einzusetzen. Wo keine Felder liegen, gibt es Viehweiden voller Kühe, ihre Fladen übersäen das Ufer, vor allem da, wo ich ansonsten zelten könnte. Am Nordufer grenzt die Fort Peck Indian Reservation auf über hundert Meilen an den Missouri. Gut 10 000 Assiniboine und Sioux leben dort. Sie haben einen schlechten Ruf. Normalerweise ist mir das egal. Mich interessiert die Kultur der Ureinwohner. Seit Jahren unterstützen wir über einen gemeinnützigen Verein Projekte für Kinder und Jugendliche in den Reservaten der Lakota in South Dakota. Und die Athabasken und Yup'ik-Eskimos am Yukon haben mich auf meinen Reisen dort mit ihrer Hilfsbereitschaft immer wieder tief berührt. Die Warnungen von Diane und Rod klingen mir aber noch sehr deutlich im Ohr. Nicht am Nordufer campen, lieber die andere Seite wählen. In meinem Flussführer steht das Gleiche. David Miller beschreibt dort sogar eine Situation, in der auf ihn geschossen wurde. Und jetzt bekomme ich auch noch eine Textnachricht von Norm Miller aufs Handy, in der er mich warnt, bloß nicht in Wolf Point, der größten Stadt im Reservat, an Land zu gehen. Auf einen anderen Paddler seien vor ein paar Tagen dort in der Nähe Schüsse abgefeuert worden. Vermutlich im Rausch. Aber was auch immer der Grund und die genauen Umstände gewesen sein mögen, ich werde das linke Ufer meiden, selbst wenn die Camps dort noch so verlockend aussehen. Das Handy trägt übrigens auch zu meiner miesen Laune bei. Weil ich Empfang habe. Den nutze ich, um abends im Zelt Mails zu checken und morgens mit Claudia zu sprechen. Das tut gut, weil ich Dampf ablassen kann, aber es reißt mich auch jedes Mal aus der Reise, aus dem Fluss heraus. Am Yukon gab es keinen Empfang und Internet nur ganz selten. Warum vergleiche ich nur immer wieder? Der Missouri ist ein ganz anderer Fluss. Trotzdem kann ich nicht loslassen, weder den Yukon noch meinen Frust.

Fast vierzig Grad. Selbst mit Strohhut und leichter Brise auf dem Fluss ist es kaum zu ertragen. Sein Wasser ist jetzt wieder eine braune, unappetitliche Brühe, in der ich mir abends nur widerwillig Sonnenschutz und Schweiß von der Haut wasche. Am Ufer gibt es bunt geschichtete Hügel und Klippen, im Fluss Untiefen, auf denen ich einmal sogar aufsitze und aus dem Boot steigen muss, um es wieder in tieferes Wasser zu schieben. Um die achtzig Kilometer schaffe ich am Tag, suche ab neunzehn Uhr nach einem Lagerplatz, um genug Zeit und Licht fürs Einrichten zu haben. Noch immer traue ich mich nicht, dass voll beladene Boot einfach an Land zu ziehen, wie man es mit einem Kunststoffkajak machen würde. Ich habe Bedenken, es zu beschädigen, Lack und Harz zu zerkratzen und dann wieder reparieren zu müssen. Deswegen dauert das Ausladen und Einrichten des Camps fast so lange wie das Einladen. Das nervt vor allem, weil es keinen Fortschritt gibt. Egal wie fest ich mir vornehme, mich zu beeilen, ich werde nicht schneller. Und wenn ich zu sehr hetze, passt es am Ende nicht richtig, und ich muss umpacken. Das zu akzeptieren fällt mir aber genauso schwer, wie mich endlich angemessen auf den Missouri einzulassen und mich über meine Reise zu freuen, wie es sich gehört.

Genau fünf Wochen sind seit meinem Start vergangen. Ich stelle einen neuen Rekord auf, dieses Mal nicht beim Langzeitbeladen, sondern im Streckemachen. Erstmals paddle ich hundert Kilometer, die mich endlich in den zweiten Staat der Reise, nach North Dakota, bringen. Zwischenzeitlich dachte ich, Montana hört nie auf. Der Fluss strömt ja in einem weiten Bogen erst mal nach Norden, bevor er nach Osten abbiegt. Außerdem ist Montana richtig groß, hinter Alaska, Texas und Kalifornien der viertgrößte Bundesstaat Amerikas. Doppelt so groß wie North Dakota. Fort Union markiert die Staatsgrenze. Mitte des neunzehnten Jahrhunderts war es der wichtigste Umschlagplatz für Felle am gesamten Missouri. Früher lag das Fort direkt am Fluss, der seinen Lauf seitdem aber verändert hat. Der beeindruckende Nachbau der Originalgebäude inklusive Palisade an gleicher Stelle ist jetzt vom Wasser aus nicht mehr erreichbar. Ich paddle weiter und komme am Zusammenfluss von Yellowstone und Missouri, kurz bevor die Sonne untergeht, zu einem kleinen, schlichten Campground mit Bootsrampe.

Mit dem Überqueren der Staatsgrenze zwischen Montana und North Dakota habe ich heute auch eine neue Zeitzone erreicht. Ab sofort gilt Central Time, sieben Stunden hinter der deutschen. Ich werde bis zum Schluss in ihr bleiben. Und morgen wartet der nächste See auf mich.

Lake Sakakawea ist nach der jungen Indianerin im Team von Lewis und Clark benannt. Der Stausee ist größer als Peck, fast 290 Kilometer lang und gilt als ebenso gefährlich. Als ich am Morgen ablege, habe ich ein gebackenes Lachsfilet, frisch gezupften Gartensalat und eine Mango im Gepäck. Ein junger Fliesenleger hat mir sein Lunchpaket geschenkt. Er wollte kurz vor Arbeitsbeginn noch mal nach dem Fluss schauen. Wir kommen ins Gespräch, und er fährt mich auch zu seiner Baustelle, damit ich dort meinen Wasservorrat auffüllen kann. Ich muss nicht mal fragen, die Menschen wissen genau, worauf es ankommt. Sie fühlen sich von meiner Reise inspiriert und ich mich dann noch schlechter, weil ich sie nicht genieße.

Auf Höhe von Williston erreiche ich nach gut fünfzig Kilometern den See. Der Ort gilt als Zentrum des Ölbooms von North Dakota, der die Bevölkerung der Stadt innerhalb von zehn Jahren verdoppelt hat. Um die 30 000 Einwohner sollen es Schätzungen nach heute sein. Das Wasser strömt durch ein Labyrinth aus überspülten Weidendickichten. Sie machen die Orientierung ähnlich schwierig wie im Mangrovensumpf der Everglades. Karten, selbst auf meinem Navi, sind hinfällig, weil der Fluss sich hier jedes Jahr andere Wege sucht.

Ich beschließe, ans linke Ufer zu queren, wo ich Schutz vor dem kräftigen Gegenwind suchen will. Es ist schon wieder spät geworden, Zeit fürs Camp. Nur wo? Das Ufer ist schroff und unzugänglich. Auf Höhe einer Kuppe mit dem schönen Namen Plum Pudding Butte läuft mir erst das Wasser im Mund zusammen, und dann entdecke ich einen kleinen Einschnitt im Fels, gerade breit genug für ein Zelt. Ich fackle nicht lange. Das Ausladen ist dieses Mal besonders tricky, weil es am Rand einer Felsplatte am Ufer schnurstracks in tiefes Wasser geht und ich auf dem glitschigen Stein kaum Halt finde. Eine Stunde später kann ich endlich entspannen. Mein Zelt steht, das Boot liegt samt Ausrüstung parallel daneben. Ein mannshoher Erdwall schützt mich gegen den heftigen Westwind.

Ich setze mich in den Stuhl, löffle meine Pasta und beobachte die Sturmfront. Wieder zieht sie in meine Richtung, verschont mich aber. Im warmen Wind fotografiere ich die Blitze, die im Minutentakt aus ihr herauszüngeln. Als es dann doch zu tröpfeln beginnt, ziehe ich mich ins Zelt zurück. Ich fühle mich sicher, nicht so exponiert wie beim Monstersturm auf Peck. Der Wind wird stärker, der Regen auch, und dann läuft das Wasser. Es vermischt sich mit der sandigen Erde und kommt in Strömen von den Hügeln in mein Camp. Der vermeintlich geschützte Einschnitt sammelt den schlammigen Mix wie eine Rinne und spült ihn über die Ausrüstung und unters Zelt. Zum Glück hält es dicht, von oben wie unten. Aber mir schwant, was das für morgen bedeutet.

Alles ist verschlammt. Am schlimmsten hat es das Zelt und seine Plane erwischt. Ich schwenke sie im Seewasser mehrmals hin und her, bis sich der gröbste Dreck gelöst hat. Auch die schleimig verklebten Packsäcke tauche ich unter und wische mit einem Lappen darüber. In der Sonne trocknet alles rasch, aber bis ich loskomme, ist es nach elf Uhr.

Der Tag wird hart. Acht Stunden Gegenwind. Wenn ich nur pausiere, um zu trinken, bläst er mich schon rückwärts. Zum Snacken muss ich deshalb eine geschützte Stelle finden, wo ich für ein paar Minuten Ruhe habe. Am Nachmittag entscheide ich mich nach langem Überlegen, ans andere Ufer zu queren, um besser geschützt zu sein. Gut vier Kilometer gegen den Wind mitten über den See. Eine zähe Angelegenheit. Das Kajak schneidet durch die hohen Wellen, und ich paddle wie ein Besessener anderthalb Stunden lang, ohne Pause. Tatsächlich flaut es auf der anderen Seite ab, aber auch hier gibt es keine Camps. Die zahlreichen Buchten sind mit einem regelrechten Teppich aus Treibholzstämmen blockiert. Ich greife zum Fernglas in der Decktasche und scanne die Uferlinie. Lange bleibt mir nicht mehr, bevor es dunkel wird. Da! Ein kurzer Streifen Strand, gerade lang genug für mein Boot. Ich steuere zu der kleinen Kiesbank. Campen kann ich hier nicht, aber vielleicht auf der Wiese oberhalb. Ich suche einen Zugang und klettere über ein paar Wurzeln und Baumstämme das Steilufer hoch. Über eine Kante gelange ich zum Wiesenhang, gut zehn Meter über dem Wasser. Ganz am Rand scheint es flach genug fürs Zelt zu sein. In mehreren Etappen schaffe ich das Nötigste dorthin, der Rest bleibt mit dem Boot am Strand. Als ich gegen 22 Uhr endlich im Zelt liege, dreht der Wind. Die ersten Tropfen prasseln aufs Dach. Im Radio, das ich mit Kopfhörern höre, warnen sie vor einem Sturm, sogar ein Tornado sei möglich. Auch Norm meldet sich per Textnachricht. »Tornado warning in your area. Be prepared.« Das Boot habe ich an einen Baumstamm gebunden. Aber es schadet sicher nicht, wenn ich noch mal nachsehe. Ich krieche aus dem Zelt und kraxle den steilen Hang im peitschenden Regen mit Stirnlampe hinunter. Doch ich komme zu spät.

Tosend kracht die Brandung inzwischen an den schmalen Uferstreifen, auf dem ich den Großteil meiner Ausrüstung deponiert hatte. Kleidersack, sämtlicher Wasservorrat, Benzin für den Kocher, Stativ für die Kamera, Ersatzpaddel, alles ist weg! Fortgerissen von den Wellen, die unablässig ans Ufer klatschen. Hektisch greife ich nach den verbliebenen Sachen, werfe sie ins hohe Gras, so weit wie möglich weg vom Ufer. Im fahlen Lichtkegel der Stirnlampe suche ich auf dem Wasser nach meiner verlorenen Ausrüstung, vergeblich. Der Regen wird stärker, ich flüchte zurück ins Zelt. Frustriert und stinksauer über meinen blöden Anfängerfehler.

»Das ist nicht nur eine physische Herausforderung, es ist auch eine mentale«, sagt Peggy Hellandsaas zwei Tage später. »Da läuft viel mehr ab als nur Paddeln. Manchmal braucht es reine Willenskraft, um weiterzumachen.« Sie bringt es auf den Punkt.

Im Netzwerk der Missouri River Paddler ist Peggy so was wie die Königin der *river angels*, der zahllosen Helfer entlang des Flusses. Ich treffe sie in Tobacco Gardens, drei Stunden von meinem Unglückscamp entfernt. Vor zehn Jahren hat sie den RV Park am See mit 180 Stellplätzen für Dauercamper übernommen. Es gibt ein Restaurant, eine Marina und einen kleinen Laden mit Lebensmitteln, Fischködern und Angelausrüstung. Für die Paddler hält Peggy gegenüber vom Restaurant eine Hütte mit zwei Betten bereit, in der wir übernachten können.

»Das gehört sich so, ich kann's auch nicht genau erklären, aber das muss einfach so sein. Wir möchten, dass du dich hier wohlfühlst, wie zu Hause, dich entspannst und richtig gestärkt weiterpaddeln kannst.«

Peggy sehnt die Ankunft der wenigen Paddler, die jedes Jahr auf dem Missouri zu ihr kommen, genauso herbei wie umgekehrt. Sie trägt eine schwarze Schürze über dem schwarz gemusterten Kleid und kurzes, blond gefärbtes Haar. Die Fassung ihrer Brille ist bunt gestreift, ihre Fingernägel sind rot lackiert. Peggy wirkt resolut und herzlich zugleich. Im

Moment geht es ihr nicht gut, eine verschleppte Lungenentzündung, weil sie sich nie eine Auszeit gönnt. Bei meiner Ankunft gestern lag sie flach. Ich wurde von Megan und ihrer Tochter Sash empfangen. Sie winkten mir schon vom Ufer aus zu, als ich durch die Bucht paddelte, und führten mich sofort nach dem Anlanden zum Gästehäuschen, in das sie mir eine Schüssel gekühlten Obstsalat und Eistee brachten. Was ich zum Abendessen wollte, fragten sie noch. Peggy hatte sie instruiert, mich in jedem Fall zu bekochen. Wir einigten uns auf Steaks vom Grill.

Die zwei Tage in Tobacco Gardens werden zu einer Orgie. Morgens Pancakes, mittags Kuchen, abends Fleisch. Dazu den ganzen Tag massenhaft Kaffee. Peggys Team wäscht meine Kleider und den Schlafsack, ich werde richtig umsorgt. Das tut gut nach dem Frust über den Sturm und die eigene Blödheit.

Den Großteil der in der Nacht verlorenen Ausrüstung konnte ich glücklicherweise am nächsten Morgen wiederfinden. Über die ganze Bucht verstreut trieben meine Sachen in Ufernähe. Zum Bergen bin ich in mein Boot gesprungen und habe alles wieder eingesammelt. Nur der Kugelkopf fürs Stativ blieb verschollen. Das trifft mich besonders, nicht nur weil er fürs Fotografieren unabdingbar ist – wie sonst soll ich Bilder mit Selbstauslöser machen und meine Reise so dokumentieren. Dad hatte ihn mir geschenkt, vor vielen Jahren. Er war bei allen meinen Reisen im Gepäck, bei der Amerikaumrundung, der Yukon-Tour und der Durchquerung Amerikas mit dem Rad. Sicher kriege ich irgendwo Ersatz, aber das lindert den Schmerz kaum. Ich halte fest an Menschen und Dingen. Manchmal vielleicht zu lange. Oder ist es gar die Angst vorm Loslassen, vorm Fallen? In dem Moment hatte ich keinen Nerv, mich damit auseinanderzusetzen, und war lieber wütend. Meinen ganzen Frust schrie ich laut über den See, als mir beim Einsteigen und Ablegen die gnadenlose Brandung ins Cockpit klatschte. Eine halbe Stunde paddelte ich bis zur Hüfte im Wasser sitzend, ehe ich eine kleine Bucht fand, in deren Schutz ich anlanden und mich und mein Boot trocknen konnte.

Vor meiner Hütte in Tobacco Gardens entlade ich wieder komplett, säubere, trockne den Rest der Ausrüstung. Ich will mein Boot endlich anständig reparieren, die Bruchstelle vom Anfang der Reise versiegeln. Nach der ersten Dusche seit fast einer Woche sichere ich Bilder, Videos und gesammeltes Audiomaterial auf den Festplatten und kann später vor lauter Schwarztee nicht einschlafen.

Seit zweieinhalb Wochen hatte ich keinen Pausentag mehr. Ich sichte Fotos, poste eine News zum Zwischenstand der Reise auf der Website und kümmere ich um mein Boot. Die Wasserschäden im Holz sind weiter gewachsen, trotz Versiegelung aus der Epoxidtube. Ich raue die beschädigten Stellen am Rumpf erneut mit Schmirgelpapier auf, mische dieses Mal eine größere Menge Harz und Härter im Pappbecher und trage den Mix großzügig auf. Für das gebrochene Holz am hinteren Rumpf schneide ich ein paar Streifen Glasfaser von der Reparaturrolle auf passende Länge und decke damit die Risse im Laderaum ab. Auch hier trage ich großzügig Harz mit dem Pinsel auf. Das sollte bis zum Ziel halten.

Peggy bringt mir noch einen Karton mit Geschenken von Jillian und Martin. Die beiden sind erst vor einer Woche hier durchgekommen. Sie wollen Amerika von der Westküste bis zum Atlantik mit einem Kanu durchqueren. Im Frühjahr sind sie an der Küste Oregons gestartet und der Spur von Lewis und Clark erst mal stromaufwärts in die Rocky Mountains gefolgt. Dort portagierten sie ihr Kanu auf einem Rollwagen fast drei Wochen lang auf der Straße 600 Kilometer weit durch die Berge. Bei Helena in Montana ging es dann auf den Missouri. Davor waren schon ein anderes Pärchen und ein Solokanut in Three Forks gestartet. Norm hat uns alle vernetzt. Und Jill und Martin haben von ihren Sponsoren offenbar so viel Nachschub bekommen, dass sie gerne teilen. In der Geschenkebox finde ich ein Reisgericht, Instantpulver für Eiweißdrinks und ein paar Beutel Trockenfleisch. Ich bedanke mich per E-Mail und greife auch in Peggys Laden noch mal zu. Trailmix, Wraps, ein paar Äpfel, vier Gallonen Wasser und eine Handvoll Selbstgebackenes. Als ich bezahlen will, lehnt sie ab.

»Ihr schenkt uns eure Reise, eure Erfahrungen mit dem Fluss«, sagt sie. »Ich habe noch nie das Gefühl gehabt, dass ich ausgenutzt werde. Ich gebe, weil ich das einfach tun muss.«

Trotzdem ist mir die bedingungslose Hilfe, die mir während der gesamten Reise entgegengebracht wird, manchmal fast schon unangenehm. Weil ich trotz aller gegenteiligen Beteuerungen immer das Gefühl habe, ich nehme nur und kann niemals wirklich etwas zurückgeben. Glücklicherweise darf ich wenigstens meine Mahlzeiten bezahlen, wenn auch nur zum halben Preis. Dafür schlage ich ordentlich Trinkgeld drauf.

Der Abschied am nächsten Tag fällt schwer. Zu schnell gewöhnt man sich an den Luxus der Zivilisation, an sauberes Wasser, eine heiße Dusche, eisgekühlte Getränke. Und an das Umsorgtwerden, die Geborgenheit, das Willkommensein.

Da draußen lauern das Ungewisse, die Einsamkeit, das Unbequeme, Widerspenstige, vielleicht sogar Gefahr. Also eigentlich alles, was die Reise zum Abenteuer macht und allein schon deshalb verlockend klingen sollte. Trotzdem zögere ich meine Abfahrt bis zum Nachmittag hinaus. Dann halte ich mich ans Südufer.

Für die Reise baue ich mir in der Wüste von Kalifornien zuerst ein Kajak aus Holz.

Mein Gastgeber Spyder mit Sohn Daniel in der Bar seiner California Ponderosa in Slab City

Aufbruch mit Schneeschuhen in den Centennial Mountains zwischen Idaho und Montana

Eisiges Zeltcamp neben der Quelle des Missouri: In der Nacht fallen die Temperaturen nahe null.

Mit dem Mountainbike durchs Centennial Valley: Unten im Tal steige ich für hundert Meilen aufs Rad um.

Territorialer Stier am Red Rock River: Das Centennial Valley wird vor allem für die Rinderzucht genutzt.

Der Red Rock Creek mäandert in engen Schleifen durchs *Red Rock Lakes National Wildlife Refuge*.

Das erste Mal im Boot: Anfangs bin ich noch angespannt, aber mit jedem Paddelschlag kann ich mehr genießen.

Camp in den Gates of the Mountains in Montana, dem spektakulärsten Flussabschnitt am Oberlauf des Missouri

Meerjungfrau Alice flirtet mit den Gästen an der Tikibar des O‘Haire Motor Inn in Great Falls.

Zeitreise durch die Missouri Breaks: Eine Gruppe Hobbyisten reist wie vor 150 Jahren auf dem Fluss.

Big Sky Country in Montana: Ich erreiche meinen ersten Monsterstausee, Fort Peck Lake.

Raumwunder Kajak: Mein Fünf-Meter-Boot hat reichlich Platz für Ausrüstung und Proviant, aber das Beladen dauert ewig.

Spätestens in North Dakota habe ich die Prärie erreicht.
Die weite Landschaft wirkt am Fluss immer noch wild.

Auf dem Mississippi kann ich endlich jeden Abend auf einsamen Sandinseln campieren.

Natchez Under-the-Hill war früher ein verruchtes Viertel, heute zieht der Ort die Touristen zum Fluss.

Nach drei Monaten erreiche ich den Gateway Arch von St. Louis am Mississippi.

Eine kleine Flotte Schaufelraddampfer pflügt noch immer durch den Fluss, für Tagesausflüge und mehrwöchige Kreuzfahrten.

Der Unterlauf des Mississippi begeistert mich mit einer überraschenden Wildheit und und fast jeden Abend bunten Sonnenuntergängen.

Teddy Johnson vor seinem Juke Joint: Er und der Blues Club sind weit über die Grenzen von Louisiana hinaus bekannt.

Oak Alley Plantation ist eine von vielen pompösen Plantagen aus der Sklavenzeit, die sich hinterm Deich aneinanderreihen.

Gärtner, Maler, Eigenbrötler – Craig Black arbeitet an einem seiner Fantasygemälde im Atelier von Houmas House.

Der tiefe Süden ist bekannt für seine *southern hospitality*, auf die die Menschen zu Recht stolz sind.

New Orleans bei Nacht, fotografiert vom Algiers Point, der mit sechzig Metern tiefsten Stelle des Mississippi

Missouri und Mississippi schaffen ideale Lebensbedingungen für unzählige Wasservögel wie diesen Silberreiher.

In Seitenarmen des unteren Mississippi tummeln sich mitunter Alligatoren, die sich aber nur ganz selten zeigen.

Ab Baton Rouge teile ich mir den Fluss mit riesigen Frachtern und Supertankern, denen ich rechtzeitig ausweichen muss.

Der South Pass, meine letzten Kilometer auf dem Fluss bis ganz raus zum Golf von Mexiko

Freudensprung am Ziel, nach viereinhalb Monaten unterwegs und mehr als 6000 gepaddelten Kilometern

Überall am Horizont brennt es, Hunderte von Feuern mögen es sein. Es sind die Methanfackeln der Ölquellen. Aus der Nähe fauchen sie wie mystische Riesendrachen. Nachts wirkt die Szenerie besonders surreal. Lake Sakakawea liegt im Zentrum des gigantischen Bakken-Ölfelds, das vor zehn Jahren für einen wahren Boom in North Dakota gesorgt hat. Vieles hier ist seitdem anders. Bei Peggy habe ich Victoria und Jared kennengelernt. Sie waren mit ihrem neuen Motorboot zum Dinner über den See gedüst. Stolz erzählte mir Jared von seiner steilen Karriere. Ohne Studium, nur mit einem Highschoolabschluss, hatte er es innerhalb von sechs Jahren zu einem Jahreseinkommen von 250 000 Dollar gebracht. »Das ist mehr, als ein Arzt hier im Durchschnitt verdient«, sagte er. Und er ist schuldenfrei dank des Öls. Das ist auch für North Dakota selbst ein Segen. Der Bundesstaat wurde nach Texas zum wichtigsten Ölproduzenten Amerikas und konnte sein Bruttosozialprodukt vervielfachen. Das Öl brachte Geld und Jobs in die sonst strukturschwache Region. Der Zuzug neuer Arbeiter veränderte aber auch die Gesellschaft, da viele Städte und Gemeinden nicht genug Zeit hatten, sich auf die neue Situation einzustellen. Von den Umweltrisiken, die mit der umstrittenen Frackingtechnologie verbunden sind, ganz zu schweigen. Umweltschützer warnen immer wieder vor den verwendeten Chemikalien in der Bohrflüssigkeit, die das Grundwasser verseuchen könnten.

Bei New Town erreiche ich am nächsten Tag das Reservat der Mandan-Hidatsa-Arikara-Nation. Die drei Stämme haben im Sommer 2018 das amerikanische Innenministerium verklagt, weil es Ölbohrungen zu nah am Ufer des Lake Sakakawea zugestimmt hat.

»Mir gefällt das alles nicht«, sagt Jason. »Aber gleichzeitig profitieren wir auch ein bisschen davon.« Er meint Jobs und Geld, die die Ölindustrie auch den Menschen im Reservat bringt. Jason arbeitet für die Stammesverwaltung, organisiert kulturelle Veranstaltungen und kümmert sich um das Museumsdorf am Ufer des Sees. Dort treffe ich ihn. Es ist heiß und windig. Außer Präriegras und Salbei kaum Vegetation. Das Dorf besteht aus einer Handvoll kuppelförmiger Erdhäuser. Im größten sind auf ein paar Tischen traditioneller Schmuck und archaische Gebrauchsgegenstände ausgelegt. Federhauben, bemalte Bisonschädel, Handtrommeln, bestickte Wildlederbeutel. Zwischen den Häusern stehen die Weidengerüste von zwei Schwitzhütten.

New Town heißt so, weil der Ort Mitte des letzten Jahrhunderts am Reißbrett entstand und die Bewohner von zwei anderen Städten aufnehmen sollte, deren Häuser mit Fertigstellung des Staudamms geflutet worden waren.

»Unser ganzes Ackerland und viele unserer Dörfer liegen jetzt unter Wasser«, sagt Jason. »Unsere Ältesten erzählen oft davon, wie es früher war. Manchmal schauen sie aufs Wasser, und du fragst dich, was genau sie da suchen. Wahrscheinlich erinnern sie sich daran, wie es da unten ausgesehen hat.«

Jason ist zu jung, um das selbst erlebt zu haben. Der Damm wurde 1953 fertiggestellt, Jason wahrscheinlich erst in den Sechzigern geboren. Er ist ein Schwergewicht. Seine schwarzen Haare, durch die sich die ersten grauen Strähnen ziehen, sind zu einem langen Zopf geflochten. Vor der grellen Sonne draußen schützt ihn eine schwarze Kappe, auf die große gelbe Buchstaben gestickt sind: VETERAN. Er spricht leise, fast ein wenig klagend.

»Das ist alles verloren. Andererseits können wir jetzt schwimmen, paddeln und fischen. Das hat auch sein Gutes.«

Ganz schöne Zwickmühle, genau wie beim Öl. Wir brauchen es, aber seine Förderung ist heikel. Und Stauseen verändern die Landschaft noch krasser, zerstören Heimat und Biotope, schaffen aber auch gleichzeitig neue. Und sie produzieren erneuerbare Energie.

»Wir müssen einfach die Kraft anerkennen, die das Wasser besitzt«, sagt er. »Es kann Leben nehmen, aber es ist auch Leben. Dafür haben sie unten in Standing Rock ja gekämpft. Dass wir das Wasser trinken können. Aber das geht jetzt nicht mehr, weil wir nicht wissen, was alles drin ist.«

*Mni Wiconi*, Wasser ist Leben, war das Motto der Aktivisten und Demonstranten 2016 im Standing Rock Reservat in North Dakota. Tausende kamen damals, um gegen den Bau der umstrittenen Dakota Access Pipeline zu demonstrieren, und sorgten weltweit für Schlagzeilen. Am Ende vergeblich. Die Pipeline wurde 2017 fertiggestellt und pumpt seitdem Öl von North Dakota nach Illinois.

Das Reservat der Lakota Sioux, in dem das Protestcamp lag, werde ich in gut einer Woche erreichen, am Lake Oahe, dem nächsten Monsterstausee auf meiner Route.

Ich habe den nördlichsten Punkt meiner Reise überschritten. Ab sofort geht es mit großen Umwegen nach Süden, immer Richtung Golf von Mexiko.

»Welcome to North Dakota, she's windy!«, ruft mir eine Anglerin aus einem der vielen Boote auf dem See zu. Zum Glück dreht der Wind bald und schiebt mich an. So komme ich schneller voran, werde aber von den Wellen immer wieder überrascht. Wenn sie im Gegenwind von vorne kommen, kann ich sie besser kontrollieren und die Balance halten. Außerdem rollen sie von hinten häufiger aufs Deck, weil mein relativ flaches Heck sie nicht zerschneiden kann wie der schützende, hochgezogene Bug vorne. Dazu spritzt die Gischt vom Paddel. Ich bin ziemlich nass. Anfangs, in der warmen Sonne, ist das kein Problem. Aber je länger ich paddle, desto mehr kühle ich aus. Nach zehn Stunden auf dem See suche ich ein Camp. Die langen Stunden auf dem Wasser ohne Abwechslung und die Monotonie der Landschaft führen zu dunklen Gedanken, die man im geschäftigen Alltag verdrängen kann. Hier bin ich ihnen ausgeliefert, es gibt kein Entkommen. Irgendwie holt das Hirn längst Vergessengeglaubtes wieder hervor und kaut es gebetsmühlenartig durch. Wendepunkte, Fehlentscheidungen, Verletzungen, Enttäuschungen. Was wäre gewesen, wenn? Grundsätzlich habe ich kein Problem mit dem Alleinsein und suhle mich gerne in Melancholie. Aber jetzt, in meiner ohnehin angeschlagenen, hadernden Verfassung, ziehen mich die Erinnerungen in noch finsterere Abgründe. Wie gut, dass der See sich am nächsten Tag versöhnlich zeigt und mich bei absoluter Windstille im Sonnenuntergang zu einer kleinen Insel bringt. »Prairie Grass Island, 55 km«, notiere ich in mein Tagebuch. Echinacea und Salbei erkenne ich auf dem dicht bewachsenen Eiland. Aber auch die anderen kniehohen Gräser duften herrlich. Ich genieße mein bisher vielleicht schönstes Seecamp. Es wird das letzte dieser Art sein.

Schon am nächsten Tag ist die Gnadenfrist wieder vorbei. Der Wind hat gedreht und bläst in gewohnter Stärke von vorne, mit den üblichen meterhohen Wellen. Längst machen sie mir keine Angst mehr, aber sie nerven und bremsen. Ich muss den See noch einmal queren. Fünf Kilometer über offenes Wasser. Dann wird es mit jedem Paddelschlag zäher, wieder zehn Stunden lang. Ich peile Dakota Waters an, auch ein RV Resort, das zum Netzwerk der *river angels* gehört. Um dorthin zu gelangen, muss ich am Abend in eine lange Bucht paddeln, die nicht enden will. Kurz vor 21 Uhr kann ich das Kajak endlich über die Bootsrampe an Land ziehen. Dakota Waters ist deutlich kleiner als Peggys Tobacco Gardens. Die rund fünfzig Stellplätze für Camper scheinen alle belegt zu sein. Ich laufe zum Laden, der laut Schild am Eingang längst geschlossen sein sollte. Doch ich habe Glück.

»Neil!«, ruft mir Amber freudig entgegen.

»Nein, ich bin Dirk!«

»Ah, sorry, wir waren uns nicht sicher, ob du kommen wirst.«

Ich ehrlich gesagt auch nicht. Amber ist die Besitzerin von Dakota Waters, wahrscheinlich halb so alt wie Peggy, ähnlich resolut und genauso herzlich.

Ohne zu fragen, drückt sie mir den Schlüssel für ein Zimmer in die Hand.

»Hast du Hunger, sollen wir noch was für dich kochen?«

Ich lehne dankend und wieder mal überwältigt von der selbstverständlichen Hilfsbereitschaft ab.

Das Zimmer in einer kleinen Gästebaracke am Rand des Parkgeländes ist rustikal eingerichtet mit breitem Stockbett, dessen Ecken von vier massiven, glänzend lackierten Baumstämmen gehalten werden. Ich springe sofort unter die Dusche. Neil ist übrigens der letzte Paddler, der in diesem Jahr auf dem Missouri unterwegs ist. Auch er möchte Amerika vom Pazifik zum Atlantik durchqueren, wird seine Reise später aber auf Sakakawea aussetzen.

Eier mit Bacon und Toast gibt's von Amber am nächsten Morgen zum Frühstück. Dann geht es raus, meine letzte See-Etappe bis zum Staudamm liegt vor mir. Wind und Wellen haben noch mal zugelegt. Im Schneckentempo arbeite ich mich am Ufer entlang. Es werden zermürbende vierzig Kilometer. Den Gedanken, irgendwo zu pausieren, um mir die Plackerei zu ersparen, und stattdessen auf besseres Wetter zu warten, verdränge ich schnell. Ob und wann der Wind nachlässt, ist nicht vorhersehbar, und am Ufer würde mir ohnehin schnell langweilig. Statt es zu erkunden, würde ich wahrscheinlich nur frustfressen und mich anschließend darüber beklagen, dass der Fluss mich fett macht. Vielleicht sollte ich doch mal auf die Couch.

Gegen halb neun Uhr paddle ich schließlich aus dem Wind in die ruhigeren Gewässer der staatlichen Marina am Ende des Sees und treffe gleich die nächsten Engel. Erst Bob, der gerade sein Boot aus dem Wasser holt und für mich seinen einzigen heute gefangenen *walleye* filetiert. Dann Nathan, der mich mit seinem Hänger samt Boot und Ausrüstung zu seiner Lodge transportiert. Amber hatte mir seine Nummer gegeben. Nathan hat seine Sakakawea Sunset Lodge mit dreizehn adrett und modern eingerichteten Zimmern selbst gebaut. Dazu ein Restaurant, *The Iron Oar*, das Eiserne Ruder. Irgendwann will er selbst den Missouri paddeln. Und bis es so weit ist, reist er in Gedanken mit jedem, dem er helfen kann.

»Thanks for letting me live through your adventure. Stay strong brother. Nate«, schreibt er mir später per E-Mail.

Am nächsten Vormittag grillt er mir noch einen Burger. Der geht aufs Haus, wie alles andere auch. Dann bringt er mich zur Bootsrampe unterhalb vom Damm.

Acht Tage habe ich auf Lake Sakakawea verbracht und bin jetzt, nachdem es geschafft ist, skurrilerweise fast ein wenig wehmütig. Nach dem Sturm, der mir die Ausrüstung geraubt hat, habe ich den See noch angebrüllt. Ich weiß nicht, ob es Hassliebe ist, aber jetzt vermisse ich den See. Im Moment fehlen mir die Muße und Kenntnisse, dieses Phänomen tiefenpsychologisch zu ergründen. Wahrscheinlich würden sich ohnehin nur weitere seelische Abgründe auftun, die ich aus Gewohnheit lieber verdränge.

Im Übrigen hatte ich noch Glück mit dem Sturm. Über Watford City, ein paar Kilometer südlich von Tobacco Gardens, hat er in derselben Nacht einen Tornado ausgebrütet, der einen Säugling tötete und zahlreiche Häuser beschädigte.

Die Strömung tut gut. Trotzdem empfinde ich das Vorankommen als zäh. Ich bin müde, habe in der Nacht kaum geschlafen und viel zu viel gegessen. Bobs *walleye* hatte ich spätnachts noch in der Mikrowelle gegrillt und dazu eine ganze Tüte Chips verdrückt, die er mir ebenfalls geschenkt hatte. Aus Langeweile höre ich zum ersten Mal auf dem Fluss Radio, wie immer mit Kopfhörern. Ich finde einen lokalen Country-Sender aus Bismarck. Die Hauptstadt von North Dakota erreiche ich am nächsten Tag über den Fort Abraham Lincoln State Park.

Der wurde schon 1909 gegründet und beherbergt heute an historischer Stelle Nachbauten von ein paar Gebäuden des alten Forts, darunter eine Replik des Wohnhauses von General George A. Custer, dessen Siebte US-Kavallerie von hier aus in den Tod am Little Big Horn ritt. Außerdem gibt es ein paar Erdhäuser, die an das Dorf der Mandan erinnern sollen, die ab dem sechzehnten Jahrhundert hier siedelten. Der Park grenzt direkt ans Wasser, und weil das gerade so hoch steht, kann ich einen überfluteten Gehweg am Ufer als Bootsrampe nutzen. Gleich daneben finde ich meinen Zeltplatz. Den hat die Tourismusbehörde für mich organisiert. Ich hatte mit ihr Kontakt aufgenommen und gefragt, ob ich einen neuen Kugelkopf fürs Stativ ins Büro schicken lassen darf. Am nächsten Tag bringen sie ihn mir und helfen mir auch beim Einkauf von neuem Proviant. Außerdem brauche ich eine neue Verpackung für meine Kameraausrüstung. Der Reißverschluss der wasserdichten Fototasche hat schon vor Wochen den Geist aufgegeben. Bis jetzt habe ich sie behelfsmäßig in Müllbeutel gepackt, nun finde ich einen kleinen, wasserdichten Waffenkoffer, in den die komplette Ausrüstung gerade so reinpasst. Auch der Campingkocher ist repariert. Nachdem die Pumpe leckte, musste ich einen Dichtungsring tauschen. Alles wieder im Lot also, zumindest äußerlich.

Innerlich nagt die Unzufriedenheit weiter an mir. Bisher habe ich Paddeln immer als Möglichkeit gesehen, an Orte zu kommen, die man sonst nie erreichen könnte. Auf dem Yukon galt das fast für die gesamte Strecke. Er hat nur vier Brücken und keine Straßen, die an seinem Ufer entlangführen. Hier am Missouri muss ich erkennen, dass ich meine Reise wahrscheinlich auch mit Loretta hätte machen können. Ich hätte die gleichen Landschaften gesehen, dieselben Ortschaften erreicht, womöglich dieselben Menschen getroffen. Und ich wäre nicht nur bequemer gereist, sondern hätte mit Sicherheit auch bessere Bilder gemacht, weil ich mich ganz darauf hätte konzentrieren können und nicht auf Wetter und Wellen hätte achten müssen. Mit der Fotoausbeute bisher bin ich richtig unzufrieden. Ich knipse mehr lustlos, als wirklich zu fotografieren. Manchmal kriege ich tagelang nicht mehr zustande als einen morgendlichen Schnappschuss vom Camp zu rein dokumentarischen Zwecken. Anscheinend bin ich zu sehr mit mir und meinem Missmut beschäftigt. Rückblickend hat die verheerende Sturmnacht auf Sakakawea mir einen viel stärkeren Schlag versetzt als ursprünglich angenommen. Und jetzt kommt Oahe, der schwierigste Stausee. So steht's in meinem Führer. Lang, schmal, stürmisch und heiß.

# KAPITEL 7

Es ist stockfinster. Ich sehe nichts mehr. Außer den ersten Blitzen, die rechts am Himmel zucken. Der Sturm kommt immer näher. Eigentlich müsste ich die auf der Karte verzeichnete Bootsrampe längst sehen. Oder bin ich in der Dunkelheit schon an ihr vorbeigepaddelt? Und alles nur, weil ich wieder mal viel zu spät losgekommen bin. Es war halb drei, als ich mein Boot endlich beladen hatte und ablegen konnte. Anfangs, direkt hinter Bismarck, war die Strömung noch kräftig. Laute Musik dröhnte von den großen Sandbänken, an denen die Wochenendausflügler mit ihren Motorbooten und *pontoons* angelegt hatten. Auf manchen Inseln herrschte Hochbetrieb. Dutzende feuchtfröhliche Barbecues waren im Gange. Mallorca am Missouri. Doch dann wurde es ruhiger, der Fluss einsamer, der Wind stärker. Und jetzt habe ich den Schlamassel. Ich paddle durch die Finsternis, so nah wie möglich am Ufer, um meinen Ausstieg nicht zu verpassen. Eine fahle Leuchte weist mir schließlich den Weg zur Rampe, die sich in einer kleinen Bucht versteckt. Ich schlage mein Zelt am Rand des Parkplatzes auf, mein erstes Camp am Lake Oahe. Er verbindet die Hauptstädte von North Dakota und South

Dakota – Bismarck und Pierre. 231 Meilen lang, damit ist er der größte Stausee in South Dakota und der längste auf meiner gesamten Reise. 371,76 Kilometer ohne Strömung. Bilderbuchprärie formt die Ufer, weite Steppe, kaum Bäume. *Oahe* bezeichnet in der Sprache der Lakota Sioux einen Ort, auf dem man stehen kann, ein Fundament. Früher hieß eine indianische Mission so, und den Namen hat man dann für den See und den Damm übernommen.

Vom Protestcamp der *water protectors* aus 2016 sehe ich am nächsten Tag nichts mehr, als ich dort am Ufer vorbeipaddle. Meine Gedanken schwirren mal wieder. Dieses Mal zu Norm und einem Interview, das er für einen Film von zwei anderen Missouripaddlern gegeben hat.

Von *river time*, die sich nach zwei, drei Wochen einstellt, spricht er da. Man lebt irgendwie in einer anderen Welt, losgelöst vom Wahnsinn des Alltags. Alles reduziert sich auf Essen, Trinken, Schlafen – und Paddeln natürlich. Der Fluss macht die Regeln, wir folgen seinem Lauf. Norm hat recht. Aber ich warte immer noch darauf, in den Fluss zu kommen. Wahrscheinlich geht es dabei wieder mal um Kontrolle und die Bereitschaft oder Fähigkeit, sie loslassen zu können. So eine lange Reise wird irgendwann zum Alltag, in dem es wie zu Hause möglichst reibungslos laufen soll. Dafür bereitet man sich vor, plant wochenlang, manchmal Monate oder gar Jahre. Fehler werden verbessert, bis sie ausgemerzt sind. Ausrüstung wird getestet, was sich nicht bewährt, aussortiert. Dann geht es endlich los, voll Vorfreude und mit hohen Erwartungen. Bis der Fluss einem das Zepter aus der Hand reißt und alles, was man sich in der Theorie gedacht hat, wegspült wie die Meeresbrandung eine Sandburg am Strand. Und nun? Rumheulen oder sich darauf einlassen? Nicht nur das Beste daraus machen, sondern sich davon sogar beflügeln lassen. Obwohl ich das alles weiß, gelingt es mir nicht.

Nach zwei Wochen North Dakota komme ich am nächsten Tag in den dritten Staat meiner Reise, South Dakota. Seit 1995 bin ich fast jedes Jahr hier gewesen. Anfangs zum Fotografieren, später auch wegen der Hilfsprojekte, die wir über unseren gemeinnützigen Verein mit Spendenreisen ins Pine-Ridge-Reservat unterstützen. Zurzeit finanzieren wir ein Sprachprojekt, bei dem Kleinkinder in einem Hort von Betreuern versorgt werden, die nahezu ausschließlich Lakota mit ihnen sprechen. So sollen sie schon möglichst früh an die Sprache ihrer Vorfahren herangeführt werden, die wie fast alle Sprachen der Ureinwohner vom Aussterben bedroht ist. Leider werde ich Pine Ridge nicht besuchen können, es liegt zu weit vom Missouri entfernt im Süden. Insgesamt gibt es in South Dakota neun Reservate, einige zählen zu den ärmsten Regionen der USA. Auch Standing Rock, das sich hier am Lake Oahe von North nach South Dakota erstreckt, gehört dazu.

Nach einem stürmischen Tag breche ich meine Etappe auf Höhe von Mobridge ab und paddle zu einer Landzunge, auf der es laut Karte einen Campground mit Bootsrampe geben soll. Die Rampe finde ich, der Campingplatz daneben ist aber geschlossen. Es gibt einen zweiten, neueren, doch der liegt auf der anderen Straßenseite, über einen Kilometer entfernt. Ich lasse das Boot zurück und laufe zu einem kleinen Laden, wo man mich an ein Kassenhäuschen verweist, das aber nicht mehr besetzt zu sein scheint. Es ist spät, ich bin erschöpft und beschließe, neben der *fish cleaning station* bei der Rampe zu zelten. Die gibt es häufig am See, ein kostenloser Service für die Angler, bestehend aus einem Metalltisch mit Abfluss, Wasserschläuchen und *grinder* zum Zermahlen der Fischabfälle. Ich zweckentfremde einen der Schläuche als kalte Dusche und lege mich bei Dunkelheit ins stickige Zelt. Keine zwei Stunden später werde ich abrupt geweckt.

»Jemand da?«

Zwei grelle Autoscheinwerfer blenden mich durch den Zelteingang.

»Ja«, sage ich schläfrig.

»Was machen Sie da?«, fragt eine Frau, ziemlich forsch.

»Was meinen Sie?«, frage ich, immer noch nicht ganz wach.

»Was glauben Sie, was ich meine?« Sie ist angepisst. Wahrscheinlich zu viele Nächte auf Patrouille mit zu vielen blöden Antworten.

»Kommen Sie raus!«, fordert sie.

Ich gehorche, jetzt ebenfalls angepisst. Was glaubt sie, was ich hier mache? Sieht sie nicht das Boot? Wie bescheuert muss man sein, um die Situation nicht zu überreißen? Oder paddeln Gangster und Drogenjunkies neuerdings mit Holzkajaks über einen der größten Stauseen der Welt?

Sie ist nicht mal von der Polizei, sondern arbeitet für irgendeinen Sicherheitsdienst, den die Stammesverwaltung angeheuert hat. Und sie scheint kurz vor der Rente zu stehen.

Ich versuche, sie zu beschwichtigen, erzähle von meiner Reise, dem geschlossenen Kassenhäuschen. Am Ende versteht sie zwar immer noch nicht, zeigt sich aber gnädig.

»Ich tue so, als ob ich Sie nicht gesehen habe. Aber Sie kriegen sicher noch mal Besuch!« Weil sie ihre Kollegen nicht informieren wird. Zwei Stunden später leuchten wieder Scheinwerfer ins Zelt. Gleiche Prozedur. Dieses Mal mit einem bulligen Lakota, vielleicht Mitte zwanzig. Der ist entspannt.

»Ich notier mir das mal. Geht nur um deine Sicherheit, falls was passieren sollte. Und meinen Kollegen sage ich Bescheid, damit du nicht noch mal behelligt wirst.«

*Knuckles* zum Abschied.

Oahe testet mich mit stetem Wind und Wellen, meist von vorne. Aber nie ist es so schlimm, dass ich pausieren müsste. Die Ufer liegen im Schnitt zwei bis vier Kilometer auseinander. Das wirkt längst nicht so bedrohlich wie das Meer von Peck. Aber weil der See über lange Strecken ziemlich geradlinig von Norden nach Süden verläuft, kann der Wind ordentlich angreifen. Es gibt kaum schützende Buchten, und auch an Land ist man den Naturgewalten ausgeliefert. Die Suche nach guten Camps mit Strand und ebener Fläche fürs Zelt habe ich längst aufgegeben. Stattdessen halte ich mich an Bootsrampen, die auf meiner Karte verzeichnet sind, auch wenn das manchmal lange Umwege durch Buchten bedeutet. Die meisten Rampen führen zu Campingplätzen, einer hat sogar eine Dusche. Nur einmal muss ich mein Zelt auf einem schmalen, steinigen Grünstreifen neben einem großen Parkplatz aufstellen. Aber niemand stört sich daran. Außer mir. Als schon frühmorgens, noch vor Sonnenaufgang, die ersten Fischer mit ihren Booten auf den See wollen, stauen sich die Trucks mit Anhängern, und ich habe Probleme, selbst ins Wasser zu kommen. Dafür starte ich immer früher, bin an meinem bisher längsten Paddeltag sogar schon um halb neun im See. Dreizehn Stunden paddle ich dann, sechzig Kilometer, bis in die Nacht, weil ich unbedingt wieder die nächste Rampe erreichen will. Nicht nur wegen eines sicheren Camps. Wahrscheinlich spielt das Be- und Entladen die viel größere Rolle. Die ständige Packerei nervt mich inzwischen so sehr, dass ich mir gar nicht mehr die Mühe mache, nach einem alternativen Zeltplatz ohne Rampe zu suchen. Das Boot auf die Karre, rausziehen, nur das Nötigste für die Nacht rausnehmen, am Morgen wieder auf der Karre an Land beladen und zurück ins Wasser. Eigentlich bescheuert. Bequemlichkeit vor Romantik.

Neun Tage lange paddle ich stoisch voran, bei jedem Wetter, und Oahe verschont mich mit weiteren Katastrophen. Erst als ich den Damm am Ende des Sees erreiche, verwandelt ein heftiger Sturm den eben noch ruhigen See in ein tosendes Meer. Schwein gehabt.

Freunde von mir aus Pierre helfen beim Portagieren. Ich zelte auf dem riesigen Downstream Campground unterhalb vom Damm, will morgen nach Pierre paddeln und dort in einem Hotel zwei Tage Pause machen. Die drei größten und anspruchsvollsten Seen meiner Reise sind geschafft. 2500 Kilometer habe ich seit der Quelle vor acht Wochen zurückgelegt.

»Die Küste hier ist länger als die von Kalifornien!«, sagt Dalton Decker vom Army Corps of Engineers. Ich mache mit ihm eine Tour durch das Wasserkraftwerk am Ende des Sees. 3600 Kilometer Küste sollen es sein. Dalton ist *natural resource specialist*, kümmert sich also um so ziemlich alles, was mit dem See und dem Land drumherum zu tun hat. Ein Bär von einem Mann, kurze Haare, roter Wikingerbart. Der Bau der sechs großen Dämme am Missouri wurde in den Vierziger-, Fünfziger- und Sechzigerjahren durch den *Pick-Sloan-Plan* ermöglicht, benannt nach seinen beiden Entwicklern. Insgesamt formulierte man damals sieben Ziele: Hochwasserkontrolle, Stromerzeugung, Bewässerung, Trinkwasserversorgung, Erholung, Binnenschifferei und Verbesserung des Lebensraums von Fischen, Wild und anderen Tieren. Klingt alles erst mal plausibel. Aber die Tatsache, dass sich der Fluss und die Landschaft dadurch auf fast einem Drittel der Gesamtlänge des Missouri krass verändert haben, rückt das Mammutprojekt mit den sechs Stauseen in ein kritisches Licht.

»Das waren andere Zeiten damals«, meint Dalton. »Viele ländliche Regionen hatten keinen Strom. Und als Präsident Kennedy 1962 zur Einweihung hierherkam, war das eines seiner Hauptargumente.«

Innerhalb von zehn Jahren machte man aus einem lebendigen Fluss ein System aus Stauseen, so was wäre heute undenkbar. Lange Diskussionen und Verhandlungen wären nötig, und am Ende würde der Protest dagegen das Projekt womöglich scheitern lassen.

Ich bin hin- und hergerissen, ähnlich wie beim Anblick der Kohle- und Atomkraftwerke, an denen ich auf dem Fluss weiter stromabwärts vorbeipaddeln werde. Klar, wir können auf Strom nicht verzichten. Trotzdem irritiert es mich, wie der Mensch es sich immer wieder herausnimmt, die Natur auf brutalste Weise zu verändern, Landschaften neu zu gestalten, um den höchsten Nutzen daraus zu ziehen. Ich sehe mich wahrlich nicht als *tree hugger*, wie erzkonservative Amerikaner gerne abfällig liberale Ökofreaks und Umweltschützer nennen. Aber der Gedanke, etwas so Mächtiges und Einzigartiges wie einen Fluss zu stauen oder gar komplett umzuleiten, will einfach nicht so recht in meinen Kopf. Dass der Fluss sich bis heute nicht richtig zähmen lässt, beweisen die Rekordhochwasser aus 2011 und 2019, die weite Teile des Mittleren Westens für Monate in eine Seenlandschaft verwandelten. Die im zwanzigsten Jahrhundert gebauten Staudämme sollten das eigentlich verhindern. Aber man kann einen Fluss nicht auf Dauer in sein Bett zwingen und hoffen, dass alles gut geht.

Die Etappe vom Campground unterhalb der Staumauer bis zum Hotel ist kurz, mit guter Strömung brauche ich kaum mehr als eine Stunde. An der Bootsrampe von Fort Pierre, gegenüber der Hauptstadt, ziehe ich mein Kajak aus dem Wasser und über ein paar Nebenstraßen zum Hotel. Dort genieße ich zwei Tage Zivilisation. Morgens duschen, Frühstück mit Bacon und Ei, nachmittags Softeis-Blizzards von Dairy Queen. Die haben mich bei der Amerikaumrundung 2004 auf dem Rad schon zuverlässig mit Tausenden von Kalorien versorgt. Mein Kumpel Jimmy ist in der Stadt und hilft mir beim Einkaufen. Nach dem Dinner fahren wir noch mal zurück zur Staumauer. Norm hatte mir gemailt, dass dort unter einem schweren Felsbrocken ein Schatz auf mich warten würde. Nach einigem Suchen finden wir den Stein im Gestrüpp am Ufer und rollen ihn beiseite. In einem kleinen Loch sind zwei prall gefüllte Ziploc-Beutel verstaut. Energieriegel, Gefriergetrocknetes, Sonnenschutz, aber auch Hardware wie Messer, Besteck, eine Stirnlampe, ein aufblasbares Kissen und eine Missouri-River-Paddlers-Kappe. Und ein Joint, handgerollt und fein säuberlich in einem Extrabeutel wasserdicht verpackt. »Nimm, was du magst, und gib was zurück, wenn du kannst«, hatte Norm mich instruiert. Er hatte das Versteck ursprünglich mal angelegt als nette Überraschung für die Paddler. Also lasse ich zwei Energieriegel und Insektenspray da und nehme mir eine Zweiliterfaltflasche und einen Eiweißriegel. Norm ist nicht der Einzige, der sich während meiner Zeit in Fort Pierre bei mir meldet. Jack schickt mir eine Textnachricht. Er hat den Fluss 2015 befahren, nach seiner Pensionierung, und freut sich immer, wenn er helfen kann. Er will mich morgen vom Hotel abholen, zum Lunch einladen und anschließend samt Boot und Ausrüstung mit seinem Truck zurück ins Wasser bringen.

Vorher will ich aber noch einen Mann treffen, der ohne den Missouri nicht leben kann.

»Der Fluss wird dort im Grunde nur zum Kühlen der Kohlekraftwerke genutzt, es gibt kaum Schiffsverkehr«, erklärt mir Caleb Gilkerson. Er meint den Unterlauf bis St. Louis, auf dem ich in etwa zwei Wochen paddeln werde. Auf diesem Abschnitt hat Caleb vor ein paar Jahren einen kleinen Schaufelraddampfer aus Ohio bis nach South Dakota stromaufwärts gefahren. Drei Monate hat das gedauert. Heute bietet er mit diesem Schiff Touren auf dem Missouri an, vor allem zum Sonnenuntergang. Deswegen heißt das Boot auch *Sunset*. Gut hundert Passagiere passen drauf, auf zwei Decks. Caleb ist aber nicht nur Kapitän, er hat auch ein Tauchgeschäft, bietet Speerfischen unter Wasser an und arbeitet als Paddel-Guide auf den Zuflüssen des Missouri. Ich treffe ihn an seinem Dock in Fort Pierre, genau gegenüber von der Hauptstadt auf der anderen Flussseite.

»Der Fluss ist ein Teil von mir, fast wie eine Ehefrau«, sagt er. »Es zieht mich einfach zu ihr. Ich will die ganze Zeit mit ihr zusammen sein. Und dann ihre Schönheit! In diesen Momenten, wenn der Wind mal nicht heult und die Sonne genau richtig steht. Das ist echte Wildnis.«

Der nächste Tag wird zermürbend. Über sieben Stunden lang kämpfe ich bei drückender Hitze gegen den Wind. Nach lustlosen 25 Kilometern beende ich die Etappe vorzeitig an der Bootsrampe von Joe Creek. Drei Jungs springen abwechselnd von der Rampe ins Wasser. Die Mutter sitzt bei laufender Klimaanlage in ihrem Wagen auf dem Parkplatz. Den Campground, der auf der Karte noch eingezeichnet ist, gibt es nicht mehr. Ich muss mein Zelt auf einem schmalen, gemähten Rasenstreifen neben dem Weg aufschlagen, warte damit aber, bis die Sonne hinter den Bäumen verschwindet, damit sich drinnen nicht noch mehr Hitze anstauen kann. Ich nutze die Zeit, um mein Boot zu reparieren. Gestern beim Rausziehen habe ich wieder mit den Kanten des Karrens den Rumpf zerkratzt, obwohl ich sie inzwischen mit Tape abgeklebt habe.

Die *stable flies* zerbeißen mich bei der Arbeit. Seit ich die Dakotas erreicht habe, nerven sie mehr als die Mücken. Im Deutschen heißen sie treffend Gemeine Stechfliegen oder Wadenbeißer, weil sie bevorzugt genau dort und an den Füßen attackieren. Sie tummeln sich besonders gerne in Stallungen und rauben dem Nutzvieh dort genauso den Nerv wie mir gerade. Man vermutet sogar, dass sie bei Rindern die Milchproduktion verringern, weil sie den Kühen so auf den Geist gehen. Das Fiese ist zum einen ihr Aussehen, da sie der harmlosen Stubenfliege zum Verwechseln ähnelt – bis auf den Stechrüssel vorne. Noch gemeiner ist die Tatsache, dass man sie eigentlich nie erwischt, wenn sie einen stechen. Gewöhnliche Moskitos sind ja in der Regel so gierig und gleichzeitig lahm, dass man sie schon genüsslich zerdrücken kann, wenn sie noch im Anflug sind. Stallfliegen nicht. Meistens bemerkt man sie erst, wenn sie schon sehr schmerzhaft zugestochen haben. Und holt man gerade mit der Hand aus, um sich zu rächen, sind sie auch schon weg. Die einzige Chance auf Revanche besteht darin, beide Hände ganz langsam, in Zeitlupe und für die Fliegen mit ihren Superaugen nicht wahrnehmbar, von beiden Seite auf sie zuzubewegen und erst im letzten Moment zuzuklatschen. Herrlich! Im Laufe der Zeit werde ich immer besser, aber die doofen Fliegen sind in der Überzahl. Ich kann Schlachten gewinnen, aber nicht den Krieg. Also fliehe ich vorzeitig ins Zelt und komme vom Regen in die Traufe, oder passender in die Sauna. Ich liebe mein kleines Tunnelzelt, das den Tornadosturm auf Peck und die ganzen anderen Windnächte so bravourös überstanden hat. Aber bei vierzig Grad Außentemperatur wird es drinnen unerträglich heiß. Mir läuft der Schweiß in Strömen, ich lege mich nur in Unterhose aufs Seideninlett und kann kaum ein Auge zu machen. Ein Kuppelzelt, das man auch ohne Außenhaut aufstellen kann, wäre dagegen der reinste Eispalast.

Am Morgen streift ein Rudel wilder, verwahrloster Hunde durchs Camp. Ihr Fell ist verklebt und dreckig. In der Schnauze des Anführers stecken Dutzende von Stachelschweinborsten. Ohne fremde Hilfe wird er sie nur schwer wieder loskriegen. Die Hunde nähern sich langsam meinem Zelt, ziehen immer engere Kreise, bis sie nur wenige Meter entfernt stehen bleiben und mich hinterlistig anstarren. Minutenlang. Was führen sie im Schilde? Nichts, wie sich bald rausstellt, nur mal gucken, dann verschwinden sie ins Unterholz. Ich packe, belade und lege ab.

Lake Sharpe folgt unmittelbar auf Oahe und ist von Pierre bis zur nächsten Staumauer rund 135 Kilometer lang. Anfangs ekelt der See mich an, weil sein Wasser lange trüb und schmuddelig bleibt. Die Dünger der vielen Felder an seinen Ufern sorgen offenbar für ein gesteigertes Wachstum, vor allem die Algen wuchern geradezu. Dazu der Lärm der Wasserpumpen und Jetskis, die an der Spitze von Big Bend, der großen, lang gezogenen Haarnadelkurve im See, ihre ziellosen Runden drehen. Meilenweit ist der Lärm hörbar. Wo bleibt nur die Wildnis, von der Caleb gesprochen hat?

Nach vier unspektakulären Tagen erreiche ich die Staumauer. Die zwei Kilometer von der Bootsrampe bis zum Campground mit Dusche gleich unterhalb der Mauer nehme ich gerne in Kauf und ziehe mein Boot auf der Straße hinter mir her. Leroy campt mit seiner Familie dort, ein paar Erwachsene, viele Kinder. »We're good people!«, sagt er mir, gute Leute, die Vorurteile stimmen nicht. Leroy ist Lakota aus der Crow Creek Reservation am Nordufer.

In der Nacht wütet ein Sturm und zerfetzt eines der anderen Zelte, ich überstehe ihn schadenfrei. Dafür ist der Zelthammer gestern gebrochen. Ich nehme ihn auf jede Reise mit, weil er das Einschlagen der Heringe in den oft viel zu harten Böden unglaublich erleichtert. Seit gefühlt zwanzig Jahren habe ich ihn, und obwohl ich später Ersatz kaufen werde, umwickle ich die Bruchstelle mit Tape und werde ihn bis zum Ende der Reise nutzen. Noch so ein Ding, an dem ich festhalte.

Übergangslos geht es weiter in den fünften Stausee, Lake Francis Case, 170 Kilometer lang, benannt nach einem US-Senator aus South Dakota. Wie schon bei Lake Sharpe liegen die Ufer im Schnitt nicht mehr als drei bis vier Kilometer auseinander. Mit Windstille und anfangs sogar ein bisschen Strömung komme ich nach Chamberlain, wo hoch über dem See auf einem Hügel Dignity steht. Die fünfzehn Meter hohe Stahlskulptur zeigt eine Lakota-Frau mit einem *star quilt*, einer traditionellen Steppdecke mit Sternenmuster, und soll die Kultur der Sioux ehren. Seit Kurzem macht sie den Köpfen der vier Rushmore-Präsidenten als Nummernschildvariante Konkurrenz.

Zum ersten Mal seit fünf Wochen muss ich beim Paddeln kurz die Regenjacke überziehen. Der Schauer ist schnell vorbei. Am Abend überrascht mich ein brutaler Sturm, ähnlich heftig wie auf Peck, aber deutlich kürzer. Ich sitze ihn im Zelt aus, das ich eine Stunde zuvor auf dem verwaisten Parkplatz bei einer Bootsrampe aufgebaut habe.

»Hello, Dirk!«, ruft eine Frau. Sie sitzt hinter einem Mann auf einem Jetski, mitten im See. Die beiden schleichen sich von hinten an, als ich gerade queren will.

Schnell wird mir klar, das müssen Cheryl und Roger sein. Sie hatten mich eingeladen, per SMS. Meine Nummer haben sie, wie die anderen *river angels* auch, von Norm, der sie auf Facebook gepostet hat. Wir wollten uns eigentlich am Ufer neben einer Bootsrampe treffen. »Aber das Wetter heute war einfach zu verlockend!«, sagt Cheryl. Zum Dinner gibt es Steaks auf ihrer kleinen Ranch in der Nähe des Sees. Und Roger, der bis zu ihrem Krebstod vor ein paar Jahren mit Iris aus Stuttgart verheiratet war, serviert typisch deutsche heiße Himbeeren und Vanilleeis zum Nachtisch. Zwei Tage später an der Staumauer überraschen sie mich ein zweites Mal. Mit ihrem Truck helfen sie mir beim Transport zur Bootsrampe unterhalb des Damms, sodass ich gleich weiterpaddeln kann. Der Missouri wird hier zum National Recreational River und bekommt den Status eines Nationalparks. Die gleiche Bundesbehörde, die sich sonst um Yellowstone und Co. kümmert, verwaltet ihn. Hundert nahezu unveränderte Flussmeilen, kein Damm, kein Kanal. Dazwischen liegt zwar der letzte Stausee, aber der wird offiziell nicht mitgerechnet.

Ich sollte also begeistert sein von der starken Strömung und der Landschaft. Am rechten Ufer liegt jetzt Nebraska, mit leuchtenden Kalksteinklippen und dichten Auwäldern. Die Prärie liegt hinter mir, ich bin im Mittleren Westen angekommen. Ein weiterer Meilenstein ist geschafft. Und ich falle noch tiefer in mein Loch. Lustlos paddle ich den ganzen Tag vor mich hin, verspanne im Nacken wieder, finde keine bequeme Sitzposition und zweifle an der Sinnhaftigkeit meiner Reise. Soll ich in St. Louis abbrechen? Ich denke tatsächlich darüber nach, weiß aber eigentlich, dass ich es nicht tun werde. Warum halte ich immer an meinen Vorhaben fest, auch wenn ich keinen Spaß daran habe? Ist es die Angst vor dem Scheitern?

Ich muss ungefähr zehn gewesen sein, als mich meine Eltern zu einem Waldlauf angemeldet hatten. Das Teilnehmerfeld war groß. Ich trug lange Laufhosen, fühlte mich gewappnet. Die ersten Meter liefen gut, ich konnte mit der Führungsgruppe einigermaßen mithalten. Aber je länger das Rennen dauerte, desto mehr Läufer überholten mich. Irgendwann verlor ich die Lust und blieb einfach stehen. An die enttäuschten Gesichter meiner Eltern im Ziel kann ich mich bis heute erinnern. Sie hatten sich das Wochenende extra freigehalten, wollten mich anfeuern, waren gespannt, wie ich mich schlage. Und ich ließ sie hängen. Auf der Heimfahrt sprachen wir kaum. Ich weiß nicht, ob das der Schlüsselmoment war, aber seitdem habe ich so ziemlich alles durchgezogen, was ich mir vorgenommen habe. Mein Medizinstudium, obwohl ich nie wirklich Spaß dabei hatte, genauso wie meine drei langen Reisen durch Amerika, trotz aller Widrigkeiten. Nicht, dass Aufgeben grundsätzlich verwerflich wäre. Aber die Enttäuschung von damals, vor allem über mich selbst, hat offensichtlich Spuren hinterlassen.

Darcy und Bob muntern mich am Abend auf. Sie sind Freunde von Cheryl und Mitglieder im Kanu-Club von South Dakota. Als ich in Verdel, am Nebraska-Ufer, zur Bootsrampe paddle, rufen sie mir vom Steg aus zu und laden mich später im Diner zu frittiertem Kabeljau aus Alaska ein. Wie viel lieber ich jetzt dort wäre, am Yukon, meinem Fluss.

Dichter Rauch hängt am nächsten Morgen über dem Fluss und färbt die Sonne glutrot. In Kanada brennt es, und der Wind bläst die Schwaden bis hierher. Mein Zelt ist klatschnass vom Tau, ohne die wärmenden Strahlen der Sonne kriege ich es am Morgen nicht trocken. Ich packe trotzdem zusammen und lege ab.

Mein letzter Stausee liegt vor mir, Lewis and Clark. Zuerst aber verzweigt sich der Missouri noch einmal. Auf einer baumlosen Insel stecken zwei dünne, kahle Baumstämme im Sand und halten ein Volleyballnetz. Daneben sind Äste für ein Feuer zu einer meterhohen Pyramide geschichtet. Von rechts strömt der Niobrara aus Nebraska in den Missouri und schwemmt jede Menge Sand in sein flaches Delta. Einmal sitze ich auf und kann mich nur mühsam befreien. Am Westende kündigt ein weites Schilflabyrinth den Beginn des Sees an. Ich verliere den Überblick und verpasse die im Flussführer vorgeschlagene Route. Also manövriere ich durch die engen Kanäle und steuere grob aufs Nordufer zu.

»Sieht aus wie in Louisiana, nicht wahr?«, ruft mir ein einsamer Angler mitten im Dickicht aus seinem Boot zu. In der Tat erinnert die Marschlandschaft an die Sümpfe im Süden.

»Magst du einen *walleye?*«, fragt er noch.

Dieses Mal muss ich ablehnen, weil der Fisch bis heute Abend ohne Kühlung sicher verderben würde. Dafür bekomme ich später auf dem See Wasserflaschen, Trauben und Kirschen von zwei Pärchen in einem *pontoon*.

»We love you!«, rufen sie, bevor sie mit Vollgas Richtung Hafen brettern.

Ich euch auch.

Lake Lewis and Clark, der letzte und kleinste der sechs Stauseen, ist nur vierzig Kilometer lang. Seine Oberfläche ist übersät mit Millionen von toten *mayflies.* In einem dichten Teppich treiben sie auf dem Wasser. Es ist Paarungszeit für die Eintagsfliegen. Mehr als 3000 Arten soll es geben, von winzig bis über zehn Zentimeter lang. Die hier sind von der größeren Fraktion, mit libellenartigen, transparenten Flügeln und feinem Gabelschwanz. Auch wenn die Entwicklung der Larven mehrere Jahre dauern kann, leben die geschlechtsreifen Fliegen tatsächlich nur ein paar Tage und sind beliebtes Fischfutter für die Forellen im See. Meist tauchen sie in Schwärmen auf und belagern nachts dicht an dicht Straßenleuchten und alles, was sich in deren Lichtkegel befindet. Bei uns habe ich Eintagsfliegen noch nie bewusst wahrgenommen. Dabei hat Albrecht Dürer eine sogar auf seinem Kupferstich »Die Heilige Familie mit der Libelle« unten rechts im Bild platziert. Im Englischen wird das Kunstwerk auch als »The Holy Family with the Mayfly« bezeichnet. Das scheint zutreffender, denn Dürers Libelle sieht tatsächlich eher wie eine Eintagsfliege aus. Die anderen Insekten, die ich auf dieser Reise zum ersten Mal wirklich sehe, sind die Zikaden. Von denen soll es sogar noch mehr geben, angeblich über 45 000 Arten. Die Singzikade ist die einzige, deren Zirpen das menschliche Ohr hören kann. Sie ist fast so groß, schwer und grün schillernd wie manche Kolibris, sieht aber aus wie eine Riesenbremse und ist völlig harmlos. Einzelne Exemplare entdecke ich mehrmals am Ufer und freue mich fast so sehr darüber wie über den Anblick der Weißkopfseeadler und Pelikane, die seit Montana überall entlang des Flusses durch die Lüfte gleiten.

Am Tabor Campground muss ich an diesem Tag abbrechen, weil der Wind meine Ankunft am Damm vor Einbruch der Dunkelheit verhindert. Knorrige Eichen spenden mit ihrem dichten, ausladenden Blätterdach Schatten und sorgen für

Heimeligkeit. Meine letzte Nacht auf den »verdammten« tausend Meilen. Im Fluss fühle ich mich immer noch nicht, auch wenn ich inzwischen schon mehr als zwei Monate unterwegs bin. Eigentlich waren die Stauseen gut zu mir. Ich habe in der ganzen Zeit kein einziges Mal wegen Wind und Wetter pausieren müssen. »Unheard of«, kommentiert Norm später. Das gab's noch nie. Ob das stimmt, weiß ich nicht, aber ich kann mich wirklich glücklich schätzen. Und warum tue ich es dann immer noch nicht? Vielleicht will ich zu viel, paddle zu lange, stresse mich mit dem Vorankommen und vergesse dabei zu genießen. Die Plauze wird auch nicht kleiner vom Frustfressen. Habe mich schon auf Diät gesetzt. Pro Tag gibt es nur noch einen statt zwei Wraps mit Käse, Salami und Honigsenf. Morgen sind es noch gut zehn Kilometer bis zur Staumauer. Dann strömt der Fluss ungebremst Richtung Golf von Mexiko, den er nach weiteren 3000 Kilometern erreichen wird. Es ist der längste unverbaute Wasserweg Amerikas.

LEWIS AND CLARK
TRAIL
SPIRIT MOUND
HISTORIC PRAIRIE

# KAPITEL 8

Das Becken ist voller Haie. Hunderte, vielleicht Tausende schwimmen da drin herum. Noch sind sie klein, nur ein paar Zentimeter. Aber ausgewachsen können sie über einen Meter lang sein.

»Manche finden, sie sehen sie aus wie Alligatoren oder Krokodile, mit ihrer langen Schnauze«, sagt Sam Stukel, Fischbiologe für den US Fish and Wildlife Service. Ich treffe ihn in der Nationalen Fischzucht in Yankton, gleich unterhalb vom Gavins Point Dam. »Und die Brustflossen und der Schwanz ähneln denen von Haien. Sie haben auch die gleichen elektrischen Sensoren, mit denen sie blitzschnell Beute aufspüren können.«

Es geht um den *pallid sturgeon*, den Weißen Schaufelstör. Dieser Urfisch existiert schon seit der Zeit der Dinosaurier. Aber vielleicht nicht mehr lange.

»Er lebt nur hier im Einzugsgebiet von Missouri und Mississippi«, sagt Sam. »Und wenn wir ihn verlieren, kommt er nie wieder zurück. Das wäre eine Schande.«

Überfischung und die Veränderung der Flüsse nach dem Bau der Dämme, Schleusen und Deiche sind wohl hauptverantwortlich für die Bedrohung des Schaufelstörs. Deshalb wird er jetzt gezüchtet und ausgewildert. Das ist aufwendig und kompliziert. Jedes Jahr versuchen Biologen, ein paar wilde Weibchen zu fangen. Nicht alle sind gleich geschlechtsreif. Meistens dauert es Jahre, bis die ersten Nachkommen in den Fluss ausgesetzt werden können. Sam führt mich übers Gelände der Fischzucht, in verschiedene Hallen, in denen Dutzende von runden Becken stehen, gefüllt mit Zehntausenden von Fischen. Obwohl Sonntag ist und er eigentlich frei hat, trägt er sein Dienstoutfit, eine schwere dunkelbraune Canvashose, Trekkingboots und ein beiges Poloshirt mit dem Logo des U.S. Fish & Wildlife Service. Der Schweiß perlt ihm genauso von der Stirn wie mir. Es ist unerträglich heiß.

»Hier ist es am schlimmsten«, sagt er, als wir eine der Hallen betreten.

»Das Gebäude hat keine Isolierung. Im Sommer fühlt es sich an wie in einer Sauna, im Winter ist es ein Eispalast. Deshalb hat keiner große Lust, sich hier drin um die Fische zu kümmern.«

Sam ist am Missouri aufgewachsen, der Fluss und seine Geschichte faszinieren ihn. Deshalb ist er Biologe geworden und arbeitet jetzt bei der National Fish Hatchery, der staatlichen Fischzucht. Rund siebzig *hatcheries* gibt es in Amerika. Hier am Gavins Point züchten sie Sportfische, wie den so beliebten *walleye*, damit die vielen Angler in den Stauseen auf ihre Kosten kommen und reichlich Beute machen können. Aber mindestens genauso wichtig ist für Sam die Arbeit mit bedrohten Arten wie dem Schaufel- und dem Löffelstör.

»Die sind auch Indikatoren für einen gesunden Fluss.«

Sam hofft, dass die ausgesetzten Tiere später vierzig bis sechzig Jahre in freier Wildbahn leben, sich reichlich vermehren und sie dann vielleicht irgendwann auch wieder von der Liste der bedrohten Arten, auf der sie seit 1990 stehen, gestrichen werden können.

Am späten Nachmittag verlasse ich Yankton. Darcy und Bob sind extra hergekommen und helfen mir beim Transport. Wie sehr ich diesen Moment in den letzten Wochen herbeigesehnt habe. Yankton ist historisch bedeutsam, war im neunzehnten Jahrhundert die Hauptstadt des Dakota Territoriums, bevor North und South Dakota zum 39. und 40. Bundesstaat wurden. Für mich endet hier die wochenlange Plackerei auf den Stauseen. Der Gavins Point Dam ist der letzte gewesen, den ich umtragen musste. Keine Stauseen mehr, keine Hindernisse. Dafür Strömung bis zum Schluss. Der Gipfel des Bergs ist erklommen. Und trotzdem bin ich wehmütig. Die Seen fehlen mir schon jetzt. Die freundlichen Fischer in ihren Hightechbooten. Die dramatischen Sonnenuntergänge. Die Weite. Die Bootsrampen. Der monotone Alltag, das tranceartige Paddeln, das Suchen nach einem Orientierungspunkt am Ende der nächsten Bucht, bevor nach Tagen am Horizont verheißungsvoll die Staumauer auftaucht. Bescheuert.

Der Fluss wird wieder wild. So steht's in meinem Flussführer. Aber nicht durch Stromschnellen, sondern weil er hier das tun darf, was er will. Sich ungezähmt verzweigen, Inseln formen, Seitenarme, Untiefen. Und kein Army Corps oder sonst jemand darf daran etwas ändern. Der Missouri ist geschützt durch den Wild and Scenic Rivers Act, der seit fünfzig Jahren Flüsse in ganz Amerika in ihrer möglichst natürlichen Form bewahren soll. Breit und schlammig strömt er durch sein Bett, das von Büschen und Bäumen am Ufer gesäumt wird. Dahinter erstrecken sich Getreidefelder und Viehweiden. Abgesehen von ein paar Häusern am Ufer oder Straßen und Brücken, sieht es hier so aus wie vor 200 Jahren auch schon, als Lewis und Clark bei ihrer Expedition nach Westen flussaufwärts zogen. Ich paddle durch den zweiten Abschnitt des Missouri, den sogenannten Missouri National Recreational River. Vor einer Woche sind die fünf anderen Missouripaddler diesen Sommers gemeinsam hier durchgekommen. Sie hatten sich am Gavins Point Dam getroffen und beschlossen, ein paar Tage zusammenzubleiben. Ein schöner Gedanke. Nachdem ich bald zweieinhalb Monaten allein unterwegs bin, hätte ich nichts gegen Gesellschaft. Aber ich werde sie nicht mehr einholen können.

*»Captain Lewis und ich haben beschlossen, einen hohen Hügel in der immensen Prärie zu besuchen«*, schrieb William Clark am 24. August 1804 in sein Tagebuch.

Wo heute der Vermillion River, eine Tagesetappe flussabwärts von Yankton, in den Missouri mündet, ging die Expedition damals an Land, um einen Ort zu erkunden, von dem die Sioux Grausames berichtet hatten.

*»Der Hügel hat eine konische Form, und laut Aussagen verschiedener Nationen in dieser Region sollen sich dort Teufel aufhalten in menschlicher Form, mit bemerkenswert riesigen Schädeln und einer Größe von achtzehn Zoll«*, schrieb Clark weiter.

Das entspricht etwa 45 Zentimetern. Außerdem sollten die aggressiven Zwergwesen mit scharfen Pfeilen bewaffnet sein, mit denen sie jeden Eindringling schon aus weiter Ferne töteten. Deshalb trauten sich die Sioux nicht mal in die Nähe des Hügels. Lewis und Clark schon. Sie nahmen elf Männer mit und den Hund von Captain Lewis, kämpften sich neun Meilen landeinwärts und bestiegen den Hügel, der sich ihrer Beschreibung nach etwa zwanzig Meter über dem übrigen Land erhob. Wütende Fabelkrieger trafen sie keine, dafür sahen sie zum ersten Mal die Prärie und waren überwältigt:

*»Vom Gipfel des Hügels aus erblickten wir die schönste Landschaft. Zahlreiche Büffelherden waren zu sehen, die in verschiedenen Richtungen grasten. Die Ebene erstreckte sich ohne Unterbrechung nach Norden, Nordwesten und Nordosten, so weit man schauen konnte«*, notierte Clark.

Heute ist der Spirit Mound, wie er jetzt heißt, ein kleiner State Park außerhalb von Vermillion, South Dakota.

Lange Zeit war das Land hier in Privatbesitz, wurde als Farm genutzt, mit Weiden, auf denen Kühe grasten. Seit ein paar Jahren versucht der Staat, die 130 Hektar große Fläche wieder zu renaturieren.

Ich bin mit ein paar Mitgliedern des Kanuverbands von South Dakota hier. Sie haben mich zum *stargazing* eingeladen, Sternegucken. Bob und Darcy sind da, beide im Vorstand, und der Präsident, David Mays. Kurz zuvor habe ich von ihnen noch ein Abzeichen bekommen.

»Als Anerkennung deiner Leistung!«, hat David feierlich gesagt.

»MNRR 100 – NATIONAL WATER TRAIL«, steht auf dem Abzeichen, für *Missouri National Recreational River*, und die 100 für die Meilen, die ich auf seinem geschützten Abschnitt paddle.

Wir sind nicht allein im State Park, im Gegenteil: Der kleine Parkplatz am Trailhead ist total überfüllt. Dutzende von Hobbyastronomen und Einheimischen lauschen in einem großen Kreis den Worten des Chefrangers, der den Ablauf des Abends erklärt. Dann zerstreuen wir uns, ein Teil läuft den kurzen Trail durch die Dunkelheit der Nacht zum Hügel. Ich auch.

Wir wollen nach Meteoriten Ausschau halten, die es heute besonders reichlich regnen soll. Der dicke Rauchschleier von den Waldbränden in Kanada aber erschwert die Sicht. Die Nacht ist lau, eine stete Brise hält die Mücken in Zaum. Am Ende sehe ich zwei Sternschnuppen. Die Lichter der nahen Stadt trüben das Erlebnis ein wenig. Gegen Mitternacht brechen wir ab.

Die Stadt ist Vermillion, 10 000 Einwohner hat sie heute. Ich besuche sie am nächsten Tag. Bis zum großen Hochwasser vom April 1881 lag Vermillion direkt am Missouri. Der hat damals so viel Verwüstung angerichtet, dass man die Stadt anschließend verlegte, weg vom Fluss. Heute ist Vermillion Sitz der

Universität von South Dakota, verschwistert mit Ratingen in Nordrhein-Westfalen. Das passt, denn über ein Drittel der Bewohner gibt an, deutscher Herkunft zu sein. Und dann ist da noch ein einzigartiges Museum, das man wahrscheinlich eher in New York oder Los Angeles vermuten würde.

»Es ist weltweit bekannt, weil es die wichtigste amerikanische Sammlung von Musikinstrumenten besitzt«, sagt Emanuele Marconi, der Restaurator des renommierten National Music Museum in Vermillion. Vor ein paar Jahren kam er aus Mailand und ist quasi die Nanny für die wertvollen historischen Instrumente, wie er selbst sagt.

»Im Grunde versuche ich zu verhindern, dass den Instrumenten etwas passiert. Das reicht von der Inspektion des Gebäudes bis zur Kontrolle von Temperatur, Luftfeuchtigkeit und Lichteinfall. All diese Parameter beeinflussen unsere Exponate.«

Mehr als 15 000 davon sind im Besitz des Museums, nur ein Zehntel ist derzeit ausgestellt. Es fehlt der Platz, deshalb soll in Kürze erweitert werden. Zu den Ausstellungsstücken zählen seltene Stradivaris, einzigartige Saxofone und jahrhundertealte Cembali genauso wie Gitarren legendärer Bauer und besondere Instrumente.

»Am bekanntesten ist wahrscheinlich die Gitarre, auf der Elvis Presley spielte«, sagt Emanuele. »Sie hat eine interessante Geschichte! Ihr Resonanzkörper ist beschädigt, da fehlt ein kleines Teil, und man kann ein Loch sehen. Das soll passiert sein, als Elvis sie während eines Konzertes am Ende eines Songs einem seiner Assistenten zuwarf. Der hat sie aber nicht fangen können. Also ist die Gitarre auf den Boden gefallen und wurde dabei beschädigt. Elvis hat sie dann am Schluss einem Mädchen im Publikum geschenkt. Die wiederum hat sie später verkauft, und vor ein paar Jahren ist sie bei uns gelandet.«

Dass all diese Schätze ausgerechnet hier in Vermillion, South Dakota, zu finden sind, liegt an Arne Larson, einem

Norweger, der in den 1950er-Jahren als Musikprofessor an die Uni hier wechselte. Außerdem sammelte er Instrumente von überallher und vermachte seine umfangreiche Sammlung irgendwann der Universität, wo sie in der ehemaligen Carnegie-Bücherei untergebracht wurde.

»Dieser Immigrant kam hierher, um seinen Traum zu leben, und hinterließ dem Land als Vermächtnis seine Sammlung von Instrumenten, die zu einer der bedeutendsten weltweit werden sollte«, sagt Emanuele.

Ein bisschen scheint er auf Arne Larsons Spuren zu wandeln. Ursprünglich studierte Emanuele klassische Gitarre, erkannte aber, dass sein Talent vermutlich nicht reichte, und sattelte um.

Von all den Menschen, die ich bisher auf meiner Reise getroffen habe, überrascht mich Emanuele am meisten. Auf den ersten Blick passt er nicht so recht hierher. Ein Schöngeist aus der Alten Welt mitten in der Prärie von South Dakota. Er trägt ein hellblaues Hemd mit feinen weißen Streifen, Jeans und zwei eng anliegende Halskettchen. Eine aus Silber, eine mit kleinen hellblauen Glasperlen. Sein Schritt wirkt elegant, sein Blick nachdenklich, fast ein wenig melancholisch. Und auch wenn Gegensätze sich ja angeblich anziehen, ist es manchmal nicht einfach für Emanuele.

»Ich habe angefangen zu backen, als ich hierher gezogen bin«, sagt er. »Meine Freunde finden das toll. Ich mache Brot, Focaccia und natürlich Pizza.«

Nicht nur das heimatliche Essen fehlt Emanuele, auch das Meer ist viel zu weit weg. Wie gut, dass es den Fluss gibt.

»Ich kann ohne das Element Wasser nicht leben«, sagt er. »Wir sind exakt in der Mitte des Landes, so weit vom Meer entfernt wie möglich. Deswegen ist es so wundervoll, den Missouri zu haben.«

Für ihn ist er ein freundlicher Fluss, auch wenn viele ihn wegen seiner Gefahren meiden.

»Ich habe nur ein paar Meilen von hier einen wunderbaren Strand mit weißem Sand entdeckt«, sagt er. »Nicht viele kennen diesen Fleck. Das ist mein Paradies im Sommer. In ein paar Stunden wirst du dran vorbeipaddeln.«

Aber sehen werde ich den paradiesischen Strand leider nicht. Das Wasser ist noch immer zu hoch, die Ufer bleiben überspült.

»750«. Der erste *mile marker*. Ich entdecke ihn am nächsten Tag an einem Pfahl, der zu den alten *pilings* gehört, mit denen das Ufer geschützt und der Fluss ursprünglich kanalisiert werden sollte. Heute haben sich dazu die *wing dikes* etabliert, Molen aus Geröll, die auf der Innenseite von Kurven wie Flügel in den Fluss ragen. Kurz vor Sioux City sehe ich die ersten: 1200 Kilometer noch bis zum Mississippi. Nach gut drei Wochen durch South Dakota erreiche ich am linken Ufer Iowa. Das rechte gehört weiter zu Nebraska. Die öffentliche Bootsrampe dort in South Sioux City ist tief verschlammt. Ich nutze sie trotzdem und ziehe mein Boot am Nachmittag von dort knapp einen Kilometer an der Straße entlang zum örtlichen Campground am Flussufer. Für dreißig Dollar nehme ich eine der vier Hütten, die alle unterschiedlich gestaltet sind – ein Architekturprojekt der Iowa State University. Meine sieht aus wie eine Garage, mit Betonwänden, Rolltor und riesiger Stockbettfront an einer Wand. Ich reinige die Ausrüstung und wasche die Kruste vom Boot, die sich durch das schlammige Wasser in den letzten Wochen gebildet hat. Außerdem muss ich mir eine neue Isomatte bestellen, schon zum zweiten Mal auf dieser Reise. Beide Male hat sie Luft verloren, vermutlich übers Ventil. Um nichts zu riskieren, wechsle ich das Modell und entscheide mich für eine Hightechluftmatratze, weil es offenbar keine andere Alternative zu den selbst aufblasenden mit Schaumkern gibt, die ich viel bequemer finde. Ich lasse sie nach

St. Joseph liefern, eine Woche entfernt. Bis dahin wache ich nachts mehrmals auf und muss die alte Matte immer wieder aufblasen.

Streckenweise wirkt der Fluss jetzt fast schon entstellt, er wird zu einem Kanal für die Lastkähne, die allerdings kaum noch bis hierher kommen. Neben den *dikes*, die eine ausreichende Breite und Tiefe garantieren sollen, gibt es Signalschilder, um den Kapitänen das Manövrieren zu erleichtern. Grüne Rauten am rechten Ufer, rote am linken. Gleichfarbige Bojen markieren die Fahrrinne, aber nicht so stringent und auffällig wie später auf dem Mississippi. *Riprap* befestigt die Ufer. Die Gesteinsbrocken sollen eine weitere Erosion verhindern. Trotzdem hat der Missouri seine Rolle als eine der bedeutendsten Wasserstraßen des neunzehnten Jahrhunderts heute weitgehend eingebüßt. Die Bewohner an seinen Ufern nutzen ihn in erster Linie in ihrer Freizeit, zum Erholen. Sie angeln, brettern mit Jetskis übers Wasser oder cruisen in trägen *pontoons* zu Sandinseln und Stränden. Kraftwerke nutzen sein Wasser zum Kühlen, zwei passiere ich gleich hinter Sioux City. Außerdem tuckert die erste *barge* stromaufwärts. Der Schlepper vom Army Corps of Engineers schiebt drei schwer mit Steinen beladene Container vor sich her, mit denen ein *wing dike* erneuert werden soll. Dann wird es wieder beschaulicher, der Missouri zieht weite Schleifen durch die dicht bewaldeten Hügel. Teure *trophy homes* mit akkurat getrimmten Rasenflächen wechseln am Ufer mit Camps aus *trailer homes*, Hütten und Wohnwagen. SHOW TITS, hat jemand auf eine Holztafel gemalt in der Hoffnung, die Bikini-Girls in den vorbeifahrenden Booten zeigen sich am Wochenende freizügig. Alle suchen die Nähe des Flusses, offenbar ein uralter, tief im Menschen verwurzelter Instinkt. Aber der Missouri kann jederzeit überfluten, trotz aller Schutzmaßnahmen, und Hab und Gut mit sich reißen oder vernichten.

Für die 65 Kilometer von Sioux City bis Decatur brauche ich dank der starken Strömung nur gut sechs Stunden. Auf dem Campingplatz dort verwöhnen mich Nachbarn mit selbst gemachtem *blueberry cobbler*.

Am nächsten Tag ist Streckenhalbzeit, am 76. Tag seit dem Start an der Quelle. Gut 3000 Kilometer liegen hinter mir, noch mal so viele vor mir.

Eigentlich hatte ich in einem State Park campieren wollen. Der aber ist schon seit Wochen wegen der Schäden durch das Hochwasser im Frühsommer gesperrt. Captain Jim, dem ich mitten auf dem Fluss in seinem *pontoon* begegne, wird zu meinem Retter und lädt mich ein, in der Dodge Park Marina am Ortsrand von Omaha zu übernachten.

Kurz vor Sonnenuntergang bin ich da, ziehe mein Boot zu einem *shelter* mit Tischen und stelle mein Zelt auf den frisch gemähten Rasen. Statt eines Festmahls koche ich eine schnöde Ramensuppe und überfresse mich zum Nachtisch mal wieder mit viel zu viel Trailmix, bis die Mücken mich ins Zelt jagen.

Am nächsten Tag peile ich meine erste Rampe in Iowa an, bei Bartlett, und finde sie auch. Aber nirgendwo ein Fleck zum Campieren. Es gibt nur den grob gewalzten Parkplatz für die Trucks mit Bootsanhänger. Zwei stehen gerade dort. Ich laufe die Straße über den Deich entlang und entdecke ein Gebäude, das wie ein Restaurant aussieht. Daneben stehen ein paar Wohnwagen. Sehr gut, ein RV-Park, die werden doch bestimmt ein Plätzchen für mich haben, denke ich. Aber sie nehmen keine Zeltcamper, ich soll's doch ein paar Meilen weiter bei der nächsten Autobahnausfahrt probieren.

»Ich bin mit einem Kajak hier!«, sage ich und hoffe auf Verständnis. Vergeblich.

»Brauchst du keine Pocahontas in deinem Kanu?«, fragt mich die Bardame mit glasigen Augen.

Frustriert verlasse ich den Laden, schlage mein Zelt auf dem dreckigen Parkplatz auf und hoffe, dass es in der Nacht nicht regnet. Das würde den Boden in ein fieses Schlammloch verwandeln. Dann gehe ich doch noch mal zurück zum Restaurant. Wenn schon kein gescheites Camp, dann wenigstens ein gescheites Dinner. Ich bestelle Ribs. Eine Liveband spielt Soulklassiker auf der Terrasse. Nina bedient mich.

»Wann kommst du wieder?«, fragt sie, als ich gegen 22 Uhr bezahlen will.

»Ihr serviert kein Frühstück, oder?«, sage ich.

»Nicht hier«, antwortet Nina und grinst.

Ich grinse zurück, gebe ihr meine Karte. »Wenn du auf die Website klickst, kannst du mein Vorankommen verfolgen.«

»Das mache ich«, sagt sie, und ich laufe zurück zum stickigen Zelt.

Ich bin völlig durchnässt. Sieben Stunden Paddeln in strömendem Regen. Als ich Nebraska City erreiche, überlege ich kurz, hier abzubrechen. Der Campground am Ufer mit Bootsrampe sieht verlockend aus. Der Gedanke, den Rest des Tages im Zelt zu hocken, hingegen überhaupt nicht. Dabei hätte die Stadt durchaus was zu bieten. In ganz Amerika ist sie als die Heimat des Arbor Day bekannt. 1872 rief der Zeitungsredakteur und Politiker Julius Sterling Morton in Nebraska City den ersten »Tag des Baumes« aus. Über eine Million Bäumchen sollen damals in ganz Nebraska gepflanzt worden sein, angeblich um den weitgehend baumlosen Präriestaat grüner zu machen und seinen Bewohnern Schutz vor dem gnadenlosen Wind zu bieten. Später wurde Mortons Idee auf der ganzen Welt übernommen, in Deutschland findet der Tag des Baumes immer am 25. April statt.

Aber gegen diesen sintflutartigen Regen würden mich auch alle Bäume der Welt nicht schützen. Also paddle ich weiter bis Brownville. Hier ist nicht nur die Bootsrampe tief verschlammt, auch der Parkplatz neben dem Museumsboot liegt unter einer klebrigen Schlickschicht. Ich stapfe zur Meriwether Lewis Dredge. Jahrzehntelang baggerte die Maschine den Missouri weiter aus und machte ihn so tief genug für den Schiffsverkehr. Jetzt ist sie ein Museum auf dem Trockendock, das nur am Wochenende geöffnet hat. Heute ist Sonntag.

»Gibt es hier in der Nähe eine Unterkunft?«, frage ich die beiden Senioren, die freiwillig Dienst schieben.

»Hier nicht, aber drüben in Missouri, ein paar Kilometer weg«, antworten sie.

Kurz hinter Bartlett habe ich am Morgen Iowa verlassen, ab sofort liegt das linke Ufer in Missouri.

»Oder Sie fragen mal beim River Inn«, schlagen sie vor und drücken mir einen Flyer in die Hand.

Das River Inn ist ein schwimmendes Bed and Breakfast, das nur ein paar Hundert Meter weiter flussabwärts dockt. Über Schlamm, Sumpf und Gestrüpp kämpfe ich mich zur Rezeption. 130 stolze Dollar kostet das Zimmer. Dafür lädt mich der Besitzer zur Dinner Cruise mit Buffet ein. Eine halbe Stunde später legen wir mit ein paar Dutzend Gästen ab und tuckern im immer noch strömenden Regen für anderthalb Stunden gemächlich stromaufwärts, in die Richtung, aus der ich vor ein paar Stunden gekommen bin. Ich schlage mir am Buffet den Bauch mit Fleisch, Gemüse und Kartoffeln voll, dann drehen wir wieder um.

»Wir haben mit den Flussfahrten begonnen, weil es in Brownville kein Restaurant gab«, sagt Randel Smith, der Besitzer und mein Gönner.

»Außerdem war Brownville die Stadt der Schaufelraddampfer, ihretwegen ist der Ort überhaupt erst entstanden.«

Sein Flussdampfer hat zwar auch ein Schaufelrad, das dreht sich aber nur als Attrappe. Seit 1970 bietet Randel die Ausfahrten mit Dinner-Buffet schon an. Und dabei hatte er vorher mit Schiffen überhaupt nichts am Hut. In den Fünfzigern war er als Soldat in Deutschland stationiert, noch bevor Elvis als GI kam. Dann arbeitete er als Banker und Farmer. Eine Farm hat er immer noch, aber sein Geschäft mit dem Bed and Breakfast und die Dinner Cruises verlangen fast seine ganze Aufmerksamkeit.

»Wir hatten hier schon immer viel Hochwasser, aber in letzter Zeit scheint es immer schlimmer zu werden«, sagt er. »Erst letzten Monat war alles überflutet. Und es sieht so aus, als ob das morgen schon wieder passiert.«

Zum Regen kommt am nächsten Tag starker Wind, ich verlängere um eine Nacht und bin nun der einzige Gast. Die anderen siebzehn Zimmer sind meistens nur am Wochenende belegt. Zum Frühstück gibt's Ei, Bacon, Kartoffeln, einen kleinen Obstsalat und Toast. Ich trockne weiter meine Ausrüstung, hänge die noch feuchten Kleider und Packsäcke in die Dusche, lege sie über Stühle, Lampen, das Bett. Meine Kabine ist klein, aber nett eingerichtet, mit direktem Zugang zum Deck. Die schlammig braunen Fluten spülen jede Menge Treibholz vorbei. Und der Wasserpegel steigt unablässig. Die Brücke, von der ich gestern noch an Bord gegangen bin, steht heute schon zu einem Teil unter Wasser. Ans Ende der zweiten Brücke wird das Wasser bald heranreichen. Besorgt kontrolliere ich regelmäßig den Wasserstand, um mein Boot rechtzeitig vom Parkplatz evakuieren zu können, falls er geflutet wird. Am Abend lädt Randel mich wieder zum Essen ein. Dieses Mal fahren wir mit seinem Auto von Nebraska auf die andere Seite des Flusses nach Missouri zu einem Steakhaus neben der Interstate. Seine Frau Jane und die Adoptivtochter mit ihrem Kind sind auch dabei. Nach dem Essen zeigen sie mir noch das Theater von Brownville, in dem im Sommer regelmäßig Bühnenstücke aufgeführt werden, und die Konzerthalle, in der renommierte Künstler auftreten und vor allem klassische

Stücke interpretieren. Das lockt Besucher an, auch von außerhalb, denn in Brownville selbst leben kaum mehr als hundert Menschen. Alte Backsteingebäude und viktorianische Häuser verleihen dem Ort ein schmuckes Ambiente, trotz Regen. Der lässt selbst in der Nacht noch nicht nach. Eine einsame *barge* zieht auf dem Fluss stromaufwärts. Ihr Scheinwerfer sucht in der Dunkelheit den nächsten Marker am Ufer. Gespenstisch und schneckenartig langsam kommt sie näher. Ein Fußgänger könnte locker mithalten, wenn es am Ufer eine Promenade gäbe.

Über Nacht steigt das Wasser um einen Meter. Immerhin kann ich so direkt beim River Inn starten und muss mein Boot nicht wieder aufwendig und auf Umwegen entlang der Straße zurück zur Schlammrampe ziehen. Die Strömung hat mit dem Hochwasser noch mal zugelegt, deutlich mehr als zehn Kilometer schaffe ich jetzt in der Stunde. Nur auf das Treibholz muss ich aufpassen. Der Fluss ist voll davon. Meist sind es nur Zweige oder Äste, gelegentlich aber treibt ein ganzer Baum im Wasser. Ich passiere ein Atomkraftwerk, das einzige in ganz Nebraska. Es steht so nah am Missouri, dass seine Rekordhochwasser einen Notfall auslösen könnten, bei dem der Reaktor abgeschaltet werden müsste. Ein beunruhigender Gedanke, auch wenn das bislang noch nicht passiert ist. Also doch lieber Wasserkraft mit Staudämmen und Seen?

Als Tagesziel habe ich mir White Cloud vorgenommen, mein erstes Camp in Kansas. 75 Kilometer sind es von Brownville, gut sechs Stunden Paddeln. Der Ort teilt das Schicksal vieler Städtchen am Missouri. Von der Boomtown des neunzehnten Jahrhunderts ging's steil bergab, als der Schiffsverkehr zunehmend an Bedeutung verlor. Mehr als 2000 Menschen lebten zu White Clouds besten Zeiten hier, heute sind es nicht mal mehr 200. Alle zwei Jahre findet ein überregional bekannter Flohmarkt statt, zu dem Tausende von Besuchern kommen. Und es gibt den Four States Lookout, eine schlichte Aussichtsplattform auf einer Klippe mit Sicht auf die vier Staaten: Kansas, Nebraska, Missouri und mit viel Fantasie auch Iowa, weit im Norden. Die schenke ich mir und schlage das Zelt auf einer gemähten Wiese neben der Bootsrampe und gegenüber vom örtlichen Getreidesilo auf. Zwei Trucks parken mit laufenden Motoren davor. Der Lärm lullt mich später in den Schlaf.

»Sieht nach einer Menge Spaß aus«, meint eine Frau, deren Hund am Abend um mein Boot und die Ausrüstung schnüffelt.

»Nicht immer«, gestehe ich und schäme mich gleichzeitig. Auch nach zweieinhalb Monaten bin ich noch nicht im Fluss. Und morgen paddle ich schon nach Missouri, dem Staat, der mich zum Mississippi bringen wird.

WERNER
WERNER

# KAPITEL 9

Der Name Missouri für den Staat und den Fluss, der durch ihn strömt, stammt von den gleichnamigen Ureinwohnern. Was Missouri genau bedeutet, ist nicht so ganz klar. Manche übersetzen es mit »Die mit den Einbäumen«, was passend wäre, weil sie eben früher damit den Fluss befahren haben. Aber so richtig belegen lässt sich das nicht. Fest steht nur, dass Nachbarstämme den Namen in der einen oder anderen Form geprägt haben.

Gut 700 Flusskilometer sind es noch bis zur Mündung. Mein erster Stopp in Missouri ist St. Joseph, ganz im Nordwesten. *Where the Pony Express started and Jesse James ended.* Der Bandit wurde hier 1882 hinterrücks erschossen. Und die legendäre Postreiterroute 22 Jahre zuvor, im Jahr 1860, hier aus der Taufe gehoben. Denn damals endete die Eisenbahn in St. Joseph am Missouri. Ihre Rolle als Tor zum Wilden Westen bescherte der kleinen Stadt einen wahren Boom und viel Wohlstand. Denn praktisch jeder, der auf dem Oregon Trail weiter ins gelobte Land ziehen wollte, ließ sich hier ausstaffieren. Die Händler wurden reich, bauten sich prunkvolle Villen und hinterließen so einen wahren Schatz an historischer Architektur.

»Ich war so fasziniert von der Geschichte und Architektur von St. Joseph und wie die Menschen damals gelebt haben«, sagt Jim Pallone, eigentlich Opernsänger aus New York, der mal der nächste Pavarotti hätte werden sollen, wie er mir bei meinem Besuch erzählt. Stattdessen betreibt er jetzt gemeinsam mit seinem Partner das angesagteste Restaurant der Stadt und tapeziert in seiner freien Zeit die Herrenhäuser von St. Joseph. Allerdings nicht einfach so mit Latzhose, Zeitungshütchen und Kleistereimer, sondern auf höchst kunstvolle Art.

»Irgendwie ist das mein Versuch, eine längst vergangene Ära zurückzubringen.«

Jim arbeitet gerade in einer der vielen viktorianischen Villen, die in den letzten Jahren zunehmend restauriert werden. Die teure Tapete kommt von einer Firma aus Kalifornien. Die Rollen zerschneidet er, um daraus neue, eigene Muster zu kreieren.

»Alle Elemente stammen von bestehenden Tapeten, die nachgedruckt wurden«, sagt er. »Die meisten Leute schauen in den Katalog und kopieren einfach das, was sie da sehen. Ich weigere mich, das zu tun. Ich will, dass meine Räume eines Tages fotografiert werden und andere dann meine Tapeten kopieren.«

Tapezieren als Kunstform. Jim komponiert mit Farben, Formen und Mustern, seine Begeisterung und Leidenschaft sind ansteckend, selbst für mich als raufasergeprägten Mitteleuropäer. St. Joe fand er zufällig, als er bei einer Reise in einem Flughafen festhing und durch ein Magazin mit einer Fotostrecke viktorianischer Häuser in St. Joseph blätterte. Trotzdem hat er sein Zuhause in New York nicht gleich verlassen. Erst nach den Anschlägen vom 11. September fiel die Entscheidung.

»Nicht dass die Anschläge an sich mich verängstigt hätten, aber ich wollte gerade ein Haus kaufen. Und einen Tag nach den Anschlägen stieg der Preis um 100 000 Dollar. Da hab ich gesagt, auf gar keinen Fall!«

Er recherchierte im Internet, suchte nach historischen Häusern und kam auf St. Joseph. Dann fiel ihm die Zeitschrift vom Flughafen wieder ein.

»Ich habe sie rausgeholt, eine Nummer am Ende des Artikels gewählt, niemals gedacht, dass sie noch funktioniert. Aber eine echte Person hat abgehoben, und acht Wochen später bin ich in mein Haus gezogen.«

Sechzehn Jahre ist das jetzt her. In dem Haus wohnt Jim noch immer, zusammen mit seinem Lebensgefährten. Die beiden bieten Touren durch ihr 130 Jahre altes Heim an und bekochen zahlende Gäste im plüschig eingerichteten Speisesaal.

»Wir wollten St. Joseph etwas zurückgeben in der Hoffnung, das Viertel hier aufzuwerten, wie es in vielen Städten überall im Land passiert ist.«

Ich bleibe einen Tag länger in St. Joseph als geplant. Wegen des Wetters. Denn am nächsten Morgen regnet es wieder. Und zwar so heftig, dass ich auf dem Fluss innerhalb von Minuten komplett durchnässt wäre, trotz vermeintlich wasserdichter Kleidung und Spritzdecke. Karte und Flussführer verheißen keine Möglichkeit für einen Unterschlupf auf den nächsten hundert Kilometern. Das nervt, weil ich eigentlich nach der Pause in Brownville gerne endlich weiterkommen will. Am Ende siegt trotzdem die Vernunft, und ich bleibe erst mal auf dem Gelände des örtlichen Bootsclubs.

»Wir Flussratten müssen doch zusammenhalten!«, hatte Vereinspräsident Tom bei meiner Ankunft gestern gesagt. So konnte ich mein Kajak über die Rampe zum Vereinsheim ziehen und mein Zelt auf der Wiese davor aufschlagen. Tom spendierte mir noch eine Schnitzelsemmel, und David lud mich später mit seiner Familie zum T-Bone-Steak ein, das er vor seinem Trailer gegrillt hatte. Auf dem Vereinsgelände gibt es ein paar Stellplätze für Wohnwagen von Mitgliedern, die jede freie Minute am Fluss verbringen, selbst wenn sie mal nicht auf dem Wasser sind. Den Abend lassen wir am Lagerfeuer ausklingen, bis die Moskitos mich wieder ins Zelt jagen.

Am nächsten Morgen ist die Sonne zurück, und mit ihr schwüle Hitze. Der Fluss ist noch schlammiger geworden, sein Wasser erinnert an einen dickflüssigen Schokoladenmilchshake, nur deutlich weniger appetitlich. Ich paddle bis Leavenworth, Kansas, knapp achtzig Kilometer von St. Joseph entfernt. Platzwart Charlie lässt mich kostenlos auf dem Campingplatz an der Bootsrampe zelten. Ich muss nur zehn Dollar Pfand für den Schlüssel zum Duschhäuschen hinterlegen. Larry und Carolyn besuchen mich, als ich mein Zelt am Hochufer aufbaue.

»Dürfen wir ein Foto machen?«

Die beiden sind Dauercamper, auch wenn man offiziell nur vierzehn Tage am Stück hier bleiben darf. Carolyn verbringt schon den zweiten Sommer hier.

»Mein Mann ist letztes Jahr verstorben. Nach seinem Tod bin ich in mein Wohnmobil gezogen.«

Larry ist Wanderarbeiter und haust in einem kleinen Zelt auf Carolyns Parzelle. Gleich dahinter verläuft die Eisenbahnlinie. Das macht die Nächte ziemlich unruhig, aber Larry hat sich an den Lärm gewöhnt: »Manchmal kann ich sogar durchschlafen.«

Er hält sich mit Gelegenheitsjobs über Wasser – Bauarbeiten, Fliesenlegen. Und wenn er abends nicht zu müde ist, fischt er nach *catfish*, mächtigen Welsen.

»Am besten beißen sie, wenn du sie mit Truthahnleber köderst«, erklärt er mir. »Hühnchenleber funktioniert nicht so gut und Rinderleber erst recht nicht. Aber Truthahn mögen sie aus irgendeinem Grund besonders gerne.«

Was der *walleye* für den Oberlauf des Missouri, ist der *catfish* für den Rest meiner Strecke. Auch auf dem Mississippi lockt er die Hobbyfischer zum Wasser.

Heute aber gibt es Pizza, zu der Larry mich einlädt.

»Mein Dad ist im Fluss ertrunken, als ich zehn war. Das Wasser war zu hoch.« Trotzdem zieht es ihn zum Fluss. »Er hat so viel Power. An der Oberfläche mag er ruhig wirken, aber die Strömungen darunter, der Sog, können verheerend sein.«

Deswegen will Carolyn erst gar nicht aufs Wasser.

»Zu viele schlechte Erinnerungen. Ein Freund hat seinen Truck darin versenkt. Er ist nie gefunden worden. Und dann war da noch ein Mann, der im Fluss ertrunken ist. Ich kannte seine Familie.«

Sosehr die meisten den Fluss verklären, sich seiner Faszination hingeben, sosehr verteufeln ihn manche. Er macht ihnen Angst, vor allem seine Allmacht und Unberechenbarkeit.

Auch vor der Kanalisierung des unteren Missouri im zwanzigsten Jahrhundert war der Fluss gefährlich und deutlich flacher. Er mäanderte, verzweigte sich, sein Bett war an vielen Stellen kilometerbreit. Navigation war schwierig, viele Schaufelraddampfer und Lastkähne strandeten auf Sandbänken. Gefürchtete *snags*, überspülte Baumstümpfe, rissen Lecks in den Bootsrumpf, und die Schiffe sanken innerhalb kürzester Zeit. So wie 1856 die *Arabia*.

»Hier vor uns sehen wir den Baumstamm, der die *Arabia* versenkt hat«, sagt Matt Hawley. Seiner Familie gehört das Arabia Steamboat Museum in Kansas City, der nächste Halt auf meiner Reise.

»Das ist im Missouri River immer wieder passiert. Natürliche Erosion ließ ganze Bäume mitsamt ihren Wurzeln in den Fluss stürzen. Die Wurzeln blieben am Grund stecken, und wenn Schiffe kamen, spießten sie sich regelrecht auf.«

Schuld am Schicksal der *Arabia* war also der Ahornbaum, vor dem wir in der Museumshalle gerade stehen. Vor dreißig Jahren hat Matts Vater das Schiff mit ein paar Freunden geborgen.

»Sie hatten die Geschichte der *Arabia* gehört, die über 200 Tonnen Güter für die Läden an der Grenze transportierte«, sagt Matt. »Kleider, Nahrungsmittel, Baustoffe, Medizin, alles, was man brauchte, um einen Winter zu überleben.«

Zum Glück kam damals niemand an Bord ums Leben, aber die gesamte Ladung war verloren. Mehr als 130 Jahre später wurde die *Arabia* schließlich aufgespürt, und im Winter 1988 wurde mit den Ausgrabungen begonnen. Der ganze geborgene Schatz befindet sich jetzt in dem privaten Museum in der Innenstadt von Kansas City.

Millionen von Einzelteilen mögen es sein, akribisch sortiert hinter Glasvitrinen und Schaufenstern. 4000 Schuhe, 30 000 Knöpfe und mehr als drei Millionen Glasperlen, mit denen früher gehandelt wurde. Und dann zeigt mir Jerry, der das Schiff gemeinsam mit Matts Vater ausgegraben hat, einen ganz besonderen Stift.

»Erkennst du den Namen? FABER.« Jerry deutet auf eine der Vitrinen. »Eines Tages habe ich eine Tour gegeben, bei der eine Frau sagte, ›A.W. Faber! Ich arbeite für die – in Berlin.‹ Sie hat mir dann ein Paket mit Informationen geschickt. Diesen Stift fertigen sie seit 1828, bis heute.«

Jerry hat auch die meisten der Lebensmittel probiert, die an Bord waren. Eingemachte Gurken, Rhabarber, Kirschen und Champagner, der nach mehr als 130 Jahren zwar keinen richtigen Geschmack mehr hatte, aber immer noch Kohlensäure enthielt.

»Schau mal, hier in der Vitrine haben wir ›Dr. Hofstaedters Magenbitter‹«, sagt Jerry und zieht mich zum nächsten Schaukasten. »Den haben wir analysieren lassen, 97 ½ Prozent sind Gin. Den haben sie mit gemahlenem Kaffee versetzt, gut durchgeschüttelt und dann behauptet, es seien Kräuter und Gewürze. Diese ›Medizin‹ wurde dann an die Damen verkauft, eineinhalb Tassen pro Dosis. Da mussten sie ganz schön oft nachfüllen.«

Wie viele Schiffe insgesamt im neunzehnten Jahrhundert im Missouri gesunken sind, weiß niemand so genau, aber es waren mit Sicherheit mehrere Hundert. Sie aufzuspüren ist gar nicht so einfach.

»Du verbringst viel Zeit in der Bücherei, forschst nach Hinweisen und musst dann all diese Informationen irgendwie zusammensetzen«, sagt Matt. »Bei der *Arabia* war es einfach, weil die Zeitungen von damals berichteten, dass sie zwischen Kansas City und Parkville gesunken war. Und als wir das Feld ausgemacht hatten, unter dem wir glaubten, dass sie liegen würde, dauerte es keine drei Stunden, bis Dad das Signal von den Kesseln empfangen hat.«

Matts Vater hat das Schiff mit einem Magnetometer aufgespürt, mit dem man Magnetfelder, die zum Beispiel von Metall ausgehen, messen kann. Dabei waren er und seine Partner weder Archäologen noch hatten sie sonst Erfahrung mit Ausgrabungen. Matts Familie betrieb ursprünglich eine kleine Firma für Heizungs- und Klimatechnik. Nach dem Fund sattelten sie um und eigneten sich im Lauf der Zeit immer mehr Kenntnisse über die Konservierung der wertvollen Fracht an.

Die meisten Wracks liegen längst nicht mehr im Fluss, der seinen Lauf seit dem neunzehnten Jahrhundert radikal verändert hat und schließlich vom Army Corps of Engineers in sein heutiges Bett gepfercht wurde. Mit Testbohrungen kann man die genaue Position eines Schiffs bestimmen, bevor mit den Ausgrabungen begonnen wird. Die *Arabia* lag mehr als zehn Meter unter der Erde in einem Feld, das Holz des Schiffes war weitgehend verrottet. Aber die gesamte Ladung hatte die Jahrzehnte nahezu unversehrt überstanden und musste nur noch gesäubert werden.

»Mit Gegenständen aus Weichmetall arbeiten wir am liebsten, also Kupfer, Zinn und Messing«, sagt Claire Peterson. »Die rosten nicht, sie werden nur matt. So wie diese Kupferschale.« Die junge Frau ist *preservationist*, reinigt und konserviert also die vielen Fundstücke in einem offenen Labor vor den Augen der Besucher. Eine wahre Sisyphusarbeit. Die Schale, die Claire mir zeigt, ist zur Hälfte gereinigt und glänzt in betörendem Kupfer. Die andere Hälfte sieht noch genauso matt und schwarz aus wie vor dreißig Jahren, als sie geborgen wurde. Volle acht Stunden hat es gedauert, um so weit zu kommen.

»Wir nutzen ein echtes Hightechwerkzeug. Einen Radiergummi«, scherzt Claire. »Den montieren wir auf einen Dremel und gehen damit immer wieder rauf und runter, bis die schöne, satte Farbe wieder durchkommt.«

Zehn bis fünfzehn Jahre wird es wohl mindestens noch dauern, bis alle Fundstücke sauber und konserviert sind. Und dann wartet schon das nächste Schiff. Denn Matts Familie hat vor einem Jahr die *Malta* gefunden. Ein Schaufelraddampfer, der 1841 im Missouri sank, an einer Stelle flussabwärts, die ich bald erreichen werde.

Noch eine Woche bis St. Louis und zum Mississippi. Die letzten Tage auf dem Missouri aber werden zäh, vor allem mental. Fast drei Monate bin ich inzwischen unterwegs, habe erlebt, wie der Fluss sich verändert hat, wie er gewachsen ist. Von der Quelle in den Bergen, wo er als übermütig sprudelnder Bach über die Felsen zu Tal stürzte, sich mit einem kleinen Flüsschen vereinte, zu einem ersten See gestaut wurde. Dann wieder frei fließen konnte, breiter, stärker wurde, ehe die riesigen Stauseen in der Prärie ihn ausbremsten. Und jetzt paddle ich auf seinem von Menschenhand entstellten Unterlauf vorbei an weiteren Lastkähnen, die stromaufwärts ziehen und das Wasser dabei ordentlich aufwirbeln.

Es ist heiß und windig. Noch immer fehlt mir der Spaß. Ich will es irgendwie hinter mich bringen. Meilen schrubben statt erleben. Fort Osage lasse ich deshalb rechts am Ufer liegen. William Clark hat es 1808 als Außenposten errichten lassen. Ein Teil wurde nachgebaut, mit Palisaden und Wachtürmchen.

Ich mache mir Vorwürfe, weil ich es immer noch nicht geschafft habe, mein Hadern und Zweifeln hinter mir zu lassen und den Fluss und die Reise gebührend zu würdigen, so wie ich es mir im Vorfeld fest vorgenommen hatte. Aber ich kann nicht aus meiner Haut. Am Ende sind es wieder die Menschen, die mich auffangen werden. So wie Jerico und Robin in Waverly. Robin erwartet mich schon. Kurz nachdem ich an der Bootsrampe angelegt habe, rollt er mit seinem Truck auf den Parkplatz. Norm hat ihm von mir erzählt. Jetzt feiern wir unterm kleinen Pavillon am Fluss seinen 64. Geburtstag. Robin schlürft ein Dosenbier, ich bekomme die Geschenke: ein T-Shirt und eine Neoprenhülle für Dosen, damit sie schön kalt bleiben. Beides mit dem Logo des Missouri Stream Team, einer gemeinnützigen Organisation, die sich um den Missouri und seine Wasserläufe kümmert, Müll einsammelt und mehr Menschen für Flüsse begeistern will. Robin und Jerico haben auch die anderen Missouripaddler dieses Jahres schon willkommen geheißen. Ehrensache. Mit Jerico, der später zu uns stößt, verabrede ich mich auch für den nächsten Tag bei Glasgow.

Über zehn Stunden brauche ich für die fast 110 Kilometer. Streckenrekord trotz brutalem Gegenwind und Wellen. Jerico empfängt mich mit Barbecue Brisket, Coleslaw und Eistee. Wir setzen uns an einen der Picknicktische auf dem fast leeren Campground am Ufer und beobachten, wie die Nacht sich auf den Fluss legt. Jericos Flussname ist *Paddlin' Gnome*, der Paddelzwerg. Langer weißer Bart, schwarze Hornbrille, Baseballkappe, schelmisches Grinsen, untersetzte Statur. Ja, passt.

»Würdest du dich als Flussratte bezeichnen?«, frage ich.

»Ja, würde ich. Obwohl ich mich eigentlich noch mehr als *riverbilly* sehe, ein *river hillbilly*.« Ursprünglich war *hillbilly* ein Schimpfwort, abfällig benutzt für die Hinterwäldler in den Appalachen. Heute bezeichnen sich viele dort selbst als *hillbillies*, stolz auf ihre Wurzeln und Kultur. So wie Jerico.

»Durch meine Adern fließt *muddy water*, wie wir hier sagen.«

»Und was bedeutet dir der Fluss?«

»Ich kann's nicht erklären, aber der Fluss hat was Magisches. Er hat sein Eigenleben. Und du triffst Leute, die du sonst nie kennengelernt hättest.«

Seinen Lebensunterhalt verdient Jerico mit dem Reparieren von Unfallautos, die er dann weiterverkauft.

»Das lässt mir genug Zeit, um auf dem Fluss zu sein.«

Am liebsten paddelt er eigentlich Wildwasser, der Missouri hat ihm erst mal Angst eingejagt.

»Ja, ich habe Flüsse mit Schwierigkeitsstufe fünf befahren, aber die Wassermassen des Missouri haben mich echt eingeschüchtert. Bis ich zum ersten Mal auf ihm war.«

Seitdem kann er nicht genug kriegen, hat mehrfach am MR 340 teilgenommen, einem Paddelrennen von Kansas City bis St. Charles, quer durch ganz Missouri, 550 Kilometer in maximal 88 Stunden. Einige Hundert Menschen machen jedes Jahr mit, nur zwei Drittel schaffen es ins Ziel bei St. Louis.

»Ich liebe den Missouri. Ich liebe es, an ihm zu sein. Ich liebe es, auf ihm zu paddeln. Er verändert dein Leben.«

Ich bin krank. Zum ersten Mal auf dieser Reise fühle ich mich nicht gut. Entweder lag's am Thaicurry oder am Wasser in Cooper's Landing gestern. Cooper's Landing ist eine Oase für Flussratten. Campground, Bar, Live Venue. Vor allem am Wochenende wird feuchtfröhlich gefeiert und musiziert. Viele Camper bleiben dauerhaft, leben in heruntergekommenen Wohnwagen. Wieder hat mich Jerico empfangen und

Elke vorgestellt, einer deutschen Ingenieurin, die schon lange in Amerika lebt. Sie hat mich zum Essen eingeladen, in die Thaibude neben dem Hauptgebäude von Cooper's. Anschließend habe ich in der vollgestellten Kabine neben der Küche, die gleichzeitig Toilette und Wäscheraum ist, noch geduscht. Obwohl ein handgeschriebenes Schild vor dem Trinkwasser warnte, habe ich einen kühlen Schluck genommen. Dafür muss ich jetzt wohl bezahlen. Es grummelt in meinem Bauch, ich fühle mich schwach, mich fröstelt. Immerhin verziehen sich die Regenwolken vom Morgen.

Zurück auf dem Fluss passiere ich steile Felsklippen am Ufer, kleine Siedlungen, Jefferson City, die Hauptstadt von Missouri. Hermann wurde von deutschen Aussiedlern im neunzehnten Jahrhundert gegründet und nach dem Cherusker, dessen mannshohe Statue unweit des Ufers am Ortseingang steht, benannt. Missouri Rhineland nennen sie die Region, weil's hier tatsächlich so hügelig-grün aussieht, und weil sie hier ähnlich erfolgreich wie am Rhein Wein anbauen.

»Du musst in den kleinen Gemeinden halten!«, hat Jerico mir noch geraten. Weil sie sich über Besuch freuen, den der Fluss zu ihnen bringt. Elise bestätigt das am nächsten Morgen. Sie ist die Bürgermeisterin der 400-Seelen-Gemeinde Chamois, wo ich die Nacht verbracht habe. Als sie mich neben der Bootsrampe entdeckt, unterbricht sie ihr Walking für einen kurzen Plausch. Der kleine Campingplatz mit nur einer Handvoll Stellplätzen ist angelegt worden, um Paddlern einen Platz für die Nacht zu bieten. Gleich nebenan befindet sich ein Park mit Grillmöglichkeiten, Baseballfeld und Duschhäuschen. Besser geht's nicht.

Auch in New Haven ist für Missouripaddler gesorgt, dank Lance und Gary. Die beiden sind Glasbläser und haben ein Studio mit Galerie im historischen Viertel am Fluss. Und weil sie selbst Missourikajaker sind, muss jeder Long-Distance-Paddler hier halten und darf eine Glaskugel blasen. Auch ich.

»Ich nehme ein bisschen Glas aus dem Ofen und rolle es am Tisch aus«, erklärt mir Gary. »Dann geht es noch mal zurück in den Ofen. Anschließend wälzen wir das Glas in der Farbe, die du ausgesucht hast. Ich mache daraus ein Muster, starte die Blase, und Lance wird dir dann zeigen, wie du das Ornament bläst, das wir zum Schluss versiegeln.«

Lance und Gary haben dieses Ritual letztes Jahr eingeführt, weil sie die Begegnungen mit den Long-Distance-Paddlern in ihrem Heimatort auf besondere Weise dokumentieren wollten. Die Glaskugeln werden anschließend aufgehängt, und die Paddler dürfen dann noch auf der Wand darunter unterschreiben.

»Wir wollen, dass New Haven als paddlerfreundliche Stadt in Erinnerung bleibt«, sagt Lance. »Wir würden unser letztes Hemd dafür geben. Wir spendieren Pizza, ein kaltes Bier. Wir tun alles dafür, damit ihr euch bei uns wohlfühlt.«

Lance und Gary haben sich auch darum gekümmert, dass unten am Hochufer kürzlich ein kleiner Campingplatz angelegt wurde, mit ein paar Tischen und Feuerstellen. Dort werde ich heute übernachten. New Haven ist ein nettes Städtchen, 2000 Einwohner, historische Backsteinhäuschen im Künstlerviertel hinterm Deich, auf dem ein Fußweg mit Laternen und Infotafeln zur Geschichte des Ortes angelegt ist. Vor ein paar Jahren noch war New Haven aber fast eine Geisterstadt.

»Wie in so vielen kleinen Orten mit einer Altstadt und kleinen Läden ging es den Bach runter, als die großen Kaufhausketten kamen«, sagt Gary. »Hier war man aber schlau genug, zu erkennen, dass ein Künstlerviertel nicht gegen Walmart konkurrieren muss, sondern unabhängig davon Erfolg haben kann.«

Deshalb sind Gary und Lance auch 2008 mit ihrem Geschäft vom Mississippi hierher an den Missouri gezogen und dann irgendwann Teil des River-Angel-Netzwerks geworden. Im nächsten Sommer wollen sie zurück auf den Missouri und von South Dakota nach New Haven paddeln. So lange freuen sie sich über jeden Paddler, den sie hier treffen.

»Es gibt diese Verbindung, fast wie bei einer Bruder- oder Schwesternschaft, mit der man etwas teilt, was sonst keiner versteht«, sagt Gary. »Das lässt sich nur schwer erklären. Man muss es einfach erleben. Wer auf den Fluss geht, wird überrascht sein. Wir lieben ihn. Und wer auf ihm reist, wird das auch tun.«

Wenn's nur so einfach wäre. Meine Schuldgefühle werden nach solchen Gesprächen natürlich nicht gerade kleiner. Ich fühle mich wie ein Versager, auch wenn ich fast 4000 Kilometer auf dem Missouri gepaddelt bin. Es sticht mir regelrecht ins Herz, weil ich das Gefühl habe, ich enttäusche die ganzen Flussratten, die mir stolz und mit glänzenden Augen von ihrem Fluss erzählen. Ich schäme mich, weil ich die Begeisterung einfach nicht nachvollziehen kann, so sehr ich mir das auch wünsche. Ich wollte bei dieser Reise alles richtig machen, von Anfang an. Schließlich ist das ja nicht meine erste, ich weiß, wie so was geht. Dachte ich. Und in den letzten Wochen musste ich immer wieder erkennen, dass ich gar nichts weiß. Der Fluss bestimmt, wo es wann hingeht. Aber statt das zu akzeptieren und loszulassen, versuche ich die Zügel weiterhin krampfhaft festzuhalten.

Ich habe den Missouri immer wieder mit dem Yukon verglichen, in den ich mich damals auf den ersten Blick verliebt hatte. Aber das ist unfair, der Yukon ist ein wilder Fluss, mit nur einem kleinen Stausee ganz am Anfang. Sonst kann er seit Jahrhunderten nahezu unverändert durch die Taiga ins Beringmeer strömen. Keine Abwasser, keine Kraftwerke, keine Chemiefirmen, keine Deiche. Was kann der Missouri dafür, dass er nicht mehr so ursprünglich fließen und dass man sein Wasser nicht mehr trinken kann? Schade dass mir diese Erkenntnisse erst jetzt kommen, eine Tagesetappe vor seiner Mündung in den Mississippi.

Mit jedem Paddelschlag werde ich melancholischer, bin mit mir und meinen düsteren Gedanken beschäftigt. Industrie am Ufer, Kraftwerke, Brücken. Ich nähere mich der Metropole St. Louis. Am späten Nachmittag erreiche ich am linken Ufer das große Kasino von St. Charles. Wie oft hatte ich mir ausgemalt, hier anzulanden und das All-you-can-eat-Büfett zu plündern. Stattdessen paddle ich weiter, über hundert Kilometer. Kurz nach Sonnenuntergang erreiche ich Pelican Island, deren zuverlässige Sandbank auch bei Hochwasser einen breiten Strand garantiert.

Jemand hat einen kleinen Kohlegrill stehen lassen, sicher absichtlich, damit andere Paddler und Bootsfahrer ihn bei Bedarf nutzen können. Doch auch heute Abend muss ich bald vor den Moskitos ins stickige Zelt flüchten, wo ich erst die Luftmatratze aufblase und mich dann um die zahlreichen Mücken kümmere, die mir beim Einsteigen gefolgt sind. Die Jagd nach ihnen wird schweißtreibend. Mit jeder Bewegung steigt die Temperatur im Zelt. Als auch die letzte Mücke erledigt ist, lasse ich mich klatschnass aufs Seideninlett fallen. Keine Brise, keine Abkühlung, bis zum Morgen.

Es ist der 1. September, am 3. Juni bin ich zur Quelle gelaufen. Drei Monate ist das fast her. Ein letztes Mal belade ich am Missouri mein Boot, stoße in sein braunes Wasser. Die weißen Milemarker an den Bäumen entlang des Ufers zählen die Meilen runter. Erst fünf, dann drei … noch immer keine Spur vom Mississippi. Zwei Meilen, noch eine, und dann endlich sehe ich die Mündung. Ich muss schlucken. Mir ist zum Heulen zumute. Unspektakulär öffnet sich der Missouri, und sein Wasser vermischt sich fast unmerklich mit dem ebenso braunen

Mississippi. Gegenüber am anderen Ufer erkenne ich den Eingang zum Chain-of-Rocks-Kanal, den die Lastkähne nutzen, um eine für sie unpassierbare Stufe im Fluss zu umschiffen. Einen Kilometer breit mag der Mississippi hier sein, mehr als doppelt so breit wie der Missouri, den ich nun endgültig hinter mir lassen muss. Ich quere auf die andere Seite. Nach ein paar Kilometern erreiche ich zwei Brücken. Über die erste verläuft die Autobahn, die zweite, ältere, trug früher die Route 66 über den Fluss und ist heute Fußgängern und Radfahrern vorbehalten. Gleich dahinter stehen zwei kleine Türmchen mitten im Mississippi. Ihre pittoreske Architektur lenkt von ihrem eigentlichen Zweck ab. Sie waren früher Teil der Wasseraufbereitungsanlage, in der das Flusswasser für die Bewohner von St. Louis gefiltert und gereinigt wurde. Dicht darauf folgt eine Stromschnelle. Die einzige im Mississippi, die sagenumwobene Steinkette der *Chain of Rocks*. Sie ist durch eine natürliche Erdfalte im Flussbett entstanden und später vom Army Corps mit Beton und Stahl vorübergehend schiffbar gemacht worden. Je nach Wasserstand gilt sie als lebensgefährlich, unbefahrbar, manchmal aber auch als kaum wahrnehmbar. Als ich sie erreiche, liegt sie irgendwo dazwischen. Soll ich es riskieren? Bob nimmt mir die Entscheidung ab. Auch er gehört zum Netzwerk der *river angels*. Robin in Waverly hat uns zusammengebracht. Bob erwartet mich schon am linken Ufer, unmittelbar vor der Steinkette. Wir entladen, packen das Boot auf sein Auto und fahren zu seinem Haus im Süden von St. Louis, wo seine Frau Lisa mich mit unfassbar süßen Leckereien verwöhnt.

Morgen will ich nicht gleich wieder ins Kajak steigen. Ich brauche eine Pause vom Fluss. Vielleicht kann ich den nächsten Abschnitt dann mehr genießen. 2000 Kilometer Mississippi bis zum Golf von Mexiko.

usbank

# KAPITEL 10

*»Morgens um vier Uhr konntest du den Sonnenaufgang über dem Mississippi beobachten. Und es gibt nur ein Wort dafür: zauberhaft! Zuerst ist da die inbrünstige Eloquenz der Stille, eine tiefgründige Lautlosigkeit brütet über allem. Dann weichen die schwarzen Mauern des Waldes einem Grau, und weite Abschnitte des Flusses offenbaren sich. Nicht der Hauch eines Windes, kein Rascheln der Blätter. Und das Wasser, glatt wie Glas. Geisterhaft kräuselt sich weißer Nebel. Wer das beobachtet, hat etwas gesehen, an das es sich zu erinnern lohnt.«*

So klingt frei übersetzt Mark Twains Liebeserklärung an den Mississippi in seinem Klassiker *Life on the Mississippi.* Was Jack London für den Yukon, ist Mark Twain für den Mississippi. Beide Schriftsteller haben mit ihren Werken einen Mythos geschaffen, der beide Flüsse unsterblich gemacht hat. Überall auf der Welt verbindet man mit dem Yukon und dem Mississippi sofort ganz bestimmte Bilder: Goldrausch, Wildnis, Alaska. Tom Sawyer, Huckleberry Finn, Schaufelraddampfer. Der Yukon hat mich schon immer stärker fasziniert und angezogen. Aber auf einem Floß auf dem *Ol'Man River* unterwegs zu sein, hätte schon auch seinen Reiz. Und dann die Musik! Jazz, Blues und Rock'n'Roll wurden am Mississippi geboren. Trotzdem hatte ich im Vorfeld kaum Erwartungen an ihn, dachte, er ist halt das nötige Übel, um zum Ziel am Golf von Mexiko zu kommen. Dreckig, dicht besiedelt, mit viel Verkehr. Anders als der Missouri, auf den ich mich wirklich gefreut hatte. Wieder einmal täusche ich mich.

Hannibal, die Mark-Twain-Stadt, liegt nördlich der Mündung des Missouri. Dort ist Samuel Clemens aufgewachsen. Seinen Künstlernamen Mark Twain fand er als Flussschiffer auf dem Mississippi, dessen Tiefe im neunzehnten Jahrhundert ständig kontrolliert werden musste. *Mark Twain* bedeutete damals zwei Faden, rund dreieinhalb Meter, also genug Wasser unterm Kiel. Als Kapitän pendelte Sam Clemens bis zum Ausbruch des Bürgerkriegs zwischen St. Louis und New Orleans. Das ist meine nächste Etappe, auf der ich endlich in den Fluss kommen will.

»Diese großen Flüsse sind chaotisch, unvorhersehbar, so wie das Leben«, sagt Big Muddy Mike, als ich mit ihm auf der Veranda seines Hauses in St. Louis sitze. Muddy Mike ist Lehrer, Guide und Flusslegende, an der keiner vorbeikommt, der auf dem Mississippi paddelt. Big Muddy Adventures heißt seine kleine Firma in St. Louis, die seit vielen Jahren geführte Touren auf dem Fluss organisiert. Für Kriegsveteranen, Unternehmen und vor allem Kinder, die sich durch Computer, Handys und soziale Medien immer weiter von der Natur entfremdet haben, wie Mike findet.

»Daraus resultieren Verhaltensstörungen. Und wenn wir Kinder, aber auch Erwachsene, raus auf den Fluss bringen, dann verbinden sie sich wieder mit etwas, das Teil der menschlichen Evolution ist. Wir brauchen die Verbindung zur Natur. Und der Fluss ist eine tolle Möglichkeit, sie wiederherzustellen.«

Ich wollte Muddy Mike treffen, um mir Tipps zu holen, bevor ich auf den Mississippi gehe und meine Reise fortsetze. Ich habe Respekt vor dem zweiten Teil meiner Reise. Denn auch wenn der Missouri der längste Fluss Nordamerikas ist, wirkt der Mississippi bei St. Louis, wo er in ihn mündet, mächtiger, geradezu Ehrfurcht gebietend. Wegen seiner Breite und vor allem wegen des Verkehrs. Er ist die Wasserstraße Amerikas, riesige Lastkähne und weiter unten im Delta Supertanker und ozeantaugliche Frachter, und sogar Kreuzfahrtschiffe sind auf ihm unterwegs. Mike kennt die Spielregeln. Fast jeden Tag verbringt er auf oder zumindest am Mississippi. Er weiß um seine Gefahren, aber auch um seine Faszination.

»Zu akzeptieren, dass bestimmte Dinge nicht kontrollierbar sind, ist hart für die Menschen im einundzwanzigsten Jahrhundert. Wir denken, wir sind die Herrscher des Universums, bis wir da draußen sind.«

Mike schlägt mir eine Route durch den Hafen von St. Louis vor, füllt selbst gemachten Eintopf in einen Kunststoffbehälter und übergibt ihn mir zusammen mit einer dicken, gut zehn Meter langen Kordel. Damit soll ich mein Kajak noch zusätzlich sichern. Zu viele Boote von vermeintlich erfahrenen Paddlern seien am Ufer schon von den Wellen der Schlepper erfasst und mitgerissen worden. Diese Peinlichkeit will ich mir unbedingt ersparen und nehme mir seine Worte zu Herzen.

Die Woche Pause hat gutgetan, aber jetzt fällt es mir noch schwerer, wieder aufzubrechen. Mike shuttelt mich zum Fluss. Der Regen der letzten Woche hat seinen Wasserpegel weiter ansteigen lassen. Die Straße zur Chain of Rocks ist wegen des Hochwassers gesperrt. Also müssen wir ans andere Ufer ausweichen, wo ein paar Männer gerade nach *catfish* angeln. Zwei haben schon angebissen und zappeln an einer dicken Leine im schlammigen Wasser. Ein nicht enden wollender Teppich aus

Treibholz schwimmt in Ufernähe vorbei. Zweige, Äste, ganze Bäume haben sich zu einem mehrere Hundert Meter langen Floß verhakt. Ich folge ihm bald, halte mich rechts am Ufer, manövriere durch noch mehr Treibholz Richtung St. Louis. Zunächst habe ich den Fluss für mich allein, ein paar Kilometer stromabwärts aber mündet der Chain-of-Rocks-Kanal zurück in den Mississippi und spuckt die riesigen Lastkähne wieder aus. Hier beginnt der Port of St. Louis, einer der geschäftigsten Häfen des Landes. Ich behalte nicht nur die Lastkähne im Auge. Viel gefährlicher sind die kleinen Schlepper, die mit ihren leistungsstarken Motoren tonnenschwere Container verschieben, blitzschnell den Fluss queren können und gewaltige Wellen aufwerfen. Hoffentlich sehen mich die Kapitäne rechtzeitig. Mein Tarnoutfit war vielleicht doch keine so gute Idee, braunes Holzboot auf schlammbraunem Fluss. Es wird ein unruhiger Ritt, an dem ich aber zunehmend Spaß finde. Ich pausiere mitten auf dem Fluss, um den Arch zu fotografieren, das monumentale Wahrzeichen von St. Louis. Der ikonenhafte, fast 200 Meter hohe Stahlbogen wurde in den 1960er-Jahren gebaut, um an die Rolle von St. Louis als Tor zum Westen zu erinnern. Heute ist er das Herzstück eines Nationalparks am Ufer des Mississippi und als patriotisches Fotomotiv wohl so bedeutend wie Mount Rushmore oder die Freiheitsstatue. Mir bleibt nur ein Moment des Innehaltens, dann muss ich mich wieder ganz auf den Fluss und seinen Schiffsverkehr konzentrieren. Zum Glück geht alles gut, nach knapp dreißig Kilometern und drei Stunden lasse ich den Hafen hinter mir und schippere wieder in ruhigere Gewässer. Am linken Ufer liegt jetzt Illinois. Irgendwo hinter den Uferwäldern befindet sich Cahokia, die einst größte Stadt am Mississippi. Mehr als 10 000 Menschen sollen hier während der Hochphase der Mississippian Culture im dreizehnten Jahrhundert gelebt haben. Lange vor der Ankunft der ersten Europäer aber wurde Cahokia verlassen. Heute zeugen noch rund achtzig Erdhügel von der Hochkultur der Ureinwohner am Zusammenfluss von Missouri, Mississippi und Illinois River.

Am Nachmittag entdecke ich auf der gleichen Flussseite einen kleinen gelben Uferstreifen und quere sofort, um von der starken Strömung nicht zu weit abgetrieben zu werden. Nach ein paar Minuten schaffe ich es gerade noch rechtzeitig ins Kehrwasser und kann mein Glück kaum fassen. Ein fünf Meter breiter Strand mit feinstem Sand, trotz Hochwasser! Und das Ufer ist hoch genug, dass auch ein über Nacht steigender Wasserpegel mir nichts anhaben könnte. Hoffentlich. Ich steige aus, setze mich auf die Abbruchkante, nehme mir einen Apfel aus der Proviantluke und beiße genüsslich hinein. So hatte ich mir das vorgestellt. Ein perfektes Camp nach einem perfekten Tag mit perfektem Wetter und guter Strömung. Ich entlade das Boot, stelle das Zelt auf und erhitze auf dem Campingkocher den leckeren Eintopf von Mike. Als die Sonne untergeht, kommen wieder die Mücken. Aber dieses Mal wird es gleichzeitig angenehm kühl. In Vorfreude auf eine erholsame Nacht krieche ich glücklich in meinen Schlafsack.

Dichter Nebel verhüllt am nächsten Morgen den Fluss. Muddy Mike sagte, dass es jetzt, im Spätsommer und im Herbst gerade morgens wegen der Sicht gefährlich auf dem Fluss werden kann. Also genieße ich das magische Schauspiel der wabernden Schwaden. Erst sind sie vollkommen und undurchdringlich. Im nächsten Augenblick aber reißen sie auf und geben für kurze Momente den Blick frei auf die schemenhaften Bäume am anderen Ufer, die die aufgehende Sonne in warmes Licht taucht. Gegen zehn Uhr hat sie sich weitgehend durchgesetzt, und ich kann starten. Der Schiffskanal lässt sich jetzt klar überblicken. Rote Kegelbojen markieren seinen linken Rand, grüne den rechten. Im Hochwasser tauchen sie manchmal minutenlang unter, um dann plötzlich wieder an die Oberfläche zu poppen. Ich halte mich meist weit außen, um den Lastkähnen nicht in die Quere zu kommen. Gerade wenn sie stromaufwärts fahren und schwer beladen sind, sorgen ihre Schiffsschrauben für bis zu zwei Meter hohe Monsterwellen, die mich ordentlich durchschaukeln und von den Ufern minutenlang reflektiert werden. Vor allem Getreide, Zement, Kohle und Treibstoff werden auf dem Fluss transportiert, in zwanzig, dreißig Meter langen, schwimmenden *barges* aus Stahl, die ein Schlepper vor sich her schiebt. Im deutschen Schiffsjargon werden sie »Leichter« genannt. Der größte Verband dieser Art, der an mir vorbeizieht, besteht aus sieben mal sieben miteinander fixierten *barges*. Insgesamt sind das also unvorstellbare 49 Schwimmcontainer, die im Schneckentempo stromaufwärts geschoben werden. Fünf, maximal sechs Kilometer schaffen diese Riesenverbände in der Stunde. Entschleunigung im sonst so hektischen, von Zeitdruck getriebenen Transportwesen. Da braucht man als Kapitän Geduld. Und Fingerspitzengefühl. Viele Brücken über den Mississippi sind vor fast hundert Jahren gebaut worden, als die Lastkähne deutlich kleiner und leistungsschwächer waren. Für die großen Schleppverbände heute können sie ein gefährliches Hindernis sein. Die meisten Schiffe gehören zu großen Flotten verschiedener Transportfirmen, deren Zentralen ständig mit den Kapitänen in Kontakt stehen, bei der Logistik helfen, Wasserstände durchgeben und vor Gefahren warnen. Computermonitore geben Auskunft über die aktuelle Position von Dutzenden von Schiffen, die sich gleichzeitig in einem bestimmten Flussabschnitt befinden. Auch die Kapitäne stehen miteinander über Funk in Verbindung. Theoretisch könnte ich mich mit einem speziellen *marine radio* einklinken und mich mit ihnen absprechen, bevor ich zum Beispiel den Fluss quere oder durch einen geschäftigen Hafen paddle. Ich verzichte darauf. Das Handy stresst mich schon genug.

Die Tage werden nun merklich kürzer. Gegen neunzehn Uhr geht die Sonne unter. Da bleiben mir kaum mehr als acht Stunden auf dem Fluss, bevor ich mich nach einem Camp umschauen muss. Auch wenn der Wasserstand leicht gefallen ist, kann ich gelegentlich vom Hauptkanal abweichen und in einen *chute* abbiegen, einen kurzen Seitenarm um eine lange Insel. Der Eingang ist meist durch einen Damm im Fluss verblockt, noch aber überspülen die Wassermassen das Hindernis und sorgen für wirre Strömungen kurz dahinter. Der schmale Kanal, der durch dichte Uferwälder führt, wirkt wie aus einer anderen Welt, beschaulich und unverändert seit Huck Finn. Einmal werde ich kurz vor der Rückkehr in den Hauptstrom von einem Wehr überrascht. Bedrohlich lautes Rauschen kündigt die Stufe an. Nirgendwo ein sicherer Platz zum Anlanden. Ich riskiere es, rutsche bestimmt einen Meter in die Tiefe und werde von einer Wasserwalze geduscht. Aber das Boot bleibt stabil und unbeschädigt. Trotzdem nehme ich mir danach vor, die *chutes* zu meiden, um kein Risiko einzugehen. Der Schock nach dem Unfall auf dem Jefferson River am Anfang der Reise sitzt zu tief.

»Was zum Teufel machst du da?«

Der Mann scheint sichtlich echauffiert. Wahrscheinlich weil ich ein *trespasser* bin, ein Eindringling, der unbefugt Privatland betreten hat. Aber der Strand war einfach zu verlockend. Um die Situation zu entschärfen, laufe ich den Sandhang hinauf zu dem Quad, von dem der Mann inzwischen abgestiegen ist und sich gerade imposant daneben positioniert hat. Typ Wrestler, ein Berg aus Fleisch, kahl geschorener Kopf.

»Ich weiß, dass du ein erwachsener Mann bist, aber in dem Hochwasser hast du nichts verloren!«, sagt er jetzt. Und das ist erst der Anfang einer der erfreulichsten Begegnungen am Fluss. Als ich ihn frage, ob ich irgendwo Wasser auffüllen kann, kauft er mir vier Gallonen, fährt mich zu sich nach Hause, wo ich duschen darf, steckt mir zwei Pakete *deer sausage* zu und lässt mich mein Handy in seinem Truck aufladen. Zum Abschied schenkt Randy mir noch seinen nagelneuen *life straw*, einen handlichen Wasserfilter für Notfälle. »Es ist mir eine Ehre!«, sagt er. Und natürlich lässt er mich auf dem Land zelten, an dem ich vorhin angelandet bin. Ich stelle mein Zelt auf eine Ebene unter Bäumen, weit oberhalb vom Fluss, und muss beim Einschlafen an das Ehedrama denken, von dem mir Randy noch erzählt hat, bevor er mit seinem Truck abgedüst ist. Ein Mann soll vor ein paar Jahren seine Frau auf der anderen Flussseite ermordet haben, dann mit einem Boot hierher geschippert sein und sie verscharrt haben, keine dreißig Meter von meinem Zeltplatz. Zwei morsche, mit verrostetem Draht zusammengehaltene Holzpfosten markieren das Grab. *Creepy*.

Am nächsten Morgen passiere ich Cape Girardeau auf der Missouri-Seite. Eine wulstige, meterdicke Betonmauer trennt die kleine Stadt vom Fluss: Hochwasserschutz. Um der grauen Wand ihr Gefängnisflair zu nehmen, wurden Künstler engagiert, die bunte *murals* auf den Beton gemalt haben. Sie zeigen insgesamt vierundzwanzig historische Motive und Szenen von der Zeit der Ureinwohner bis in die Gegenwart. Auch andere Städte an Amerikas großen Flüssen haben ihre Hochwassermauern so verzieren lassen. In Paducah, Kentucky, am Ohio River habe ich mich mal mit einem Maler darüber unterhalten. Bis zu einem Monat lang arbeiten die Künstler an einem Motiv, jeden Tag von morgens bis abends. Wenn die UV-Strahlen der Sonne die Farbe über die Jahre zu sehr geschädigt haben, müssen sie erneuert werden.

Die Mündung des Ohio in den Mississippi erreiche ich einen Tag später. Der Fluss verdoppelt hier seine Breite. Bis zu zwei Kilometer liegen die Ufer nun auseinander, und ich komme mir noch kleiner vor als ohnehin schon. Bald aber gewöhne ich mich an die neuen Dimensionen und genieße das zügige Vorankommen. Ich muss mir um nichts Sorgen machen. Das Wetter ist prima, und gute Camps gibt es plötzlich zu Hauf. Ab jetzt kann ich auch die detaillierten Karten des Army Corps of Engineers nutzen, die ich mir nach St. Louis habe schicken lassen. Ein dickes Buch in Übergröße, fast DIN A3. Ich trenne die Übersichten heraus und kann mich damit bestens orientieren. Leider fehlen Hinweise auf Campingplätze und Trinkwasserstellen. Das hat Vor- und Nachteile. Zwar weiß ich im Vorfeld nur selten, wo ich mich neu versorgen kann, denn interessanterweise liegen deutlich weniger Städte am Mississippi als am Missouri. Die Angst vor dem Hochwasser hat sie weit weg vom Fluss gedrängt, hinter den rund tausend Meilen langen Deich, der sich bis kurz vorm Golf zwischen Wasser und Hinterland erstreckt. Auf der anderen Seite gibt es damit aber auch eigentlich kein Ziel mehr, das ich erreichen muss. Das verändert die Reise. War ich auf dem Missouri eigentlich ständig angespannt, genervt und unzufrieden, weil mir die Freude am Fluss fehlte, staune ich nun über den Mississippi. Ich muss an Muddy Mikes Worte denken. Der Fluss ist stärker, wir müssen uns seiner Macht ergeben. Auf dem Missouri ist mir das irgendwie nie gelungen, ich war ein Kontrollfreak. Jetzt kann ich loslassen, der Fluss trägt mich, und selbst die vielen *barges* bringen Spaß. Heute waren es zwanzig, die mich passiert haben. Jedes Mal gibt es einen Adrenalinkick, der die Sinne schärft und mich immer sicherer durch die Wogen manövrieren lässt. Ich fühle mich wach und lebendig.

Mein Tagesablauf hat sich ebenfalls verändert. Ich starte meist zwischen acht und neun Uhr, also gut zwei Stunden früher als am Anfang der Reise. Ab sechzehn Uhr halte ich nach Camps Ausschau und finde zuverlässig einen Sandstrand. Mal ist er nur schmal, und ich muss mit dem Ersatzpaddel erst eine halbwegs ebene Fläche fürs Zelt schaufeln. Meist aber finde ich eine große Insel mit jeder Menge Platz. Wenn es geht, hieve ich das voll beladene Boot im Wasser auf die Lastkarre und ziehe es so weit an Land, bis die Räder sich im Sand festfressen. Ich entlade nur das Nötigste, wasche mich im Fluss, koche mir einen Topf Pasta und löffle im Campingstuhl mein Dinner, mit den Füßen im warmen Sand. In Ufernähe treiben mehrere Dutzend Nashornpelikane vorbei. Schneeweiß, mit schwarzen Rändern an den Flügeln, deren Spannweite bis zu drei Meter betragen kann. In der Paarungszeit wächst ihnen einen Höcker auf dem orangegelben Schnabel, daher ihr Name. Sie zählen zu den größten Vögeln Nordamerikas, und kaum eine andere Art gleitet so elegant durch die Lüfte. Allmählich machen sie sich aus den Brutgebieten weit im Norden Richtung Süden auf, zum Golf von Mexiko, wo viele überwintern.

Mit dem Aufbau des Zeltes warte ich meist bis kurz vor Sonnenuntergang in der Hoffnung, dass sich die Luft darin dann nicht zu sehr aufheizt. Und wenn die Mücken kommen, pünktlich um 19.30 Uhr, flüchte ich. Im Zelt höre ich mit Kopfhörern Radio, irgendein lokaler Countrysender findet sich fast immer. Dann lese ich noch eine Weile. Johnny Cashs Autobiografie habe ich längst ausgelesen, aber in Vermillion, South Dakota, hat mir ein Flussengel ein interessantes Taschenbuch gegeben. Der Autor ist ein Journalist, der zu verschiedenen Plätzen auf der Erde gereist ist, um zu beschreiben, wie sich unser Planet erneuern wird, wenn wir ihn so weit zerschunden haben, dass er nicht mehr bewohnbar ist, und wir selbst verschwunden sind. Gegen 21 Uhr schlafe ich ein, sofern mich die apokalyptischen Schilderungen und die schwüle Hitze der Nacht zur Ruhe kommen lassen. Seit meiner Abfahrt aus St. Louis vor fast einer Woche habe ich noch keine einzige Bootsrampe nutzen müssen, war noch in keiner Ortschaft. Es gibt nur den Fluss und mich, wie auf dem Yukon. Vielleicht war also tatsächlich die nächtliche Distanz zum Missouri, selbst gewählt oder durch das Hochwasser erzwungen, schuld an meiner Misere. Bin ich jetzt endlich im Fluss?

Illinois wird für kurze Zeit von Kentucky abgelöst, ehe ich am linken Ufer Tennessee erreiche. Bei Caruthersville fotografiere ich die Brücke, über die ich 2013 während meiner Durchquerung Amerikas auf dem Rad gefahren war. Damals hatte ich von ihr hinabfotografiert, einen voll beladenen Lastkahn im Mississippi.

Und dann verlasse ich Missouri, Arkansas liegt von nun an am rechten Ufer. Der Rauch der Waldbrände aus Kanada wird mit dem Nordwind selbst bis hierher ins Delta getragen und erschwert zusammen mit dem Dunst der feuchten Luft die Sicht auf dem Fluss, vor allem im Gegenlicht. Dafür helfen die Farben. Weiß bedeutet Führerhaus einer *barge*, Gelb bedeutet Sandstrand. Viel mehr muss ich nicht wissen. *Life is simple*.

Der feine Sand und noch mehr die Sedimente im Flusswasser machen der Ausrüstung zu schaffen. Vor allem die Reißverschlüsse leiden. Erst haken sie, dann geben sie ganz auf. Meine kleine Netztasche auf der Spritzdecke kann ich so nicht mehr nutzen. Das ist zwar ärgerlich, aber verschmerzbar. Ich hatte Mückenschutz, Fettstift mit Sonnenschutz für die Lippen und eine Leine fürs zusätzliche Sichern des Kajaks darin verpackt. Das muss jetzt alles in die Decktasche, deren Reißverschluss aber auf einer Seite ebenfalls schon nicht mehr richtig schließt. Sollte es doch mal wieder regnen, wäre der gesamte Inhalt schnell durchnässt. Fernglas, Kompass, GPS-Gerät, Stirnlampe, Leatherman, langärmeliges T-Shirt, Sonnenschutz und Proviant. Zum Glück sind die Wetteraussichten auch für die nächsten Tage bestens.

»Der Mississippi River wird total ignoriert, weil er einen schlechten Ruf hat«, sagt Dale Sanders. Ich treffe ihn an der Marina des Jachtclubs von Memphis. »Dabei ist er in Wahrheit einer der besten Orte, um Natur zu erleben, Tiere zu beobachten und zu fischen.«

Dale muss es wissen. Er hat ihn komplett befahren, von der Quelle bis zur Mündung. Vor drei Jahren war das, zu seinem achtzigsten Geburtstag. Genau achtzig Tage hat er dafür gebraucht. Und das ist nicht seine einzige Mammutleistung. 2017 ist er als ältester Hiker den gesamten Appalachian Trail gelaufen, 3500 Kilometer von Georgia bis Maine. In Outdoorkreisen ist er der *Greybeard Adventurer* – Vorbild und Inspiration. Er trägt eine Kappe mit seinem eigenen Greybeard-Logo. Der Rauschebart, der mittlerweile mehr weiß als grau ist, und seine langen weißen Haare, die zu einem Zopf gebunden sind, erinnern an eine Mischung aus Santa Claus und Gandalf, dem weisen Magier aus *Herr der Ringe*.

»Ich hatte mein Selbstvertrauen verloren, weil ich alt wurde. Aber der Mississippi hat es mir zurückgegeben«, sagt er. Um sich zu revanchieren, hilft er jetzt den Mississippipaddlern, die durch Memphis kommen. Das sind in manchen Sommern mehr als hundert.

»Ich und zwei, drei andere *river angels* lesen sie hier auf, und wir kümmern uns um sie«, sagt er. »Damit sie was zu essen bekommen, ihre Kleider waschen können und einen Platz für die Nacht haben.«

So spannend der Gedanke ist, eine Metropole aus eigener Kraft auf dem Wasser zu erreichen, so kompliziert stellt sich die Realität meist dar. Selbst das Anlanden ist oftmals schon eine Herausforderung. Nicht überall geht das so leicht wie in Memphis, wo der Jachtclub in einem ruhigen Seitenarm des Mississippi Bootsrampe und Dock bietet. Dort kann man auch kostenlos und sicher das Boot über Nacht lassen. Teure Hotels in Downtown sind zu Fuß erreichbar, für den Einkauf aber bräuchte man in jedem Fall ein Auto. Mich stresst das. Kleine Städtchen gefallen mir besser. Alles liegt näher beieinander, und man muss auch nicht jede Minute um sein Boot und die Ausrüstung fürchten, wenn man Erledigungen machen oder das Umland erkunden will.

Ich bin von Montana nach Memphis gepaddelt! Elvis' Heimatstadt! Graceland ist ein bisschen zu weit vom Fluss entfernt, außerdem habe ich dem King schon bei anderen Reisen meine Aufwartung gemacht. Aber zum legendären Sun Studio könnte ich laufen. Der zweistöckige Backsteinbau liegt an der Union Avenue, nur zwei Kilometer vom Mississippi entfernt.

Am 5. Juli 1954 hat Sam Phillips hier zusammen mit Elvis *That's alright, Mama* aufgenommen und damit die Musikwelt für immer verändert.

»Wenn du durch die Scheibe rechts von mir schaust, siehst du genau das, was Sam gesehen hat, als er die Welt erschüttert hat«, sagt Nick Redmond, als ich ihn im Schaltraum des Sun Studios besuche.

*That's alright, Mama* war die erste Single von Elvis, die veröffentlicht wurde. Für viele die Geburtsstunde des Rock 'n' Roll, auch wenn die Karriere von Elvis erst ein Jahr später durch die Decke ging, nachdem er von Sun Records zu RCA gewechselt war. Fast zeitgleich entdeckte Sam Phillips hier noch andere Musiker, die ebenfalls zu Legenden wurden: Johnny Cash, Carl Perkins, Jerry Lee Lewis und Roy Orbison nahmen ihre ersten Songs alle in dem schlichten Studioraum vor unseren Augen auf.

»Wir versuchen, hier noch immer alles so zu machen, wie Sam es getan hätte«, sagt Nick. »Das ist nicht einfach, weil die alte Technik mittlerweile ziemlich anfällig und schwer instand zu halten ist. Aber wir haben immer noch Sams Mischpult, nicht exakt dasselbe, aber das gleiche Modell. Die RCA 77 und 44 Ribbon Mikros stammen aus dieser Zeit. Das Gleiche gilt für die Tonbandmaschinen. Und wir nehmen noch immer in Mono auf. Wenn du Stereo willst, musst du woandershin.«

Nick arbeitet seit Jahren für *Sun*, erst als Tourguide, jetzt kümmert er sich vor allem um das Studio selbst, in dem noch immer Platten aufgenommen werden. Zwischenzeitlich wurden hier Autoteile verkauft, der Raum war Wäscherei, Tauchladen, Friseursalon. Bis das Gebäude in den Achtzigern wieder zu dem wurde, was es zum Geburtsort des Rock 'n' Roll machte – ein Tonstudio. Der Raum ist rechteckig und kaum größer als zwei Wohnzimmer. Linoleumboden, weiß getünchte Wände, an denen keine dicken Schaumstoffpolster zur Isolation hängen, sondern gerahmte Schwarz-Weiß-Fotos, vor allem von Elvis, und das berühmte Bild vom Million Dollar Quartett, das ein Zeitungsfotograf 1956 hier während einer Jamsession schoss: Elvis am Klavier, dem Jerry Lee Lewis, Carl Perkins und Johnny Cash über die Schulter schauen.

Der Wunsch, einmal dort zu stehen, wo Elvis einst stand, macht das Sun Studio für viele Fans zur Pilgerstätte. Aber auch Musiker zieht der Ort wieder an, und das zu erstaunlich erschwinglichen Preisen.

»Zurzeit kostet die Stunde 200 Dollar inklusive Toningenieur. Normalerweise haben wir ein Fünfstundenminimum«, sagt Nick. »Viele fragen, warum so billig für den Geburtsort des Rock 'n' Roll. Ehrlich gesagt, weil wir euch lieben! Das Letzte, was wir wollen, ist, ein Talent abzuschrecken, indem wir den Preis erhöhen, damit wir uns über Wasser halten können.«

Das Café nebenan, das in den Fünfzigern *Tailor's Restaurant* war, in dem die Musiker abhingen, wenn sie eine Pause machten, ist inkludiert. Das können die Künstler während der Aufnahmesession als Aufenthaltsraum nutzen. Und eine geführte Tour durch die legendären Räumlichkeiten ist ebenfalls im Preis inbegriffen.

»Du kriegst also eine Menge für dein Geld und hast eine unvergessliche Zeit«, sagt Nick. »Was immer du in diesem Raum anstellst, es gehört dir!«

Nicht nur Amateure und Nachwuchsbands mieten sich bei Sun ein, auch große Namen wie U2, Def Leppard und Chris Isaak haben in den letzten Jahrzehnten seit der Wiedereröffnung in dem sagenumwobenen Studioraum aufgenommen.

»Es gab einen legendären Produzenten in Memphis, sein Name war Jim Dickinson«, erzählt Nick. »Der hat mal gesagt: Alles, was du als Toningenieur tun musst, ist, dich hinsetzen und warten, dass Gott durch den Raum schreitet. Wenn das stimmt, dann kann ich dir versichern, dass Gott seine freie Zeit meistens hier verbringt.«

Nette Anekdote. Macht Lust auf mehr Memphis. Aber es zieht mich auch zurück auf den Fluss. Dale hilft mir noch beim Einkauf und fährt mich zu einem der kultigen Barbecuerestaurants, für die die Stadt mindestens so berühmt ist wie für ihre Musik. Ich bestelle Pulled Pork mit Coleslaw, mein absoluter Favorit.

»Bist du schon von einem Karpfen angesprungen worden?«, fragt Dale beim Essen.

»Zum Glück nicht«, sage ich. Horrorgeschichten über die springenden Karpfen aber habe ich jede Menge gehört.

»Die können dich ausknocken«, sagt Dale.

Im Internet kursieren zahlreiche Videos von Karpfen, die, von Motorbooten aufgeschreckt, meterhoch springen. Manche Exemplare wiegen mehr als vierzig Kilo. Klar, dass Prellungen dann noch die harmloseren Folgen sind, wenn sie dich treffen.

Nach dem Essen bringt Dale mich zurück zur Marina. Meine Unterschrift auf seiner *Wall of Fame* schieben wir bis nach der Reise auf. Die Wände der Treppe zum Gästezimmer seines großen Hauses in einem der Vororte von Memphis sind voll mit Signaturen der Long-Distance-Paddler. Seine Frau hatte die Idee, um die vielen Begegnungen irgendwie festzuhalten.

»Ich respektiere den Mississippi, aber ich fürchte ihn nicht«, sagt Dale zum Abschied. »Er ist großartige Wildnis mitten in Amerika. Du kannst manchmal Hunderte von Meilen paddeln, ohne jemand anderen zu sehen.«

Das stimmt. Auch wenn auf ihm zahlreiche Schiffe verkehren, wirkt der Mississippi einsamer und wilder, als ich mir das vorgestellt hätte. Eine gute Woche bin ich jetzt auf ihm unterwegs und habe tatsächlich noch keinen anderen Paddler und erst zwei Fischer in einem kleinen Boot getroffen.

Gegenüber der Marina des Jachtclubs docken die Schaufelraddampfer für die Touristen an. Manche für Tagesausflüge, andere für längere Kreuzfahrten. Im letzten Jahr habe ich hier den Kapitän der *American Queen* treffen können. Sie ist der größte Schaufelraddampfer, der jemals gebaut wurde. 130 Meter lang, 30 Meter breit, mehr als 220 Kabinen für 436 Passagiere und 160 Crewmitglieder. Plüschige Einrichtung und modernste Technik.

»Jemand hat mal gesagt, sie ist wie das Ritz Carlton, nur auf dem Wasser«, erzählte mir Bobbi Duncan damals. »Alles ist luxuriös, elegant und authentisch. Sie nimmt dich mit in eine vergangene Zeit.«

Und zwar in die von Mark Twain, in die Mitte des neunzehnten Jahrhunderts, als der Mississippi seinen ersten Boom erlebte und die Schaufelraddampfer durch den *Ol' Man River* pflügten und das Bild prägten. Bald würde die *American Queen* ablegen, mit Kurs auf New Orleans, gut tausend Flusskilometer stromabwärts. Neun Tage braucht sie dafür, mit vielen Stopps in den Städtchen unterwegs. Das kann mitunter eine echte Herausforderung sein.

»Hochwasser, Niedrigwasser und der Verkehr machen die Navigation manchmal schwierig. Das Boot ist einfach so riesig«, sagte Captain Bobby. »Wir müssen mit der Höhe bei Brücken aufpassen, besonders wenn das Wasser steigt. Letztes Jahr im Oktober saßen wir mal auf dem Oberen Mississippi wegen Hochwassers fest und konnten nicht weiter. Eigentlich hätten wir in St. Louis Passagiere aufnehmen sollen. Stattdessen sind wir zwei Wochen zwischen Red Wing, Minnesota und Prairie du Chien, Wisconsin, gependelt. Und als wir dann endlich die letzte Brücke mitten in der Nacht passieren konnten, hatten wir gerade mal zweieinhalb Zentimeter Platz.«

Die Harakiri-Fahrten von einst aber, als die Dampfschifffahrt auf dem Mississippi gerade begann und der Fluss weniger reguliert und flacher war, sind Geschichte. Dank Echolot weiß Captain Bobby immer, wie tief der Fluss ist. GPS-Gerät und Radar verraten die Position der anderen Schiffe, mit denen sich die *American Queen* den Mississippi teilt. Im Maschinenraum unter Deck kontrolliert Offizier Marc im Blaumann über Monitore den Betrieb und vor allem die Funktion der Dampfmaschine.

»Das ist ein klassischer Dampfmotor, Stand 1932«, erklärte er mir. »Das Beste und Modernste an Dampfmaschinentechnologie, bevor nach dem Zweiten Weltkrieg alles auf Diesel umgestellt wurde.«

Siebenhundertfünfzig PS hat der Motor, der ursprünglich in einem Schwimmbagger verbaut war, vor fast neunzig Jahren, als die Schleusen des oberen Mississippi gebaut wurden. Maximal elf Meilen in der Stunde schafft Marc damit, wenn die Hilfsmotoren, mit denen auch manövriert wird, zusätzlich laufen. Knapp achtzehn Kilometer pro Stunde, ohne Strömung und Wind. Marc stammt aus Minnesota, wo der Mississippi seinen Ursprung hat. Er kennt den Fluss in seiner gesamten Länge.

»Wo gefällt es dir am Mississippi am besten?«, wollte ich deshalb von ihm wissen.

»Als ich das erste Mal in New Orleans war und wir angelegt haben, konnte ich Algiers Point sehen, die tiefste Stelle im Fluss«, sagte er. »Und ich dachte, du meine Güte, der Fluss ist hier sechzig Meter tief. Und ich komme aus einem Staat, wo man ihn am Lake Itasca durchwaten kann.«

Irgendwann will ich da auch noch hin, zum Lake Itasca, der Quelle des Mississippi. Bevor ich mich für den Missouri entschied, hatte ich sogar überlegt, erst mal den Mississippi komplett zu befahren. Das wäre doch ein hübscher Plan fürs nächste Mal. Dann könnte ich meine Trilogie über die drei längsten Flüsse Amerikas abschließen. Obwohl meine Reise noch gar nicht zu Ende ist, schmiede ich schon Pläne für die nächste. Hoffentlich ein gutes Zeichen.

# KAPITEL 11

Keine andere Region am Fluss ist so bedeutend für Amerika und die Welt wie das Mississippidelta. Nicht zu verwechseln mit dem Mississippi-Riverdelta, mit dem das große Mündungsgebiet am Golf von Mexiko in Louisiana gemeint ist. Das ist zwar auch wichtig wegen seiner Artenvielfalt und logistischen Rolle für den Schiffsverkehr. Aber das Delta, durch das ich jetzt paddle, hat über Generationen den Ton im Süden angegeben, nicht nur musikalisch. Gemeint ist der gut 300 Kilometer lange und bis zu 150 Kilometer breite Landstrich im Nordwesten des Bundesstaates Mississippi zwischen Mississippi River und Yazoo River, der bei Vicksburg in ihn mündet. Memphis im Südwesten von Tennessee und Teile von Arkansas und Louisiana am anderen Ufer werden gemeinhin dazugezählt, weil sie kulturgeschichtlich ähnliche Entwicklungen durchgemacht haben, und noch mehr, weil sie den gleichen Boden besitzen. Die Erde im Delta ist die fruchtbarste im ganzen Land, vielleicht auf der ganzen Welt. Mit seinen Hochwassern hat der Mississippi über Tausende von Jahren immer wieder extrem nährstoffreiche Sedimente verteilt, viele Meter dick. Die wollten die Baumwollbarone des neunzehnten Jahrhunderts nutzen. Ihr Imperium war allerdings stets ein filigranes Konstrukt, bedroht von katastrophalen Überschwemmungen und Rassenkonflikten, auch und gerade nach dem Ende des Bürgerkriegs. Den Großteil der Feldarbeit leisteten Afroamerikaner, deren Vorfahren vor Generationen als Sklaven ins Delta geholt worden waren. Beim weitverbreiteten System des *sharecropping* bezahlten die armen, meist schwarzen Farmer ihre Pacht für das Land mit einem Teil der Ernte. Viele rutschten immer tiefer in Armut und Abhängigkeit. Aus Perspektivlosigkeit und Angst vor Rassenhass zogen Hunderttausende von ihnen im zwanzigsten Jahrhundert dann in die neuen Industriemetropolen im Norden des Landes.

Das Delta war lange als Brutstätte der Gewalt, Rassentrennung und des Ku-Klux-Klan gebrandmarkt. Aber die Afroamerikaner schufen hier auch die Musik, die erst Amerika und dann den Rest der Welt eroberte. Jazz, Blues und Rock 'n' Roll wurden im Delta geboren, und auch die berühmtesten Musiker. B.B. King, Jerry Lee Lewis, Johnny Cash. Wobei Cash ursprünglich aus Kingsland, Arkansas, stammt, mehr als hundert Kilometer vom Mississippi entfernt. Aber als kleiner Junge ist Johnny Cash dann mit seiner Familie ins Delta gezogen, nach Dyess. Larry Sims war dort mal der Bürgermeister, obwohl er eigentlich Farmer ist. Ich hatte ihn 2013 kennengelernt, als ich mit dem Rad von New York nach Los Angeles gefahren bin. Damals wurde das Haus der Familie Cash gerade restauriert und wenig später als Museum eröffnet. Nicht nur wegen Johnny, sondern auch um die Geschichte der Baumwollfarmer im Delta zu erzählen. Jetzt besuche ich Larry wieder. Inzwischen ist er Tourguide und fährt den kleinen Bus vom Visitor Center zum Cash-Haus.

»Das ist das Einzige, das es hier gibt«, sagt Larry. »Das und einen kleinen Laden. Sonst ist nichts mehr übrig geblieben.«

Larry freut sich über die wenigen, aufwendig restaurierten Gebäude der einstigen Dyess-Kolonie. Ich muss genau hinhören, wenn Larry spricht. Er beherrscht den *Southern Drawl* perfekt. Nirgendwo auf meiner Reise klingt die Art zu sprechen so entspannt und melodisch wie im Delta. Und sie ist eine echte Herausforderung für ungeübte Ohren. Egal, ich liebe Sprachen und Dialekte, auch wenn ich nicht alles mitkriege.

»Damals war das hier alles Sumpf, die ganzen 16 000 Morgen Land der Kolonie«, sagt Larry weiter. »Die Regierung hat dann einen Teil gerodet, gab jeder Familie ein Haus, eine Scheune und einen Hühnerstall, damit sie loslegen konnten.«

Dyess entstand am Reisbrett. Präsident Franklin D. Roosevelt hatte die Kolonie mitten in der Großen Depression gründen lassen. Er wollte 500 ausgewählten Familien die Chance für einen Neuanfang geben. Die Bewerber mussten erfahrene, unverschuldet in Not geratene Farmer sein, einen »guten moralischen Background« haben und von guter Gesundheit sein. Und weiß. Jede Familie erhielt als Startkapital zwanzig *acres* Land, was etwa acht Hektar entspricht, und neben dem neuen Wohnhaus noch ein Muli zum Bestellen der Felder. Dieses Darlehen sollte dann durch die Erträge im Lauf der Jahre zurückgezahlt werden. Ray und Carrie Cash zählten zu den Auserwählten und zogen 1935 mit ihren Kindern nach Dyess. Insgesamt hatten sie sieben. Johnny, der eigentlich J. R. hieß, war Nummer vier und damals drei Jahre alt. Seine Kindheit hier, das Aufwachsen und der Mississippi haben ihn geprägt. In seinem Song *Five feet high and rising* aus dem Jahr 1959 besingt er die Fluten des Mississippi, die das Hochwasser regelmäßig ins zwanzig Kilometer entfernte Dyess spülte. Schon kurz nachdem Johnny Cash zum Superstar aufstieg, waren die Tage von Dyess gezählt. 1964 schloss man die Kolonie, die Häuser verfielen, bis fast nichts mehr vom einstigen Vorzeigeprojekt übrig blieb. Vor ein paar Jahren kaufte die Universität von Arkansas die Parzelle der Familie Cash und sammelte Gelder, um die Historie zu bewahren. Inzwischen ist das Haus für Besucher geöffnet.

Es wirkt wie neu, strahlend weiß von außen, mit dunkelgrünen Klappläden vor den Fenstern. Die Räume sind authentisch eingerichtet, zum Teil mit Originalstücken, die die Geschwister von Johnny beigesteuert haben. Auch das alte Piano, auf dem Mama Cash immer gespielt und mit ihren Kindern gesungen hat. Larry hofft, dass Zehntausende von Besuchern jährlich den Weg nach Dyess finden werden. Das Konzept der Kolonie, Hilfe zur Selbsthilfe, könnte auch heute noch das Problem der Armut in Amerika erfolgreich bekämpfen, findet er.

»Über viele Generationen haben die Menschen einfach nur die Hand aufgehalten und gesagt: Ihr schuldet mir dies, ihr schuldet mir das, ohne dafür zu arbeiten«, sagt Larry. »Das ist eine Lebensweise geworden. Und es gibt natürlich auch heute noch viele Menschen, die Hilfe brauchen. Aber du musst auch in der Lage sein, dir selbst zu helfen. Sonst nützt dir alle Unterstützung der Welt nichts.«

Die Deltaregion von Arkansas ist in Flussnähe tellerflach. Ein schmaler Streifen dichten Uferwalds trennt die Felder und Äcker vom Mississippi. Baumwolle zählt noch immer zu den wichtigsten Nutzpflanzen, die hier angebaut werden.

Gelegentlich sehe ich jetzt kleine Propellermaschinen, die plötzlich knapp über den Bäumen auftauchen, über dem Fluss wenden und gleich wieder verschwinden. Offensichtlich sind sie für die Landwirtschaft im Einsatz, versprühen Dünger oder Pestizide. Die Baumwolle steht kurz vor der Ernte.

»Hier im Delta haben wir die richtige Erde und perfektes Klima. Baumwolle braucht hohe Temperaturen und eine hohe Luftfeuchtigkeit. Arkansas ist wie für sie gemacht«, sagt Claude Kennedy, der Direktor der Cotton Research Station in Marianna, etwa hundert Meilen südlich von Dyess. Dort treffe ich ihn. Baumwollforscher testen auf dem Gelände verschiedene Sorten, damit die Farmer wissen, welche unter den aktuellen Bedingungen am besten wachsen.

»Jeder Hersteller hat zehn bis fünfzehn verschiedene Baumwollsorten, aus denen die Farmer wählen können«, sagt Claude. »Die werden per Zufallsprinzip auf unseren Feldern jeweils mindestens vier Mal gepflanzt. Dann werten wir die Ergebnisse aus und veröffentlichen sie im Internet.«

Außerdem können die Farmer in der Forschungsstation ihre Erde analysieren lassen, um zum Beispiel den passenden Dünger zu finden. Claude war früher selbst Farmer, hat Baumwolle, Soja, Mais, Weizen und Hirse angebaut. Dass Baumwolle hier in Arkansas so gut gedeiht, verdanken die Menschen dem Mississippi, der den idealen Boden geschaffen hat. Schluff nennt man diese perfekte Mischung aus Sand und Lehm. Damit ist Arkansas nach Texas zum wichtigsten Baumwollproduzenten Amerikas geworden. Hier wird Upland Cotton angepflanzt. Dieser Typ hat kürzere Fasern als zum Beispiel Pima Cotton, die unter anderem in New Mexiko und Kalifornien wächst.

»Die wird für feineren Zwirn und Stoffe verwendet«, sagt Claude. »Unsere Baumwolle ist für Hemden und Jeans und so was.«

Aber auch die Pflanzen selbst wurden im Laufe der Zeit weiterentwickelt und verändert. Damit man sie maschinell ernten kann, dürfen sie nur eine bestimmte Größe haben. Das erreicht man durch den Einsatz von Wachstumshemmern. Außerdem züchtet man Pflanzen, die mehr Ertrag bringen. Erntete man früher auf einem Morgen Land ein bis eineinhalb Ballen, sind es jetzt drei bis vier Ballen Baumwolle.

»Es wird immer Nachfrage nach Baumwolle geben«, sagt Claude. »Man kann sie so vielseitig einsetzen, als Futter, als Textilfaser. Man kann sie mit synthetischen Materialien mischen. Und natürlich wünschen wir uns, dass sie noch mehr verwendet wird. Baumwolle ist weich. Sie fühlt sich angenehm auf der Haut an. Sie ist atmungsaktiv und transportiert die Feuchtigkeit. Baumwolle ist gut und bequem!«

Genug der Werbung. Beim Paddeln ist Baumwolle völlig ungeeignet. Denn wenn sie nass wird, und das passiert im Kajak eigentlich ständig, braucht sie ewig zum Trocknen und fühlt sich lange unangenehm klamm an. Deshalb habe ich auf dieser Tour komplett auf Synthetik gesetzt, obwohl ich sonst nur Baumwolle trage. Aber ich freue mich schon jetzt wieder auf Jeans und T-Shirt nach der Reise.

Claude Kennedy lädt mich nach unserem Gespräch noch zum Essen nach Marianna ein. Der kleine Ort liegt zwar nicht direkt am Mississippi, aber an der Great River Road, die dem Fluss von der Quelle bis zur Mündung folgt. In den Siebzigerjahren hatte Marianna mehr als 6000 Einwohner. Inzwischen hat sich diese Zahl fast halbiert. Die Blütezeit scheint vorbei, wie in vielen Städten und Gemeinden am Mississippi.

Im sonst republikanischen Arkansas wirkt die Deltaregion entlang des Mississippi wie eine demokratische Enklave. Lee County, der Bezirk, in dem Marianna liegt, ist wohl das, was man strukturschwach nennt. Die Arbeitslosigkeit ist höher als im amerikanischen Durchschnitt, das Einkommen deutlich geringer. Viele Familien leben unterhalb der Armutsgrenze. Als vor einigen Jahren auch noch der größte Arbeitgeber, eine Fabrik für Autozubehör, dichtmachte, war das ein Schock.

»Ich habe zweiundvierzig Jahre dort gearbeitet, in der Personalabteilung und als Betriebsleiter«, sagt Jimmy Williams. Er ist der Bürgermeister von Marianna seit fast acht Jahren. Das ist auch deswegen bemerkenswert, weil drei Viertel der Bevölkerung hier Afroamerikaner sind. Jimmy aber ist weiß und schon einmal wiedergewählt worden.

»Wir hatten durchschnittlich zwischen 300 und 350 Beschäftigte. Das waren neun bis zehn Millionen Dollar auf der Gehaltsliste«, sagt er. »Und wenn das mit einem Mal wegfällt, ist das wirtschaftlich ein Problem. Aber wir haben's überlebt, uns geht's gut.«

Vielleicht schwingt da ein bisschen Zweckoptimismus mit. In Marianna sucht man vergeblich nach den prunkvollen Herrschaftshäusern, die viele mit den Südstaaten verbinden. Dafür hat der Ort eines der besten Barbecuerestaurants im ganzen Land, ausgezeichnet mit dem James Beard Award.

»Wir haben den Preis in New York bekommen«, sagt Harold Jones, der prämierte Besitzer von *Jones Bar-B-Q Diner*. »Er ist quasi der Oscar der Gastronomie.«

2012 war das. Die Medaille mit dem Abbild von Fernsehkoch James Beard hängt jetzt in Harolds Restaurant oder, besser gesagt, im schmucklosen Speisezimmer. Verkaufstresen, Kühlschrank für Dosenlimo, Metallständer mit Chipstüten, zwei Tische für maximal zehn Gäste. In der angeschlossenen Küche ist mehr Platz, muss auch sein, denn hier wird tranchiert.

»Wir waschen das Fleisch erst und legen es dann auf den Grill. Den feuere ich so gegen drei Uhr morgens an und gegen fünf kommt das Fleisch drauf«, sagt Harold.

Vor allem Schweineschulter wird gegrillt. Zwölf bis dreizehn Stück muss Grillmeister Spanky im rauchigen Anbau hinterm Haus regelmäßig wenden.

»Außerdem haben wir noch Hinterkeulen und Hühnchen«, sagt er. »Ich öffne alle fünfundvierzig Minuten die Türe hier unterm Grill, gehe zur Feuerstelle, nehme eine Schaufel und hole ein paar Kohlen raus, bringe sie hierher und verteile sie.«

An den Rauch, der dann jedes Mal in dichten Schwaden den Bretterverschlag füllt, hat sich Spanky inzwischen gewöhnt, schließlich macht er den Job schon seit fünfundzwanzig Jahren. Die Feuerstelle im Vorraum ist ein offener Kamin, in dem Eichenholz und Hickory vor sich hin kokeln. Ist das Fleisch nach zwölf Stunden fertig, wird es aufgeschnitten und kommt in eine große Wärmeschüssel, aus der Harold sich dann beim Verkauf bedient. Und das Geheimrezept der Barbecuesoße? Will er natürlich nicht preisgeben.

»Nein, das kann ich nicht. Es ist seit mehr als 150 Jahren in unserer Familie. Ich bin die vierte Generation«, sagt er.

Das Pulled-Pork-Sandwich kostet drei Dollar fünfzig, egal ob mit oder ohne hausgemachten *Coleslaw*, den Harold direkt aufs Viertelpfund Fleisch packt, nachdem er die ebenfalls hausgemachte Barbecue-Vinaigrette daraufgeträufelt hat. Dann noch eine zweite Scheibe schneeweißes Toastbrot obendrauf, fertig ist die preisgekrönte Leckerei. In der Tat schmeckt Harolds Pulled Pork göttlich. Das hat sich herumgesprochen. Und so ist nicht selten schon vormittags alles ausverkauft, und er muss den Laden dichtmachen. Ich habe Glück und lasse mir noch eine große Extraportion einpacken als Proviant für später.

Die Hitze der letzten Tage hält an. Selbst jetzt, Ende September, hat es noch 35 Grad und mehr. Trotzdem paddle ich täglich ohne größere Anstrengung achtzig Kilometer und finde weiterhin jeden Abend zuverlässig Sandinseln mit einem breiten Strand. Um ein schattiges Plätzchen neben einem Baum oder Busch zu erreichen, muss ich Boot und Ausrüstung manchmal hundert Meter und mehr vom Ufer wegziehen. Das ist schweißtreibend und dauert. Danach nehme ich im Fluss eine Dusche, indem ich mich in die schlammigen Fluten stelle und mir mit meiner blauen Essschüssel das sedimenthaltige Wasser über den Kopf gieße. Das macht zwar nicht unbedingt wesentlich sauberer, aber es kühlt zumindest kurzzeitig etwas ab. Der Strand ist übersät mit Spuren. Ein paar sehen aus wie die von einem Waschbären oder einem Fuchs, die meisten aber stammen von Vögeln, die in der Regel mehr hinterlassen als nur ihre Fußabdrücke. Das macht manche Camps echt unappetitlich. Aber ich habe ohnehin kaum Hunger. Nur Durst, den ich mit selbst angerührten Elektrolytdrinks stille. Das bringt wenigstens etwas Geschmack ins sudelwarme Wasser und verhindert nachts Krämpfe. Trotzdem schlafe ich unruhig. Die Hitze macht mir zu schaffen, ich bin wohl doch mehr fürs Nordland gemacht.

Am nächsten Morgen passiert ein einsamer Paddler in der Ferne mein Camp. Ich folge ihm schon kurze Zeit später, schaffe es aber nicht, ihn einzuholen. Stattdessen nerve ich einen Flussschiffer, der aufgeregt sein Horn bläst, als ich vor seinem Kahn noch schnell queren will. Sorry!

Zum ersten Mal seit mehr als einer Woche überwiegen wieder die Wolken, die Sonne zeigt sich selten. Dazu bläst eine steife Brise, die in den nächsten Tagen eine Schlechtwetterfront übers Delta treiben wird. Auch nach Helena, die Blueshauptstadt von Arkansas.

»*King Biscuit Time* ist eine Radiosendung, die 1941 zum ersten Mal ausgestrahlt wurde. Zwei Bluesmusiker aus dem Delta gingen damals in die neu gegründete Radiostation in der kleinen, boomenden Stadt am Fluss«, sagt Thomas Jacques vom Delta Cultural Center in Helena. »Sie suchten nach einer Möglichkeit, ihre nächsten Auftritte anzukündigen.« Thomas ist der Moderator der am längsten laufenden täglichen Radiosendung der Welt. Ich treffe ihn im Kulturzentrum an der Hauptstraße, einer Mischung aus Visitor Center und Museum, mit Ausstellungen zur Besiedelung der Gegend, zum Bürgerkrieg und natürlich zum Blues.

»Diese Gegend hatte immer schon wirtschaftliche Probleme. Und sie war bekannt für Rassentrennung, Sklaverei und *sharecropping*«, sagt Thomas. »Aber inmitten von all dem gab es den Blues, die Musik der Leute, die nach Freiheit, Recht und Würde strebten, ums Überleben kämpften. Diese Musik war ihre Stimme. Jemand hat mal gesagt, der Blues steckt einfach in der verdammten Erde hier.«

Wenn die schwarzen Farmer damals in der Mittagspause nach Hause kamen, schalteten sie das Radio ein und hörten Blues, live im Studio gespielt von Sonny Boy Williamson und

Robert Lockwood jr., den beiden Musikern der ersten Stunde des Senders. Der Manager der Radiostation wollte ihnen helfen, ihre Auftritte zu promoten, und ließ sie Werbung für King Biscuit Flour machen, ein Mehl für Großhändler, das sich ziemlich schlecht verkaufte.

»Sie spielten also eine Weile und sagten dann: Diese Sendung wurde präsentiert von King Biscuit Flour!«, erzählt Thomas nach der Sendung. »Die afroamerikanischen Hörer unterstützten das Produkt, weil sie so ihre Stimmen im Radio hören konnten. Das war ihnen wichtig. Also rieten sie auch anderen: Ihr müsst unbedingt King Biscuit Flour verwenden, das Zeug ist gut!«

Das Mehl wurde zum Bestseller und die Sendung Kult, auch wenn sie anfangs nur fünfzehn Minuten dauerte. Mittlerweile sind es dreißig, und noch immer wird sie jeden Tag live gesendet, aus einer kleinen Studioecke im Kulturzentrum von Helena. Den Namen hat sie auch behalten, obwohl das Mehl gar nicht mehr hergestellt wird.

»Die Sendung hatte großen Einfluss«, sagt Thomas. »B. B. King hat mal gesagt, dass er sie mittags auf den Feldern gehört hat, als sie gleichzeitig in Mississippi übertragen wurde.«

Inzwischen wurden rund 18 000 Sendungen ausgestrahlt, die *King Biscuit Time* hat Radiogeschichte geschrieben. Und der Blues ist aus der Deltaregion am Mississippi nicht mehr wegzudenken. Auch oder vielleicht gerade weil sich die Zeiten geändert haben. Der Boom von einst ist längst vorbei, die Hauptstraße wirkt verwaist, viele Geschäfte sind geschlossen, die Gebäude stehen leer.

»Helena ist heute eine Gemeinde, die mit der Tatsache zu kämpfen hat, dass die Wirtschaft sich sehr verändert hat. Moderne Landwirtschaft braucht kaum noch Arbeiter«, sagt Thomas. »Und das macht es für den Einzelhandel sehr schwer, weil der von der Bevölkerung abhängig ist. Vieles konzentriert sich jetzt auf den Tourismus. Und der Blues hilft uns sehr.«

Thomas meint damit vor allem das King Biscuit Blues Festival. Seit 1986 lockt es jährlich Tausende Besucher aus Amerika und der ganzen Welt in die kleine Stadt am Mississippi. Bubba Sullivan hat es ins Leben gerufen.

»Wir hatten damals keine Ahnung. Wir engagierten einfach Bands, hatten kein Geld, verlangten auch keinen Eintritt«, sagt er. »Damals spielten hier Robert Lockwood, Pinetop Perkins, Sunnyland Slim. Die sind heute alle schon tot.«

In der Welt des Blues sind das klingende Namen, auch wenn sie nicht so bekannt sind wie die ganz Großen, Muddy Waters, Howlin' Wolf und natürlich B. B. King. Ich sitze mit Bubba in seiner Blues Corner, einem staubigen Plattenladen an der Ecke der Hauptstraße, in dem es hauptsächlich Blues-LPs gibt.

»Im Sommer 1987 kamen zwei Typen hier rein«, erzählt Bubba. »Einer von denen sagte: Ich habe gehört, dass du einen Plattenladen eröffnen willst. Ich sagte: Ja, ich denke an einen Blues-Plattenladen. Da ist er raus zum Auto, um was zu holen. Und dann habe ich den anderen gefragt, wer das eigentlich ist. Und der sagte: Hat er nicht verraten, stimmt's? Und verdammt, dann war es Billy Gibbons von ZZ Top. So kam ich ins Plattengeschäft.«

Billy Gibbons, der Rauschebart des Bluesrock, war damals in der Stadt, um den Bluesburger in einem Restaurant zu probieren, und gab Bubba anschließend eine Karte mit der Nummer seines Labels. Der kaufte die ersten LPs, und als CDs aufkamen und keiner mehr Vinyl wollte, deckte er sich erst recht damit ein.

»Ich kaufte tonnenweise. Und jetzt kommen die ganzen jungen Leute und wollen wieder LPs. Das ist ein Segen. Computer habe ich immer noch keinen. Und eine Blechdose ist meine Kasse. Ich hoffe nur, dass ich noch lange genug lebe, um den Aufschwung zu erleben.« Bubba meint den von Helena. Das dauert wohl noch ein bisschen. Solange öffnet er seinen Laden auch nur zu besonderen Anlässen und während des Blues-Festivals, das jedes Jahr im Oktober stattfindet. Ich werde es um zwei Wochen verpassen. Denn wenn die Blueslegenden hier in Helena auf der Bühne stehen, werde ich auf dem Weg zum Golf durch Louisiana paddeln.

Wenn das Delta das Herz des Blues ist, liegt seine Keimzelle wahrscheinlich irgendwo zwischen Helena, Arkansas und Clarksdale, Mississippi, auf der anderen Flussseite. Der Blues Highway 61 verläuft parallel zum Mississippi durch Clarksdale, das Delta Blues Museum liegt hier. Und an der Kreuzung mit dem Highway 49 hat Clarksdale ein Monument mit drei Gitarren errichtet, weil hier der legendäre Bluesmusiker Robert Johnson einen Deal mit dem Teufel geschlossen haben soll. Er verkaufte seine Seele, um als Gegenleistung ein Bluesgott zu werden. Ich will Clarksdale aber wegen einer anderen Legende besuchen: John Ruskey wurde nicht durch einen satanischen Pakt berühmt, sondern durch den Mississippi River. Nach dem Schulabschluss hat er ihn mit einem Freund bereist, das war Anfang der Achtziger. Die beiden waren in Minnesota auf einem Floß gestartet und nach vielen Wochen in Mississippi gestrandet. Ein Unfall mit einem Strommast mitten im Fluss sorgte für ein jähes Ende der Reise. Der Mast ist längst entfernt und John der Gründer und Chef der Quapaw Canoe Company in Clarksdale.

»Wir bauen Kanus und ermöglichen den Zugang zur wilden, rauen Kraft und Schönheit des Unteren Mississippi«, sagt er bei meinem Besuch. Die Kanus sind riesige Voyager-Boote, zumeist aus Holz, mit Platz für bis zu einem Dutzend Paddler. John und sein Team vermieten Ausrüstung und bieten geführte Touren an, wie Muddy Mike in St. Louis, mit dem er befreundet ist. Die beiden haben sich vor vielen Jahren zufällig auf dem Mississippi getroffen, sind später gemeinsam den Missouri gepaddelt und haben lange zusammen an einem Flussführer für den Mississippi von St. Louis bis zum Golf gearbeitet. Herausgekommen ist *Rivergator*, eine detaillierte Onlinebeschreibung nahezu jeder Flussmeile. Aber deswegen will ich John nicht treffen. Ich bin vielmehr an seiner Geschichte interessiert. Im Vorfeld meiner Reise hatte ich immer wieder seinen Namen gehört. Er fiel in Gesprächen, John ist in mehreren Mississippi-Dokus zu sehen, und er gilt nicht nur deshalb wie Norm in Montana und Mike in St. Louis als Lichtgestalt unter den *river rats*.

Wir sind im Sunflower Building verabredet, seiner Firmenzentrale am Sunflower River. Clarksdale liegt ein paar Kilometer vom Mississippi entfernt. Das Gebäude ist Bootslager, Werkstatt, Klassenzimmer, Laden und Galerie zugleich. An der Wand gegenüber der vollverglasten Front hängen Prints von Johns Gemälden. In bunten Farben hat er über die Jahre seine Flüsse skizziert, vor allem den Mississippi. In verschiedenen Regalen stehen Flussführer und Erlebnisberichte von Tourenpaddlern. Zwei selbst geschnitzte Einbäume dominieren die Mitte des Raums. Auf Tischen liegen diverse Magazine, in denen über John berichtet wird. Seine Liebe zum Fluss, sein Engagement, seine vielen Talente. Er spielt respektabel Bluesgitarre, hat mehrere CDs veröffentlicht.

Wir setzen uns auf zwei Klappstühle neben den Verkaufstresen im Hauptraum, der gerade vom Licht der Nachmittagssonne durchflutet wird. John trägt Shorts, einen lilafarbenen Fleecepulli und einen Filzhut, in dem eine lange Feder steckt. Sein graues Haar wirkt kürzer, als ich es von Fotos in Erinnerung habe. Der graue Vollbart ist gepflegt und wild zugleich. Der Name seiner Firma, erzählt er mir, kommt vom Stamm der Quapaw, der früher am Mississippi lebte, im neunzehnten Jahrhundert aber wie so viele Stämme nach Oklahoma umgesiedelt wurde. Der Trail of Tears ging als eines der dunkelsten Kapitel in die amerikanische Geschichte ein.

»Unsere Mission ist es, auf den Fluss aufmerksam zu machen«, sagt John. »Wie eine einsame Waise zieht er durch das Zentrum dieses Landes, strömt mit großer Freude dahin, voller Schönheit und nahezu unentdeckt. Außer von ein paar wenigen wie dir.«

Ich könnte den Flussmännern stundenlang zuhören, wenn sie voller Respekt, Zuneigung und Wertschätzung von ihren Flüssen sprechen. Ich spüre die Wehmut und die Liebe, die sie mit ihnen verbinden.

»Die Flüsse sind heute Superhighways für unseren Handel und die Wirtschaft«, sagt John. »Voller Schlepper, die Getreide aus Amerikas Heartland zu den Häfen nach Baton Rouge und New Orleans bringen, von wo es in alle Welt verschifft wird. Sie bringen Kohle zu den Kraftwerken und Erdöl aus Saudi-Arabien und der ganzen Welt hierher, ins Hinterland.« John wählt seine Worte behutsam, spricht langsam, weich, aber ohne *drawl*. Denn er stammt nicht aus dem Süden, sondern aus den Rocky Mountains von Colorado.

»Aber was nahezu unbekannt ist«, sagt er, »ist die unglaubliche Landschaft, die der Fluss beherrscht, wenn er sich zwischen großen Inseln, Sümpfen und Deichen hindurchschlängelt.«

Seine Beschreibungen klingen wie Gedichte, wie Songs, mit denen er seinen Fluss ehren will. Auf dem Yukon ist mir zum ersten Mal so richtig klar geworden, wie die Landschaft die Menschen, die in und von ihr leben, prägt. Wie sie ihr Denken beeinflusst, wie sie sie verändert. Und jemandem wie John zuzuhören, für den der Fluss seit mehr als dreißig Jahren sein Leben bedeutet, ist spannend und inspirierend. Er findet die Worte, nach denen ich manchmal vergeblich suche, um die Faszination, die von diesen großen, mächtigen Flüssen ausgeht, zu beschreiben.

»Hier bei Quapaw wollen wir den Menschen die Gelegenheit geben, die wilden Plätze zu erleben«, sagt er. »In der

Hoffnung, dass sie eine Verbindung zur Landschaft und dem Fluss, der sie geschaffen hat, spüren. Das gilt vor allem für Kinder. Damit sie sich später als Erwachsene verantwortlich für ihn und seine Gesundheit fühlen.«

Der Mississippi ist nicht nur Wasserstraße, er ist vor allem auch Lebensraum. »Vierzig Prozent aller Singvögel und sechzig Prozent aller Wasservögel Nordamerikas nutzen den Mississippi als Zugweg«, sagt John. »Und warum? Weil er dieses gigantische Überschwemmungsgebiet prägt, weil es riesige Wälder an seinen Ufern gibt, geschützt und gespeist vom Fluss.«

John und Muddy Mike haben den Mittleren und Unteren Mississippi und seine Wildheit sogar für eine Website klassifiziert. Nach ganz simplen Kriterien.

»Wenn du in einem Kanu paddelst oder auf einer Insel stehst und dich umschaust und außer Schleppern und Bojen keine Zeichen von Zivilisation entdeckst, dann ist es wild.«

Das Ergebnis ist überraschend, deckt sich aber mit meinen Eindrücken. Zwischen der Mündung des Ohio in den Mississippi und Baton Rouge, Louisiana, haben die beiden mehr als siebzig Prozent der Strecke als wild deklariert.

»Der Fluss bedeutet für mich Freiheit«, sagt John. »Entfesselte Kreativität und unendliche Möglichkeiten. Freude, Schönheit, Terror, Unbekümmertheit. Unerschöpfliche Energie und Farben, Muster und Geräusche. Wildheit. Und der bestmögliche Weg in die Zukunft.« Amen.

Drecksviecher! Und dabei dachte ich, ich hätte die fiesen Stechfliegen mit der Prärie hinter mir gelassen. Pustekuchen. Ich freue mich gerade über ein gutes Camp, das ich frühzeitig gefunden habe, als sie attackieren. Ich wehre mich, so gut ich kann. Erlege ein Dutzend, und trotzdem siegen sie. Genervt baue ich mein Zelt auf, setze mich in den Schatten eines Busches, die Hände bereit zum Gegenschlag. Genießen kann ich meine kleine Sandinsel so natürlich nicht. Welcher Trottel hat ihnen nur den Tipp mit den Knöcheln als bevorzugte Angriffsfläche gegeben? An den Armen wären die Stiche weniger schmerzhaft, und ich könnte mich besser wehren. Warum sind die Biester in der Schöpfung gleich wieder unverzichtbar?

Im Sand entdecke ich Schildkrötenspuren, gelegentlich finde ich Stücke von Eierschalen. Ob von geschlüpften Tieren oder geraubten Nestern, ist nicht mehr zu erkennen. Ich kann die Camps der letzten Tage kaum mehr auseinanderhalten, obwohl ich sie jeden Tag fotografiere. Sand, ein paar Büsche und Bäume. Auf dem Fluss versuche ich mich täglich an die Ereignisse der letzten Wochen und Monate zu erinnern. Wie auch schon auf dem Yukon gehe ich die Tage in Gedanken durch. Wo war ich vor einer Woche, vor zwei, drei? Bis ich wieder an der Quelle angekommen bin. Das lenkt mich vom monotonen Paddeln ab und hilft mir beim Erfassen und Verarbeiten der vielen Eindrücke der Reise. Und es beschäftigt mein Hirn, damit es nicht auf dumme Gedanken kommt, die mich am Ende frustriert und depressiv zurücklassen. Der Fluss hat Wunden entblößt, von denen ich nicht mal wusste, dass sie überhaupt existieren. Und hier ist weit und breit kein Freund oder Therapeut, mit dem man sie besprechen könnte. Also muss ich alles mit mir allein und dem Fluss ausmachen. Das stört mich grundsätzlich nicht, im Gegenteil. Ich suhle mich nur zu gern und meist viel zu lange in Selbstmitleid und Melancholie. Aber mich selbst am Ende des Tages aus diesem Loch wieder rauszubuddeln ist manchmal gar nicht so einfach. Egal wie heroisch oder abenteuerlich meine langen Reisen wirken mögen, ich selbst habe sie nie so gesehen. Sie sind episch, ja, aber sie machen mich deshalb nicht automatisch auch zum Helden. Sie machen mich verletzlich, angreifbar. Den Elementen ausgeliefert und meinen eigenen finsteren Gedanken. Oder geht es bei einem Abenteuer genau darum?

Dass möglichst viel schiefgeht, damit man sich daran erinnert, daraus lernen kann und daran wächst? Warum fällt es mir dann so schwer loszulassen? Weil das Abenteuer mein Alltag geworden ist? Als Dauernomade entwickelt man eine Routine, hält fest an Dingen und Abläufen, um sich sicher zu fühlen. Oder bin ich einfach zu unflexibel? Ich lasse nicht los. Ich habe Angst zu verlieren. Ich bin ein Loser.

Ist Gott deshalb immer schon so wichtig gewesen, vor allem auf meinen Reisen? Wollte ich Halt finden? Unterwegs in der Wildnis habe ich mich Ihm immer besonders nahe gefühlt, auch ohne Kirche oder Gemeinde. Ich habe zu Ihm gebetet, mit Ihm gesprochen, auf dem Fluss, auf den Highways, morgens und abends im Camp. Ich fühlte mich geborgen, behütet, gesegnet. Dankbar dafür, wie sich mein Leben entwickelt hat, für die Dinge, die ich tun und erleben darf. Das ist ein Geschenk, von dem viele träumen. Und bestimmt verdanke ich all das weniger meiner eigenen Leistung als vielmehr Gott, den Menschen, zu denen er mich führt, und manchmal vielleicht auch dem Zufall. Nach der Durchquerung Amerikas mit dem Rad im Sommer 2013 aber hat sich meine Beziehung zu Gott verändert. Und auch meine Liebe zu Amerika wurde auf eine harte Probe bestellt, die bis heute nicht ganz durchgestanden ist. Ich hatte mich damals ziemlich unsterblich in eine fundamental evangelikale Christin aus Louisiana verliebt, ohne zu ahnen, was das genau bedeutet. Endlose Diskussionen über die Wahrhaftigkeit der Bibel als Wort Gottes, die Lüge der Evolution oder die todbringende Sünde von Homosexualität legten sich bald wie ein düsterer Schatten über unsere Gefühle füreinander. Bis dahin war ich begeistert von der leidenschaftlichen Lebhaftigkeit der Gottesdienste mancher Megachurches in Amerika, der verbindlichen, authentischen Ansprache der Pastoren. Fest davon überzeugt, dass der christliche Glaube uns doch alle verbindet als unerschütterliche Basis. Dann musste ich die tiefe Kluft anerkennen, die zwischen der fanatischen, menschenverachtenden Interpretation von Gottes Wort in radikal-evangelikalen Gemeinden und dem Verständnis des christlichen Glaubens in der herrlich altmodischen, liberalen lutherischen Landeskirche meiner Heimat Deutschland existieren kann. Mindestens so gegensätzlich wie die Unterschiede zwischen den Weltreligionen und für mich unvereinbar mit der aufgeklärten, respektvollen Weltanschauung, mit der ich aufgewachsen und für die ich unendlich dankbar bin. Am Ende konnte unsere Liebe nur verlieren. Gleichzeitig musste ich aber auch akzeptieren, wie tief verwurzelt die zweifelhafte Moral und die bigotten Werte in der amerikanischen Gesellschaft zu sein scheinen. Nicht überall und unterm Strich nicht mal mehrheitsfähig. Aber sie begegnen mir doch immer wieder und lassen mich kopfschüttelnd und verzweifelt zurück. Es scheint so, als ob mir diese Erfahrung erst meinen Glauben an Gott und die Menschheit und dann meine nahezu uneingeschränkte Liebe zu Amerika, das in vielerlei Hinsicht das Land meiner Träume ist, geraubt hat. Nur langsam erhole ich mich von dem Schock, der sich durch den Ausgang der Präsidentschaftswahl 2016 nur noch verstärkt hat. Ich habe keine Ahnung, wie ich in Zukunft damit umgehen werde.

Trotzdem will ich einen Gottesdienst besuchen, als ich ein paar Tage später Greenville, Mississippi, erreiche. Keine Megachurch mit Rockkonzert als Lobgesang und Händen zum Himmel, sondern eine traditionelle, fast ein bisschen steife Baptistenkirche. Grundsätzlich werden die Baptisten zwar auch zu den evangelikalen Kirchen gezählt, allerdings unterscheiden sie sich in vielem gewaltig. Gemeinsam ist allen Baptistenkirchen die Erwachsenentaufe, gerne in wallenden Gewändern, gerne im schlammigen Deltawasser, wenn man Hollywood glauben darf. Ich habe mit den Baptisten vor allem afroamerikanische Gemeinden assoziiert, in denen mitreißende Gospels geschmettert werden. Meine Kirche an diesem Sonntag ist anders. Bis auf ein paar Asiaten sehe ich nur weiße Gesichter. Fast alle haben sich herausgeputzt. *Sunday best.* Anzug und Krawatte für die Männer, förmliche Kleider für die Frauen. Und das Beste: Der Prediger schreit mich nicht an, wie in vielen Gottesdiensten der fundamentalen Christen, er spricht mit sonorer Stimme, bedacht, aber nicht monoton. Wir singen uralte Hymnen mit kaum eingängigen Melodien. Fast wie daheim. Nach dem Gottesdienst sind wir noch alle zu einem Lunch bei einem der Gemeindemitglieder eingeladen. Jeder bringt etwas mit. Ich habe nur meine Geschichten vom Fluss zu bieten. John hat mich mitgenommen, zum Gottesdienst und zum Lunch. Er ist *river angel*, Mississippipaddler und Fotograf. Am Morgen hat er mich vom Campground in Greenville abgeholt, dem einzigen zwischen St. Louis und dem Golf, der direkt am Mississippi liegt und für mich erreichbar ist. Sogar mit Bootsrampe. John und seine Frau Sam helfen mir noch beim Waschen der Kleidung und Aufstocken meines Proviants. Außerdem fahren sie mich nach Leland, einem Nachbarort, in dem Muppetschöpfer Jim Henson aufgewachsen ist. Deshalb gibt es dort auch ein kleines Museum, das ihm und Kermit gewidmet ist. Den Frosch hat er nach einem Freund benannt, mit dem er hier durch die Sümpfe gezogen ist.

Erst am Nachmittag verlasse ich Greenville wieder und bereue meine Entscheidung bald. Bedrohliche Wolken sind aufgezogen, die einen apokalyptischen Regensturm ausbrüten. Er entlädt sich als undurchdringlicher Vorhang in Sichtweite vor mir, ein paar Kilometer flussabwärts, und zieht in meine Richtung. Minuten später hat er mich erwischt, und der eben noch friedliche Fluss verwandelt sich umgehend in ein tosendes Meer mit schäumenden Wogen. Ich rette mich Richtung Ufer zu einer schlammigen Schneise, die für eine unterirdische Gaspipeline geschlagen wurde, und verharre unter dichten Weiden in meinem Boot. Der Regen hämmert selbst unterm Blätterdach gnadenlos auf mich, das Bootsdeck und die Wasseroberfläche. Die Sicht ist gleich null. Fast eine Stunde dauert das Spektakel. Dann kann ich endlich weiterpaddeln, am Ufer entlang zu einer Insel, die John mir empfohlen hat. Sie liegt zwar nur fünfzehn Kilometer von Greenville entfernt, aber es ist zu spät geworden, um noch weiterzupaddeln. Und der prächtige Sandstrand wirkt einfach zu einladend, um die Gelegenheit auszuschlagen. Kurz vor dem Untergehen bricht die Sonne sogar noch mal durch die Wolken. Alles wirkt wieder friedvoll und wie reingewaschen durch den Sturm.

»Ich wurde im Wasser gezeugt«, sagt Andre Farish. »Oder auf dem Wasser oder unter Wasser. Ich liebe Wasser sehr. Wasser kann dich überallhin bringen, es ist mein Tor zur Welt.«

Natürlich bezieht er sich auf den Mississippi, der vor seiner Haustür in einem weiten Bogen vorbeiströmt. Andre ist der Besitzer des *Under-the-hill*-Saloons in Natchez, Mississippi, zwei Tagesetappen flussabwärts von Greenville. Dort treffe ich ihn, nachdem ich zwei Stunden lang durch strömenden Regen gepaddelt bin. Gestern hatte ich noch Glück, der einzige heftige Schauer kam erst am Abend, und ich konnte mich an einen Strand retten, auf dem ich dann auch campiert habe. Heute gab es den ganzen Tag immer wieder Regengüsse.

Patschnass ziehe ich mein Kajak über die steile Bootsrampe zu Andres Saloon. Under the hill war einst das Zentrum von Natchez. Erst später wurden mehr und mehr Häuser auf das Land oberhalb der steilen, namengebenden Klippen gebaut, und eine neue Downtown entstand.

»Als Sündenpfuhl hat Mark Twain das historische Natchez Under-the-hill bezeichnet, voller Hurenhäuser, Bars und Lagerhallen«, sagt Andre. »Es war gefährlich, und es hatte Charakter.«

Sein Vater kam mit der Familie aus Houston hierher und kaufte das heruntergekommene, in den 1830er-Jahren erbaute Backsteinhaus von einer afroamerikanischen Familie.

»Es war schon Bäckerei, Billardhalle, Kneipe und Lebensmittelladen«, sagt Andre. Heute ist der Saloon eine der ältesten Bars am Fluss und vor allem Touristenziel. Abends gibt es regelmäßig Livemusik, bis tief in die Nacht. Im Mark Twain Guesthouse über dem Saloon vermietet Andre ein paar Zimmer. Ich bekomme für 85 Dollar das größte, mit Balkon und freiem Blick auf den Mississippi. Die antike Einrichtung und das massive Himmelbett stammen zwar nicht stringent aus einer Ära, urig und gemütlich wirkt es trotzdem. Ich dusche, wasche die verschlammten Kleider und trockne die Ausrüstung über Stühlen und dem Bettgestell.

Der Saloon ist mit mehr als tausend anderen Gebäuden in Natchez als historisch registriert. Einige der prunkvollen Antebellum-Häuser werde ich erst nach der Reise besichtigen. Der Weg von hier ist zu Fuß zu weit. Und irgendwie zieht es mich zum Ziel am Golf. Deswegen habe ich gestern auch Vicksburg links liegen gelassen. Und weil der Zugang zur Stadt für Paddler dort nur umständlich über den Yazoo River möglich ist. Einen Besuch des historischen Schlachtfelds, für das Vicksburg im Bürgerkrieg traurige Berühmtheit erlangte, und das kleine Privatmuseum, das die Geschichte der allerersten Flaschenbefüllung von Coca-Cola in Vicksburg erzählt, hebe ich mir also ebenfalls für später auf.

Trotz der starken Regenfälle der letzten Tage scheint der Wasserstand zu fallen. Anders als 2011, dem Jahr der Rekordfluten auf Missouri und Mississippi.

»Wir liegen etwa zwanzig Meter über dem Meer«, erinnert sich Andre. »Der Fluss stieg damals bis auf knapp neunzehn Meter. Du konntest von der Veranda aus fischen.«

Neben der überdachten Holzveranda, die gleichzeitig Bürgersteig ist, gibt es eine *alley*, eine kleine Gasse zwischen den Häusern, in der ich mein Kajak geparkt habe. Der Rest der Ausrüstung ist in meinem Zimmer verteilt. Im Restaurant nebenan bestelle ich mein obligatorisches Pulled-Pork-Sandwich, leider teuer und schlecht. Dann schaue ich noch in den Saloon, vor dem jetzt fast ein Dutzend Harleys parken. Von jeder strahlen grüne LEDs auf den Asphalt. Der Mond scheint milchig vom Nachthimmel, verschleiert durch ein paar dünne Wolkenfetzen. Drinnen tanzt die Menge, obwohl zwischen Bar und den voll besetzten Tischen kaum Platz ist. In einer Ecke spielt die Band. Keyboard, Gitarre, Bass, Schlagzeug und Saxofon. Oder Querflöte. Oder Harmonika, wenn der Frontmann nicht gerade mit rauchiger Stimme ins Mikro singt. Es ist Chris Klein, Multiinstrumentalist aus New Orleans.

»Ich spiele Jazz-Blues-Soul-Funk-Music mit einer guten Portion Latin«, erzählt er mir am nächsten Morgen, nach einer kurzen Nacht. Sein Vater ist Kolumbianer, sein Großvater stammt aus Berlin. Chris ist vierundvierzig, tingelt durch die Bars und Clubs, hat ein paar CDs aufgenommen mit selbst geschriebenen Songs.

»Der Mississippi ist die Pulsader der Musik, die ich spiele«, sagt er. »Durch ihn hat die Musik sich verbreitet, durchs ganze Land. Er hat das geschaffen, was ich liebe.«

Oft zieht es ihn zum Fluss, zum Reflektieren, zum Nachdenken. Er hat etwas Beruhigendes, anders als das Meer.

»Der Ozean geht auf dich los, wie das Leben manchmal«, sagt Chris. »Aber beim Fluss musst du dich auf die Strömung einlassen. Er bewegt sich weg von dir. Da kommt etwas, ein Boot zum Beispiel, dann zieht es vorbei. Das hat etwas Rhythmisches, Wunderschönes und Wohltuendes.«

Gegen Mittag belade ich mein Boot und gehe zurück auf den Fluss, lasse mich auf seine Strömung ein, die mich weiter abwärts trägt. Richtung Louisiana und in ein paar Tagen zu Chris' Heimatstadt, nach New Orleans, der letzten Metropole meiner Reise.

LOEWS

WESTIN

# KAPITEL 12

Die Angst vorm Ankommen hat mich noch nicht gepackt, aber ich kann sie schon spüren, weiß um das Loch, in das man zwangsläufig nach so einer langen Reise fallen muss. Von der Einfachheit des Alltags, bestimmt durch Paddeln, Essen und Schlafen, zurück in den Wahnsinn der Realität. Durch elf Staaten bin ich in den letzten Monaten auf Missouri und Mississippi gepaddelt. Jetzt habe ich den letzten auf meiner Reise erreicht. Louisiana ist nach König Ludwig XIV. benannt, auch wenn die Spanier vor den Franzosen hier waren. 1803 verkaufte Napoleon dann sein Gebiet an die noch jungen Vereinigten Staaten. Die Grenzen des heutigen Louisiana wurden erst viel später festgelegt.

Die Suche nach Camps wird wieder schwieriger. Es gibt kaum noch Sandstrände, und wenn ich doch welche finde, gehören sie meist zu Privatland. Auf den wenigen geeigneten Inseln muss ich erst mühsam den Boden fürs Zelt begradigen und dafür lange mit dem Ersatzpaddel buddeln. Das Ufer fällt steil ab, meine Lastkarre kann ich deshalb nicht mehr einsetzen und muss das Boot jeden Abend wieder komplett entladen und am nächsten Morgen im Wasser wieder neu bepacken. Auch die Geschwindigkeit der Strömung ändert sich, ich schaffe kaum noch zehn Kilometer in der Stunde. Das Vorankommen fühlt sich zäher an als noch vor ein paar Tagen trotz des wieder guten Wetters.

Ich passiere rechts den Kanal zum Atchafalaya River. Experten gehen davon aus, dass der längst der natürliche Lauf des Mississippi wäre, wenn man ihn nicht reguliert hätte. Über die Jahrtausende hat der Fluss seinen Weg immer wieder geändert. Allein von Menschenhand geschaffene Deiche und Dämme hindern den Mississippi im Moment daran, das auch weiter zu tun. Wie lange das noch funktioniert, mag keiner vorhersagen. Der Klimawandel und die damit verbundenen dramatisch zunehmenden Hochwasser werden die Ingenieure des Army Corps in Zukunft wohl vor immer größere Herausforderungen stellen. Der Atchafalaya ist nur etwa 220 Kilometer lang, strömt aber auf fast direktem Weg in den Golf und schafft auf seinem Weg eines der artenreichsten Sumpfgebiete der Welt. Manche Mississippipaddler entscheiden sich für diese Abkürzung zum Meer, auch weil hier wesentlich weniger Schiffe verkehren. Ich bleibe auf dem Mississippi, weil ich auf keinen Fall abkürzen und auf keinen Fall New Orleans auslassen möchte. Davor aber liegt noch Baton Rouge, die Hauptstadt von Louisiana, mit einem weiteren Megahafen. Zum ersten Mal treffe ich auf monströse, ozeantaugliche Containerschiffe und Tanker, die in Ufernähe ankern. Baton Rouge ist der nördlichste Punkt, den sie auf dem Mississippi anfahren können. Hier wird ihre Fracht auf *barges*, die Eisenbahn oder Lkws verladen und weiter durchs Land transportiert.

Dichter Rauch steigt aus Hunderten von Schornsteinen am Ufer. Cancer Alley nennen sie die 200 Flusskilometer zwischen hier und New Orleans. Wegen der vielen Industrieanlagen und Raffinerien am Fluss, die für die erhöhte Krebsrate der Anwohner verantwortlich sein sollen. Apokalypse am Mississippi. Wer sich aber hinter den Deich wagt, entdeckt eine andere Welt. Beschaulich, mystisch und vor allem musikalisch. Wie in Zachary, rund zwanzig Kilometer nördlich von Baton Rouge. Dort, direkt am alten Blues Highway, liegt *Teddy's Juke Joint*, eine Institution, die weit über die Grenzen von Louisiana hinaus bekannt ist.

»Der *Juke Joint* ist eine Familienangelegenheit«, sagt Teddy. »Hier hatte die Baptistenkirche ihren Ursprung. Während der Sklavenzeit.«

Wir sitzen auf einer Bank vor seinem Club. Es ist früher Abend, noch wenig los, Teddy hat Zeit. »Du kannst mich alles fragen«, sagt er. Muss ich gar nicht. Ich gebe nur ein Stichwort, dann legt Teddy los. Er ist an diesem Abend in Plauderlaune, um es milde zu formulieren. Wahrscheinlich ist er das jeden Abend. Und selbst wenn man nicht alles versteht, macht es Spaß, ihm zuzuhören. Denn wenn Teddy spricht, klingt das wie Musik. Er sieht sich als Prediger des Blues, seit mehr als vierzig Jahren.

»Was sie in den Baumwollfeldern gesungen haben, war immer der Blues, in guten wie in schlechten Zeiten. Ein Blues-Song kann dir alles erklären«, sagt er.

Teddy ist ein echter Hingucker. Schwarzer Cowboyhut, schwarze Weste zum rosa Hemd, auf dem ein silberner Bolotie baumelt, Cowboyboots und an jedem Finger ein klobiger Ring. Dazu trägt er ein schneeweißes Lächeln. Seinen Spitznamen hat er von seiner Tante, für die er als Kind immer nur der kleine, schwarze Teddybär war. Geboren ist Teddy 1946, in dem Shotgun-Haus, das er später zu seinem *Juke Joint* umbaute. Shotgun-Häuser sind typisch für den Süden. Klein, schmal, die Räume hintereinander angeordnet. Für den Namen gibt es verschiedene Erklärungen. Die plausibelste bezieht sich auf die Tatsache, dass ein vorne abgefeuerter Schuss bei diesen Häusern durch alle geöffneten Türen hindurch- und hinten wieder rausfliegen würde. Keine Ahnung, ob sie das auch wirklich jedes Mal ausprobiert haben.

»Die Leute kommen rein, und wir reden über die Nachrichten oder wer beim Jagen oder Fischen war«, sagt Teddy. »Dann kommen welche, die die Jukebox spielen, oder ich lege Platten auf.«

Spinnin' records ist sein Element, Platten auflegen und lässig darüber sprechen. Den Begriff DJ vermeidet er, der sei zu neumodisch. Denn Blues hat vor allem was mit Tradition zu tun. *Teddy's Juke Joint* ist der letzte von fünf verbliebenen *Juke Joints* am Highway 61 zwischen Minnesota und dem Golf von Mexiko. Schrill dekoriert mit *junk*, wie es seine weiße Frau nennt. Trödel, Geschenke von Fans, Erinnerungsstücke, Tinnef. Bunte Perlenketten, alte Nummernschilder, Instrumente, Plüschtiere, Lichterketten. In Louisiana, wo sonst hauptsächlich Cajun, Zydeco und Jazz dominieren, wirkt *Teddy's Juke Joint* ziemlich exotisch. Mindestens drei Mal in der Woche treten Bands auf. Heute ist es ein tingelnder Bluesgitarrist aus Argentinien. Obwohl Freitagabend ist, haben sich gerade mal ein Dutzend Gäste eingefunden, die an ihren Drinks nippen und sich unterhalten. Das tut der Leidenschaft für den Blues aber keinen Abbruch. Später wird Teddy wieder das machen, was er am liebsten tut.

»Ich habe vor fünfzig Jahren mit dem Plattenauflegen begonnen. Und es hat mich um die ganze Welt geführt«, sagt er stolz. »Auch wenn ich persönlich noch nicht überall gewesen bin. Dafür kommen Leute aus der ganzen Welt zu mir!«

Was für ein Scheißanfang für einen Scheißtag!

»Are you alright?«, fragt einer der Männer auf dem Boot.

»Yes«, sage ich, bis ihr Vollidioten hierher gedüst seid, denke ich weiter. Sie haben mich am Ufer entdeckt und steuern zu mir, als ich gerade mein Boot belade. Ist ja nett, dass sie besorgt sind. Aber es wäre noch netter gewesen, wenn sie ihr Hirn eingeschaltet hätten und mit ihrem kleinen Schlepper schön langsam herangetuckert wären. So aber flutet die Bugwelle am Ufer erst mein Boot und schlägt es mir dann auf die nackten Füße im Sand. Dabei landet der Kiel so blöd auf meinem großen Zeh, dass ich vor Schmerz laut aufschreie und für den Rest des Tages humple.

Lastkähne und Containerschiffe bestimmen den nächsten Flussabschnitt wie ein niemals enden wollender Hafen. Die meisten ankern, aber auch der Verkehr hat insgesamt seit Baton Rouge deutlich zugenommen. Ich muss stets wachsam bleiben, es ist kaum Zeit zum Verschnaufen. Am frühen Nachmittag ziehen wieder bedrohliche Gewitterwolken über den Fluss. Als es blitzt, lande ich am Ufer an und warte im strömenden Regen, bis das Unwetter weiterzieht. Klatschnass steige ich dann zurück ins Kajak und paddle, bis ich am Abend einen passablen Strand finde. Die gesamte Ausrüstung leidet unter der Hitze, der Luftfeuchtigkeit und dem Sand. Alles stinkt, schimmelt oder funktioniert nicht mehr richtig. Auch mein Handy schaltet sich wegen Überhitzung einfach ab und lässt sich nicht wieder einschalten. Egal, der Unterlauf des Mississippi einer der schönsten Flussabschnitte, zumindest hinterm Deich. Dort reihen sich prunkvolle, herrschaftliche Zuckerrohrplantagen aus der Sklavenzeit entlang der *river road*, gesäumt von uralten Eichenalleen. Nottoway, Oak Alley, San Francisco heißen sie, allesamt aufwendig restauriert. Auch Houmas House fällt in diese Kategorie.

»Jeden Morgen wache ich im Paradies auf und entscheide von neuem, wie es aussehen soll«, sagt Craig Black, der Chefgärtner von Houmas House, den ich am Nachmittag nach getaner Arbeit treffe. Das Haus selbst entstand 1840, wechselte immer wieder den Besitzer, durchlief zahlreiche An- und Umbauten und wirkt schlichter als manch andere Plantagenhäuser trotz der mächtigen umlaufenden Säulen, die sein Dach tragen. Zum Prunkstück und Touristenziel wird

Houmas House vor allem wegen der prächtigen Gartenanlage, für die Craig seit 43 Jahren verantwortlich ist.

»Ein Job wie für mich gemacht. Erst habe ich an den Gebäuden gearbeitet. Das Gärtnern kam einfach irgendwann dazu«, sagt er.

Craig erinnert mich mit seinem langen weißen Rauschebart und Schlapphut noch mehr an Gandalf als Dale in Memphis. Er stammt aus Indiana, hat aber die meiste Zeit seines Lebens in Louisiana verbracht, hier am Mississippi River.

»Er beeinflusst alles. Er ist eine Grenze, weil er das andere Ufer von mir trennt. Klar gibt es Brücken. Aber die andere Seite bleibt immer ›da drüben‹«, sagt er. »Der Fluss hat etwas Mystisches, er verändert sich ständig, steigt und fällt. Und das Coolste ist der Nebel. Nachts mit ein paar Hunden hier im Nebel spazieren zu gehen ist mit nichts vergleichbar.«

Es braucht nicht viel, um sich die geheimnisvolle Szenerie vorzustellen, wenn die Nebelschwaden zwischen den gewaltigen Eichen aufziehen, von denen zotteliges *spanish moss* baumelt. Gut fünfzehn Hektar groß ist die Parkanlage von Houmas House, unterteilt in verschiedene Bereiche. Azaleen blühen hier, Kamelien, Orchideen, es gibt Fischteiche, Skulpturen, kleine Wasserfälle und Fontänen. Dabei wirken die Gärten nicht verspielt, sondern irgendwie organisch.

»Ich gehe da ran wie beim Malen. Ich denke mir was aus, während ich hier durchlaufe. Anders funktioniert das nicht«, sagt Craig. »Wenn du dir einen Plan machst und sagst, so soll der Garten aussehen, kannst du drauf wetten, dass die Bedingungen sich ändern und alles, was du gerade gepflanzt hast, wieder eingeht.«

Das mit dem Malen, meint Craig übrigens tatsächlich so. Denn nach Feierabend setzt er sich regelmäßig an die Staffelei in seiner kleinen Galerie neben Houmas House und arbeitet an aufwendigen Ölgemälden, gerne mit detaillierten Motiven aus der Fantasywelt.

»Ich male bei jeder Gelegenheit, und der Garten war nur eine natürliche Erweiterung, ein anderes Medium, um das Gleiche zu tun«, sagt er.

Seinen paradiesischen Garten verlässt Craig nur ungern. Höchstens einmal die Woche – zum Einkaufen. Sein eigentliches Haus hat er seit sechs Monaten nicht mehr betreten, obwohl es keine fünfzehn Kilometer von hier liegt. Er bevorzugt seine Bleibe auf dem Grundstück von Houmas House.

»Ich bin besessen. Ich arbeite im Garten, ich male, ich schreibe, mehr nicht. Danach richte ich mein Leben aus. Ich mache ganz, was ich will«, sagt er.

Das klingt ziemlich eigenbrötlerisch. Aber Craig wirkt gar nicht schrullig, als wir uns unterhalten. Es macht ihn stolz, wenn sich Besucher an seinem Garten erfreuen. Die Welt kommt gewissermaßen zu ihm. Und seine Arbeit ist so weit mehr für ihn als nur ein Job.

»Das hier ist ein Lifestyle«, sagt Craig. »Für unsere Besucher sind wir jeden Tag Botschafter für Louisiana und die Vereinigten Staaten.«

Aus Monaten wurden Wochen, jetzt sind es nur noch ein paar Tage, bis ich das Ziel erreichen könnte, den Golf von Mexiko. Vielleicht ist meine Stimmung deshalb so mies. Ich erinnere mich an keine Reise, bei der ich das Ende herbeigesehnt hätte. Auf dem Missouri habe ich gehadert, mein Vorhaben infrage gestellt. Aber jetzt würde ich am liebsten immer weiterpaddeln. Der Mississippi ist gut zu mir gewesen. Und dann treffe ich eine Entscheidung, die mir nicht leichtfällt. Alle meine langen Reisen habe ich bisher allein gemacht. Claudia hat mir geholfen, wir sind meine Routen nach den Reisen oft noch einmal gemeinsam abgefahren, vor allem um Bilder zu machen, die mein Vorankommen dokumentieren. Aber die eigentliche Reise wollte ich immer ohne Begleitung machen. Nicht nur, weil ich dann auf niemanden Rücksicht nehmen muss, sondern vor allem, weil ich mich dann voll auf die Begegnungen unterwegs einlassen kann und so die Reise intensiver erlebe. Glaube ich. Nun aber beschließe ich, die letzte Etappe nicht alleine zu paddeln. »Ich würde zu gern dabei sein«, hatte Kristian mir vor der Reise gesagt. »Und wenn's nur für ein paar Tage ist.« Kristian macht PR-Arbeit für New Orleans. So habe ich ihn kennengelernt, bei einer Tourismuskonferenz. In den letzten Jahren ist er mit ein paar Kumpels immer mal wieder für ein paar Tage verschiedene Abschnitte des Mississippi gepaddelt, aber er war noch nie an der Mündung. Vielleicht ist das meine Gelegenheit, mich zu revanchieren für die überwältigende Hilfsbereitschaft und Anteilnahme der *river angels* auf dieser Reise. Ich versuche, Kristian zu erreichen, aber das Handy hat inzwischen komplett den Geist aufgegeben. Gene und Marc retten mich. Sie machen gerade Mittagspause im Schatten einer kleinen Bucht am Ufer, als ich sie entdecke.

»Es ist, wie Farbe beim Trocknen zuzuschauen«, sagen sie über ihren allzu oft langweiligen Job. Mit einem kleinen Rettungsboot kommen sie im Notfall den großen Schiffen zu Hilfe, wenn beim Entladen ein Matrose oder Hafenarbeiter über Bord geht. Zum Glück passiert das so gut wie nie.

»Willst du ein Root Beer?«, fragen sie.

Normalerweise würde ich ablehnen, weil ich die übersüße, nach Lakritze schmeckende Plörre nicht mag.

»Sehr, sehr gerne!«, sage ich und denke, Hauptsache kalt. Außerdem bekomme ich noch einen Apfel, ein paar Müsliriegel, Wasserflaschen und selbst gemachten Gurkensalat im Kunststoffschälchen. Sie freuen sich über die Abwechslung mindestens so sehr wie ich mich über ihre unerwartete Hilfe. Telefonieren darf ich auch noch. Über ihr Handy erreiche ich Kristian und verabrede mich für morgen mit ihm am Ufer vor dem Jackson Square in New Orleans. Das Glück bleibt mir bis zum Abend treu, als ich in der einsetzenden Dunkelheit völlig überraschend zwischen all den Kähnen, Tankern und

Containerschiffen einen kurzen Sandstrand am Uferwald entdecke. Eine notdürftig aus Ästen und Zweigen gebaute Plattform neben einem großen, verrosteten Tank verrät, dass hier schon andere Paddler campiert haben.

Heute ist der 3. Oktober, Feiertag in Deutschland. Vor genau vier Monaten stand ich an der Quelle. Es sind noch dreißig, vielleicht auch vierzig Kilometer von hier bis New Orleans. Ich entscheide mich weiterhin für ein Ufer und folge diesem an den ankernden Schiffen vorbei immer mit wachsamem Blick auf den Verkehr vor und hinter mir. Die Bugwellen der riesigen Tanker und Containerschiffe sind überraschenderweise viel harmloser als die der Frachtkähne. Am gefährlichsten aber sind die kleinen, bulligen *tractor tugs*, die hektisch zwischen den Ufern pendeln und den großen Schiffen beim Parken helfen. Ihr Deck ist oval, Bug und Heck sind dick mit Gummi gepolstert, an den Seiten baumeln manchmal noch Autoreifen, die sie ebenfalls schützen sollen. Die Motoren sind darauf ausgelegt, tonnenschwere Ozeanriesen zu schieben. Wenn der Kapitän voll aufs Gas geht, pflügen die Schiffsschrauben schäumende Wassermassen auf, die mehr als zwei Meter hohe Wellen produzieren können. Anfangs war das ziemlich beängstigend, mittlerweile genieße ich den Adrenalinkick jedes Mal und hoffe, dass mich die Steuermänner rechtzeitig sehen und nicht über den Haufen fahren.

Der Himmel verfinstert sich zunehmend, als ich mich der Skyline von New Orleans nähere. Bald prasselt dichter Platzregen, durch den grelle Blitze zucken, gefolgt von ohrenbetäubendem Donnerschlag. Ich suche Schutz unter einer Kaianlage, warte über eine Stunde, bis der Regen zumindest ein bisschen nachlässt. Dann halte ich mich am linken Ufer Richtung French Quarter, entdecke die Stufen vorm Jackson Square, die Kristian mir als Ausstiegsort empfohlen hat. Der

Fluss macht hier eine Neunzig-Grad-Kehre, der die Schiffe folgen müssen. Sie drehen ihr Heck in die Außenkurve, die dann jedes Mal minutenlang von krassen Wellen überflutet wird. Ich beobachte, wie die Brecher an den Deich klatschen, der hier aus dicken Felsbrocken besteht. Wenn ich da anlegen würde, wäre mein voll beladenes Boot innerhalb kürzester Zeit zerschmettert. Die Treppen, die bei ausreichend Hochwasser in den Fluss führen und dann tatsächlich ein prima Ausstieg sein könnten, enden momentan ein, zwei Meter über dem Mississippi. Auf der anderen Seite, der Innenkurve, wäre es wahrscheinlich sicherer. Gut 500 Meter trennen mich von einem flachen Strand dort. Aber ich bin mit Kristian hier am French Quarter verabredet und kann ihn wegen meines defekten Handys nicht erreichen. Also treibe ich mit den Wellen und der Hoffnung weiter, doch noch einen passablen Ausstieg zu finden. Die Uferböschung bleibt felsig bis zum Ende der Kurve, wo Lagerhallen den Zugang zum Land komplett versperren. Ich muss mich rasch entscheiden, bevor die Strömung mich zu weit wegträgt. Da entdecke ich parallel zum Ufer einen gestrandeten, gut zehn Meter langen Baumstamm, vermutlich eine Pappel, die vor langer Zeit in den Fluss gestürzt ist und jetzt, verkeilt zwischen Felsen am Grund, als grauer Riese im Wasser wogt. Vielleicht könnte ich sie als Puffer zwischen Fluss und Felsen nutzen. Vorsichtig nähere ich mich, teste mit dem Paddel die Wassertiefe und öffne die Spritzdecke. Der Ausstieg wird ziemlich tricky. Ich muss warten, bis das Wasser sich beruhigt hat, und mich dann irgendwie schnell aus dem Boot schwingen, ohne dabei zu kentern. Das Wasser ist zu tief, ich kann den Grund mit den Füßen erst erreichen, wenn ich komplett aus dem Boot bin. Mit der linken Hand versuche ich, mich am Baumstamm festzuhalten, stütze mich am Cockpit ab, bis ich mit dem linken Bein auf dem Stamm Halt finde. Dann verlagere ich mein Gewicht allmählich auf den Baum. Das Kajak neigt sich zur Seite, droht zu kippen, aber ich schaffe es mit dem Gesäß auf den Stamm. Dann lasse ich mich von dort ins Wasser gleiten. Es ist hier hüfttief, der Grund voller Felsen, auf denen ich nur unsicher stehen kann. Ich balanciere um den Baumstamm herum und ziehe und schiebe das Boot auf seine dem Ufer zugewandte Seite, damit er die Wellen noch besser abblocken kann. Ich binde das Kajak mit Leinen an den Baum. Es schlägt nun im unruhigen Wasser zwar auch gegen die Rinde, aber immer noch besser als gegen die Felsen. Etwa zwei Meter trennen mich vom Ufer. Meine einzige Chance ist es, das Kajak komplett zu entladen und das leere Boot dann irgendwie aus dem Wasser zu heben und über die Felsbrocken auf den Deich zu wuchten. Keine Ahnung, ob das funktioniert oder ich dabei strauchle, das Gleichgewicht verliere und das Boot an den scharfkantigen Steinen zerkratzt oder, noch schlimmer, gar leckschlägt. Ich habe keine Wahl und beginne mit dem Entladen. Packsäcke und alles Unzerbrechliche werfe ich ans Ufer, Proviant und technisches Equipment trage ich dorthin. Dann teste ich die Standfestigkeit auf den Felsen, suche mir eine Route über den langen und steilen Hang. Zu den Wellen kommt nun noch Wind, der das Balancieren mit dem Boot weiter erschweren wird.

Ich hatte in den letzten vier Monaten ein paar echt grenzwertige Camps, mit schwierigen Ausstiegen. Aber keiner war so gefährlich und anstrengend wie der hier. Noch einmal tief durchatmen, dann steige ich zurück ins Wasser, löse die Leinen, greife das Boot mit der rechten Hand am Cockpit und arbeite mich vorsichtig zum Ufer. Jeder Schritt wird zur Herausforderung. Ich suche Halt, verharre einen Moment, suche den nächsten Felsen, bemüht, mein Gleichgewicht und das des Bootes zu halten. Ich gerate ins Schwanken, das Kajak schwingt für einen Moment bedrohlich nah an die Felsen, aber ich kann mich wieder fangen. Der Übergang vom Wasser ans Land ist geschafft, jetzt beginnt die eigentliche Arbeit.

Mit der linken Hand suche ich Halt an den Felsen, mit der rechten umklammere ich weiter den Süllrand und balanciere fünf Meter Boot. Ich konzentriere mich nur auf den nächsten Schritt, nicht aufs Ziel oben an der Deichkante. Zwischendrin muss ich pausieren, um neue Kraft zu schöpfen. Schritt für Schritt, Fels für Fels arbeite ich mich nach oben. Von der Deichkrone aus beobachtet mich eine Frau. Ich schnaufe, stöhne, fluche. Noch fünf Meter, der Hang wird flacher, die Felsen gehen in Rasen über ... und dann stehe ich schweißgebadet und völlig fertig auf dem Deich, neben dem gepflasterten Fußweg, auf dem die Touristen normalerweise flanieren.

»Ich habe mir Sorgen um dich gemacht!«, sagt die Frau sichtlich erleichtert.

Sie hat mich vorhin im Gewitter gesehen, als ich unter die Kaianlage geflohen bin, und ist mir zu Fuß bis hierher gefolgt, um sicherzugehen, dass ich okay bin.

Bin ich, das Boot auch, bis auf ein paar Kratzer. Ich verschnaufe nur kurz, hole dann die gesamte Ausrüstung nach, immer wieder runter zum Wasser und wieder rauf zur Deichkrone, vier, fünf, sechs Mal. Als alles beisammen ist, lasse ich mich völlig fertig in meinen Campingstuhl fallen und verschlinge den Rest meines Proviants, Wrap, Trailmix und Riegel.

Keine halbe Stunde später findet Kristian mich, wir fallen uns in die Arme, verladen die Ausrüstung in seinen Wagen, schnallen das Kajak aufs Dach und fahren zu seinem Haus. Claudia wird erst in einer Woche in Denver landen, Loretta holen und mich im Delta treffen, um meine Ankunft zu fotografieren. Von New Orleans bis zum Golf sind es keine hundert Meilen mehr, zwei, vielleicht drei Tage mit dem Boot. Ich beschließe, auf sie zu warten. Das passt Kristian auch besser. Und ich kann Sallie Ann Glassman treffen, von der mir Kristian erzählt hat. Sie ist *Mambo*, eine berufene Hohepriesterin des Voodoo.

»New Orleans hat hier nichts verloren, mitten im Sumpf! Es ist eine sehr schwierige Umgebung, voller Moskitos und Ungeziefer«, sagt sie, als ich sie in ihrem kleinen Laden besuche. Island of Salvation Botanica heißt der, frei übersetzt »die Insel der botanischen Errettung«. Er liegt an einer vierspurigen Hauptstraße keine zwei Kilometer vom French Quarter entfernt. Die Häuser sind alt und knallbunt gestrichen. Rot, orange, türkis. Kaum eines hat mehr als zwei Stockwerke. Hier verkauft Sallie Ann Heilkräuter und allerlei Voodoo-Zubehör, Figuren, Kerzen, Öle, Kristallkugeln.

»Voodoo ist eine Religion, eine kulturelle Tradition und ein Weg, die Welt zu erfahren«, sagt sie. »Sie wurde von den Sklaven aus Afrika in die neue Welt getragen. Das hat ihnen geholfen, die unmenschlichen Bedingungen in der Karibik und in Louisiana zu ertragen.«

Mit Voodoo-Puppen, in die Nadeln gestochen werden, um ungeliebte Mitmenschen mit Flüchen zu belegen, hat das nichts zu tun, betont sie. Das sei Hoodoo, die touristische Hollywoodversion. Sallie Ann kam 1976 aus Maine hierher, aus dem nordöstlichsten Amerika. Voodoo und Jazz haben die zierliche Frau nach New Orleans gelockt. Und der Mississippi.

»Der Fluss ist lebenswichtig für New Orleans. Er ist unsere Identität hier und unser Zuhause. Der Fluss reinigt die Vereinigten Staaten«, sagt sie. »Auf gewisse Weise sind wir so was wie das Klo des Kontinents hier in New Orleans, wo die Dinge raus ins Meer gespült werden.«

Interessante Sichtweise. Sallie Ann verbringt viel Zeit am Wasser. Aber sie weiß natürlich auch, dass es nicht nur Leben schenkt, sondern auch Zerstörung anrichten kann, wie 2005. In vielen Gesprächen, die ich während meiner Reise durch Louisiana geführt habe, kam immer wieder *Katrina* auf. Es gab ein Vor dem Hurrikan und ein Danach. Die Wunden scheinen bei vielen noch immer nicht verheilt.

»Wir sind in einer Stadt, in der 500 000 Menschen durch *Katrina* traumatisiert wurden«, sagt Sallie Ann. »Danach gab es gerade mal siebzig psychiatrische Fachkräfte in der Stadt. Das hat sich zwar etwas verbessert, aber nicht viel.« Deswegen sieht sie sich als Voodoo-Priesterin vor allem in der Rolle einer Lebenshelferin. Am liebsten arbeitet sie mit der Kristallkugel, gibt Ratschläge, teilt ihr Wissen um die Heilkraft bestimmter Kräuter und Mixturen. Alles ohne verruchten, dämonischen Beigeschmack, der dem Voodoo oft anhaftet.

»Als ich angefangen habe, mich mit Voodoo zu beschäftigen, dachte ich, es wäre etwas Böses. Ich weiß auch nicht, warum«, sagt Sallie Ann. »Bis ich erkannte, dass ich mich nur vor dem Schlüssel zu meiner eigenen Freiheit gefürchtet habe. Und je mehr ich erfuhr, desto mehr wurde mir klar, wie komplex und elegant und intelligent das alles ist. Ich kann New Orleans nur jedem empfehlen, der eine wahrhaftige spirituelle Erfahrung sucht. Es ist ein kraftvoller Ort, zu dem man kommen kann, um dem Kern seiner selbst gegenüberzutreten.«

Claudia ist vor zwei Tagen gelandet und jetzt mit Loretta unterwegs nach Süden, als Kristian und ich uns nach einer langen Woche Pause bereit machen für die allerletzte Flussetappe. Fünfundneunzig Meilen sind es von New Orleans bis zum Ende des Mississippi, wo er sich in den Golf von Mexiko ergießt. Wir setzen die Kajaks am Algiers Point, gegenüber vom French Quarter, ins Wasser. Gut sechzig Meter tief ist der Fluss hier, mehr als irgendwo sonst. Kristian hat sein kleines Kunststoffkajak nur mit dem Nötigsten für die kurze Strecke bis zum Meer beladen. Schnell zieht er ohne Anstrengung davon, ich habe Mühe, mitzuhalten. Komisches Gefühl, nach so langer Zeit allein. Er ist motiviert, freut sich aufs Paddeln und das Vorankommen. Ich merke, wie ich innerlich immer mehr bremse, je näher ich dem Golf komme. Es ist wie ein Reflex, um das Ende hinauszuzögern. Völlig irrational. Bei jeder Reise ist das bisher so gewesen. Kristian prescht weiter vor, ich lasse mich zurückfallen. Als die *Creole Queen*, ein Schaufelraddampfer für Tagesausflüge, durch die braunen Fluten zurück nach New Orleans pflügt, greife ich zur Kamera und knipse so lange, bis das Schiff an mir vorbeizieht. Der Kapitän bläst das Horn. Netter Gruß, denke ich noch, dann wird das Rauschen rechts immer lauter. Ich blicke kurz von der Kamera auf und erkenne, dass mich die Strömung rasch auf eine ankernde *barge* zutreibt. Hektisch greife ich zum Paddel, mache ein paar kräftige Schläge nach vorne und kann gerade noch verhindern, unter den Bug gedrückt zu werden. Das hätte blöd enden können. Vielleicht wollte mich der Kapitän mit seinem Tuten einfach warnen. Bloß nicht unkonzentriert und leichtsinnig werden so kurz vor dem Ziel.

Wir lassen die letzten Lagerhallen am Rand der Stadt hinter uns. Fortan sind kaum noch Häuser sichtbar. Sie verstecken sich hinterm Deich, der den Mississippi seit Cape Girardeaux, Missouri, in sein heutiges Bett zwingt. Das sind gut tausend Meilen, mehr als 1600 Kilometer, an beiden Ufern. Dazu kommen weitere Deiche an den Zuflüssen. Den ersten Deich am Mississippi bauten die Franzosen schon 1717, um New Orleans vor dem Hochwasser zu schützen. In den folgenden drei Jahrhunderten wurden die Deiche ständig erweitert, verstärkt, verbessert und gleichzeitig stets heiß diskutiert. Manche Experten verteufeln sie bis heute und machen sie hauptverantwortlich für die immer verheerenderen Hochwasser, weil der Fluss keine Chance mehr hat, die Fluten moderat zu verteilen. Im Schnitt hat der Deich heute eine Höhe von gut neun Metern, über zwei Meter mehr als 1927. Damals überschwemmte ein historisches Hochwasser den gesamten Unterlauf und schuf einen gigantischen See, der zwischenzeitlich 200 Kilometer breit war. Um New Orleans zu retten, ließen die Verantwortlichen den Deich unterhalb der Stadt sprengen. Eine höchst umstrittene Entscheidung, die die

Existenz von Hunderttausenden zerstörte, sie zu Flüchtlingen machte und unzählige Todesopfer forderte. Heute ist der Deich nicht nur höher, er ist auch breiter. Auf eine Meile kommen fast 700 000 Kubikmeter Material, vor allem Erde und Beton. Nahezu doppelt so viel wie vor der Flut.

»Wir haben den Deich für den Handel gebaut. Damit die Schiffe reibungslos verkehren können«, sagt Foster Creppel. »Dann kamen die Öl- und Gasfirmen. Aber all das zerstört dieses wunderschöne Mündungsgebiet.«

Foster Creppel ist ein Freund von Kristian und der Besitzer und Wirt von *Woodland Plantation* auf halber Strecke zwischen New Orleans und dem Ende des Mississippi. Er kümmert sich dort auf der historischen Plantage um zahlende Gäste, die bei ihm übernachten, und kämpft für die Küste von Louisiana.

»Das jährliche Hochwasser des Mississippi im Frühling brachte jede Menge Nährstoffe, organisches und mineralisches Sediment. Das hat unser Delta geschaffen«, sagt Foster. »Der Fluss ist Mutter und Vater des Deltas, aber er kümmert sich nicht mehr darum.«

Weil er es nicht mehr kann. Ursprünglich, vor dem Bau des Deichsystems, mäanderte der Mississippi breit und träge Richtung Meer. Die Sedimente hatten Zeit, sich abzulagern. Jetzt wird das Wasser zwischen die Deiche gezwungen und schießt förmlich raus in den offenen Golf, ohne die Küste mit Schwemmland zu versorgen. Jede Stunde soll eine fußballfeldgroße Fläche Marschland verschwinden mit dramatischen Folgen für die Tierwelt und die Wirtschaft, vor allem die Fischindustrie.

»Klar bin ich besorgt. Das hier ist das größte Delta in Nordamerika«, sagt Foster. »Es ist wichtig, dass wir uns um diese wilden, ursprünglichen Orte kümmern. Denn wenn wir es nicht tun, werden sie in Zukunft auch nicht mehr für uns sorgen können.«

Mit jedem verlorenen Meter Marschland im Delta büßen die Menschen auch Schutz gegen die Wirbelstürme ein, die die Region jedes Jahr heimsuchen. Wie dramatisch sich das auswirken kann, hat New Orleans 2005 durch *Katrina* erfahren müssen. Noch sind die Gewässer vor der Küste Louisianas artenreich, das Fischen profitabel trotz der stetig wachsenden Todeszone. Der hohe Nitratgehalt im Wasser, verursacht durch Düngemittel, sorgt dort für einen Sauerstoffmangel. In Venice, am Ende der Straße entlang des Mississippi, haben sie noch ein anderes Problem. Da werden Kristian und ich aber frühestens morgen sein.

Am späten Nachmittag suchen wir nach einem Camp für die Nacht. Sandstrände gibt es ab New Orleans keine mehr. Wir paddeln nah am linken Ufer und finden schließlich im Wald eine kleine Bucht, zu der ein Pfad führt. Dort können wir anlegen und die Boote problemlos an Land ziehen. Sofort greifen die Moskitos an mit einer Vehemenz, die an den Nerven zerrt. Wir greifen zum Spray, hüllen uns von oben bis unten in Chemie und stellen die Zelte unter die Bäume. Auf meinem Kocher erhitzen wir nacheinander Wasser fürs Abendessen und beobachten zum ersten Mal den Tsunamieffekt, den die Ozeanriesen auf dem Fluss auslösen können. Während ein Schiff vor unserem Camp vorbeifährt, zieht es das Wasser am Ufer ab und legt die Bucht, in der wir angelandet sind, komplett trocken. Ein paar Momente später aber kommt das Wasser als Flutwelle zurück und schwappt bedrohlich nah an unser Camp. Wir riskieren es trotzdem, lassen die Zelte da stehen, wo sie sind. Eine halbe Stunde nach Sonnenuntergang, gegen neunzehn Uhr, liegen wir in den Schlafsäcken.

Gegenwind bremst uns am nächsten Tag. So sehr, dass wir nur sechzig Kilometer schaffen. Täglich schwindet das Licht nun früher. Wieder haben wir Glück und entdecken rechtzeitig flaches Ufer, auf dem Kühe grasen und verdutzt Reißaus nehmen, als wir anlanden. Das Land ist feucht, aber flach genug fürs Zelt. Zu flach, wie sich herausstellen soll.

Ich werde mitten in der Nacht von einer Welle geweckt. Sanft kriecht sie unters Zelt und hebt meine Luftmatratze an. Sofort sitze ich senkrecht im Zelt. Draußen ist es noch stockfinster, bis auf die Lichter der Siedlung am anderen Ufer. Ich warte einen Moment, lausche, höre es rascheln. Dann leuchtet es fahl in Kristians Zelt, das ein paar Meter von meinem entfernt steht.

»Hast du das auch gespürt?«, fragt er.

»Ja. Ist das die Flut?«, frage ich zurück. Wir sind schon jetzt bis auf einen schmalen Streifen Land an beiden Ufern umgeben vom Meer, auch wenn die eigentliche Mündung noch gut fünfzig Kilometer stromabwärts liegt.

»Wahrscheinlich«, sagt Kristian. »Bei mir im Zelt ist jedenfalls alles nass.«

Bei mir zum Glück noch nicht. Aber ich kann das Wasserkissen unter der Zeltplane fühlen. Wenn ich das Gewicht verlagere, schwappt es zur Seite. Halb fünf ist es. Ich öffne den Reißverschluss meines Zelts. Meine Ausrüstung im Vorzelt hat das Wasser bislang verschont. Was aber, wenn es weiter steigt? Schnell schlüpfe ich in die Gummistiefel, sprühe Mückenschutz auf Fleecehose und -jacke und setze die Stirnlampe auf. Der Lichtkegel lockt zwar noch mehr Mücken an, aber ohne kann ich nichts sehen. Unsere Boote sind noch da. Ich habe meines am Abend mit einer Leine an einer Zeltschlaufe befestigt, für alle Fälle.

Es sitzt unverändert auf der Lastkarre, wie immer mit dem Bug auf dem Boden, das Heck zeigt in die Höhe. Darauf breiten wir Kristians Schlafsack aus, damit er bis zu unserer Abfahrt nach Sonnenaufgang ein wenig trocknen kann. Das dauert aber noch gut zwei Stunden. Die nutzen wir für ein schnelles Frühstück und beladen dann die Boote. Das Wasser kommt nicht näher. Wahrscheinich war es also ein vorbeiziehendes Containerschiff, dessen Bugwelle uns so überraschend geweckt hat.

Um halb acht können wir ablegen, so früh bin ich auf der gesamten Reise noch nicht aufgebrochen. Zuversichtlich paddeln wir durch den traumhaften Morgen. Keine Wolke am Himmel. Drei Stunden später nähern wir uns Venice und entdecken Claudia am Ufer. Mit Rad und Kamera ist sie am Deich entlang in unsere Richtung gefahren und fotografiert uns nun mit dem großen Objektiv vom Ufer aus. Wir steuern zu ihr, umarmen uns. Kristian reicht ihr seinen noch immer feuchten Schlafsack, den sie im Motel trocknen und dann wieder mitbringen wird. Gemeinsam mit Shrimpfischer Acy Cooper will Claudia uns später folgen, um die Ankunft am Meer zu dokumentieren.

»Die Importe killen uns gerade. Die müssen sie entweder nach oben begrenzen oder so stark besteuern, dass wir mithalten können«, hat mir Acy letztes Jahr schon erzählt, als ich ihn hier in Venice kennengelernt habe. »In den Achtzigern haben wir einen Dollar pro Pfund bekommen. Heute sind es nur noch vierzig Cent, für die gleichen Shrimps. So können wir nicht überleben.«

Er ist der Präsident der Louisiana Shrimp Association, des Berufsverbands der Krabbenfischer. Seit vier Jahrzehnten fischt der 57-Jährige nach Shrimps, seine ganze Familie lebt von Shrimps, in der dritten Generation. Aber vielleicht nicht mehr lange.

»Die Preise für unser Equipment steigen ständig, aber die für Shrimps bleiben im Keller«, sagt Acy. »Wenn das so weitergeht, gibt es bald keine Fischer mehr. Den Farmern ist das ja schon passiert. Irgendwann kommen wir an den Punkt, wo wir unser Land nicht mehr selbst ernähren können und auf Importe angewiesen sind. Das darf nicht passieren.«

Venice ist das Zentrum der Krabbenfischerei in Louisiana und hat viel mitgemacht in den letzten Jahren. *Katrina* zerstörte den kleinen Ort zu einem großen Teil, die Bevölkerung halbierte sich danach auf etwa 200 Einwohner. Und 2010 explodierte die Ölbohrplattform Deepwater Horizon hier direkt vor der Küste. In der Folge entwickelte sich eine der größten Umweltkatastrophen der amerikanischen Geschichte. Die Säuberungsarbeiten entlang der Golfküste dauerten Jahre, wie viele Tiere starben, lässt sich nur erahnen.

»Du hast gesehen, wie tot alles ist. Das war mal ein boomender Ort. Jetzt nicht mehr«, sagt Acy. »Viele Ölplattformen wurden dichtgemacht. Jetzt hängt alles von uns ab. Wer gibt denn Geld in der Gemeinde aus? Wir. Und wenn wir das nicht mehr können, verlieren wir sie. Sie stirbt wie alles andere auch. Dann müssen wir uns nach einem neuen Job umschauen. Aber es gibt keine Jobs. Das hier ist mein Job, meine Art zu leben.«

Venice wirkt trostlos, marode, ganz ohne den Charme der italienischen Namensgeberin. Und trotzdem hat die Landschaft hier etwas eigenartig Faszinierendes. Ihre Weite wirkt schier unendlich, in manchem Licht weiß man nicht genau, wo das Land aufhört und Himmel oder Wasser beginnen. Ich komme mir klein vor. 135 Tage bin ich nun unterwegs, 109 davon gepaddelt. Mehr als 6000 Kilometer auf dem Missouri und Mississippi liegen hinter mir, nur noch gut dreißig vor mir. Der Mississippi strömt über drei Arme in den Golf. Die riesigen Tanker, die hier manchmal im Minutentakt rauf- oder runterziehen, nehmen den South West Pass, Kristian und ich den mittleren South Pass. Mühsame drei Stunden brauchen wir im Gegenwind dorthin. Acy und Claudia schließen in einem schwarzen Kutter zu uns auf. Wir besprechen uns kurz, dann tuckern sie vor uns her, Claudia mit der Kamera im Anschlag. Der Dieselmotor stinkt erbärmlich. Ich bin dankbar, dass sie uns begleiten und fotografieren. Gleichzeitig fühle ich mich gestresst, würde diese letzten Momente der langen Reise am liebsten allein erleben.

Dichtes Marschgras begrenzt die Ufer. Schon jetzt hat der Horizont etwas Unendliches, aber das Meer kann ich selbst nach zwei weiteren Stunden Paddeln noch nicht sehen, der Pass windet sich stärker und länger, als es auf der Karte den Anschein hatte. Immerhin kann ich das South Pass Lighthouse in der Ferne erkennen. Seit bald 140 Jahren markiert der historische Leuchtturm das Ende des Flusses. Halb sechs ist es. In einer Stunde geht die Sonne unter. Und wir haben mindestens noch eine Stunde zu paddeln. Die letzte Nacht wollen wir eigentlich direkt an der Mündung verbringen. Was aber, wenn es wegen des hohen Wassers dort gar keine Möglichkeit gibt, die Zelte aufzustellen? Ich bitte Acy, vorzufahren und zu schauen, ob die Sandbank, von der er erzählt hat, tatsächlich noch existiert. Keine Viertelstunde später kommt er zurück mit schlechten Nachrichten. Der Strand ist überspült. So hatte ich mir das alles nicht vorgestellt. Ich wollte vorm Zelt sitzen, das Boot neben mir, dem Rauschen der Brandung zuhören, in den Sternenhimmel schauen. Die Reise besinnlich abschließen, reflektieren. Stattdessen müssen wir wohl auf dem Holzdeck der Port Eads Marina übernachten. *Katrina* hatte sie komplett zerstört, inzwischen ist sie wieder aufgebaut, direkt vorm Leuchtturm, und beherbergt in erster Linie Sportfischer. Der gesamte Komplex mit zwei schlichten Gebäuden und Steg steht auf Stelzen. Sogar ein kleines Restaurant gibt es dort. Kristian ist zu weit weg, ich kann den Vorschlag nicht mit ihm besprechen. Also bitte ich Acy, zu ihm zu fahren. Acy schlägt als Alternative das Ufer an einem kleinen Kanal neben der Marina vor. Da gebe es ein paar Häuser und Fischcamps und sicher auch Platz für unsere Zelte. Klingt verlockender als das schnöde Deck. Ich folge Acy, sehe, wie er kurz vor Sonnenuntergang rechts abbiegt, und paddle wenig später selbst in den schmalen Kanal. Acy, Claudia und Kristian erwarten mich schon. Sie haben links an einem Steg angelegt, der zu einem der Häuser gehört. Ich sehe zwei Männer, die gerade den Fang des Tages entladen und die Ausrüstung säubern.

»Wir können hier übernachten!«, ruft Kristian. »Sie haben uns eingeladen.« Er grinst breit.

»Was sagst du?«, frage ich ungläubig.

»Ja«, bestätigt Gilbert, der Besitzer. »Ich werde meinem Kumpel sagen, er soll noch ein paar Extrastücke Fisch in die Pfanne hauen. Ihr mögt doch Fisch, oder?«

Ich lege an, steige aus und falle erst Claudia und dann Acy in die Arme. Wir verabreden uns für morgen an der Marina von Venice. Kristian und ich wollen morgen früh die letzten Meilen raus zum Meer paddeln und dann den ganzen Weg zurück, vierzig Kilometer gegen den Strom. Es ist schon fast dunkel, als Acy und Claudia zurück auf den Kutter steigen und Richtung Venice brausen. Kristian und ich entladen die Boote, tragen sie und die Ausrüstung auf die Veranda am Haus, damit die einsetzende Flut sie später nicht mit sich reißt. Wieder attackieren uns die Mücken. Dieses Mal können wir uns ins klimaanlagengekühlte Haus retten. Wir dürfen duschen, Kleider waschen und trocknen. Gilbert, Dave und Nathan haben inzwischen den Tisch gedeckt. Die drei kommen regelmäßig für ein paar Tage zum Fischen hier raus. Das Haus ist groß, zwei Stockwerke, Zimmer mit Stockbetten. Nebenan im zweiten Gebäude ist noch mehr Platz.

»Als die Deepwater Horizon explodiert ist, haben wir die Rettungskräfte hier beherbergt, für viele Wochen«, sagt Gilbert.

Zum Dinner gibt es frisch gefangenen, frittierten Rotbarsch, Mais, Knoblauchbrot und Salat, dazu eiskalte Getränke. Ein Festmahl, das morgen, zum Abschluss, noch besser gepasst hätte. Natürlich bin ich dankbar und genieße den unglaublich leckeren Fisch. Aber ehrlich gesagt, wäre ich jetzt lieber allein mit meinen Gedanken und Gefühlen. Die müssen bis morgen warten. Kristian und ich nehmen nach dem Essen eines der Zimmer mit Stockbetten in Beschlag. Wir wollen früh raus, damit wir morgen genug Zeit haben, um nach dem Erreichen der Mündung umzudrehen und vor Einbruch der Dunkelheit wieder in Venice zu sein. Es wird anders kommen.

Miese kleine Drecksbiester! Diesmal nicht die Mücken, sondern die Otter. Die hatte ich gar nicht auf dem Schirm. Über Nacht haben sie sich an meinem Proviant zu schaffen gemacht, den ich fein säuberlich auf der Veranda arrangiert hatte. Ein Netzbeutel ist zerbissen, die letzten Kartoffelsuppen und Ramennudeln angefressen. Zwei andere Beutel fehlen. Einen entdecke ich zerbissen auf dem Rasen unter der Veranda. Der gesamte Inhalt, Energieriegel und Süßigkeiten, geplündert. Der dritte Beutel mit noch mehr Proviant bleibt verschollen. Kristian hilft mir aus der Patsche, reicht mir zwei Riegel, dann beladen wir die Boote. Wir verabschieden uns von unseren Gastgebern und steigen in die Kajaks. Kristian prescht davon, ich folge ihm zögerlich.

Meine letzten Paddelschläge. Zwei Millionen mögen es insgesamt gewesen sein, überschlage ich, seit ich das Kajak in Montana ins Wasser gesetzt habe. Ich passiere die Marina, den Leuchtturm, jetzt endlich kann ich das Meer sehen. Kristian winkt mich zu sich. Der gestern noch überspülte Strand liegt jetzt bei Ebbe frei. Wir legen an, umarmen uns. Ich fotografiere ihn, er mich.

»O. k., dann lass uns aufbrechen, bevor es noch später wird«, sagt er.

Auf keinen Fall, denke ich.

»Klar. Ich mache nur noch ein paar Fotos«, sage ich. »Fahr du doch schon mal los, ich komme dann gleich.«

Mache ich aber nicht. Ich lasse mir Zeit. Für Fotos von mir mit Selbstauslöser und Stativ, vom Strand, der Brandung, den kleinen bunten Krabben, die unter meinem Boot im Wasser entlangkriechen. Und ich nehme mir noch mehr Zeit. Für mich, fürs Ankommen, fürs Begreifen. Ich verspüre keinen Triumph über das Erreichte. Wieder überwiegt die Wehmut darüber, dass die Reise vorbei ist. Wie am Ende jeder meiner Reisen. Ich könnte heulen. Kein anderes Abenteuer bisher hat mich so gefordert, vor allem mental. Lange habe ich gehadert mit dem Hochwasser, den schlechten Campingmöglichkeiten, dem von Menschenhand so entstellten Missouri.

Der Fluss hat mich bloßgestellt. Er hat mich mit meinen Fehlern und Schwächen konfrontiert. Ich habe viel Neues an mir entdeckt. Das meiste gefällt mir nicht. Das ständige Meckern, das Jammern und vor allem die Unfähigkeit, mich davon zu befreien, loszulassen. Ich habe versagt, immer und immer wieder. Dabei dachte ich allen Ernstes, ich weiß, wie so was geht, schließlich hatte ich ja den Yukon River schon bezwungen. Kann man das überhaupt, einen Fluss bezwingen? Oder ist man als Mensch nicht vielmehr auf sein Wohlwollen angewiesen, muss sich treiben lassen, egal wie sehr man die Richtung bestimmen will? Vielleicht war ich einfach zu naiv. Oder zu blöd und überheblich. Wie habe ich mir nur einbilden können, dass die Erfahrungen meiner bisherigen Reisen dieses Abenteuer entspannt machen würde? Ist ja nur ein weiterer Trip auf einem anderen Fluss. Okay, es ist der längste in ganz Nordamerika.

Wie sagen sie hier in Amerika so gerne? »If you wanna hear God laugh, tell him your plans.« Keine Ahnung, ob er was damit zu tun hatte, dass die Reise anders verlief, dass ich immer wieder verzweifelt bin und es viel zu lange dauerte, bis ich endlich in den Fluss kam. Die Doppeldeutigkeit klingt fast schon zynisch. Klar hatte ich tolle, überraschende Begegnungen, durfte einige der spektakulärsten Landschaften Nordamerikas hautnah erleben, war wochenlang draußen, bei jedem Wetter. Und das spielte erwartungsgemäß viel zu oft die Hauptrolle. Es war aber nicht der Grund, warum ich so viel gehadert habe und einfach lange keinen Spaß hatte. Ich war dafür verantwortlich, ich ganz allein.

Ich war aufgebrochen, um aus eigener Kraft Amerikas längsten Wasserlauf zu befahren, entschleunigt, um den Menschen an seinen Ufern zu begegnen und ihre Geschichten zu hören. Aber da ist mehr passiert. Mit mir. Zum ersten Mal habe ich auf einer Reise ans Aufgeben gedacht. Dass ich trotzdem weitergepaddelt bin, lag nicht nur an meinem Stolz. Erst die *river angels* mit ihrer Hilfsbereitschaft und Begeisterung haben mich am Ende in den Fluss kommen lassen. Ihnen zuzuhören, wie sie voller Bewunderung und Demut von ihrem Fluss sprechen, von seiner Schönheit und Majestäthaftigkeit, hat mich schließlich inspiriert und angesteckt.

Missouri und Mississippi prägen Amerika mehr als jede andere Wasserstraße. Noch immer formen sie Landschaften trotz aller Eingriffe der Menschen. Ihre gewaltige Macht flößt Respekt ein. Aber sie betören die Menschen auch mit grandiosen Landschaften, durch die sie strömen, zauberhaften, surrealen Lichtstimmungen und einer überraschenden Wildheit, die sie sich bis heute bewahrt haben.

Nach einer Stunde allein am Strand steige ich wieder ins Kajak. Ein letztes Mal blicke ich auf den Golf von Mexiko, dessen braune Wellen ans Ufer branden. Ich habe es geschafft. Von der Quelle des Missouri über den Mississippi bis zum Meer. Eigentlich sollte ich zur Feier des Tages ins Wasser springen. Aber mir ist nicht nach Feiern zumute. Noch nicht. Der Weg zurück nach Venice ist weit, vierzig Kilometer gegen den Strom. Ich schließe die Spritzdecke, lasse das Ruder zu Wasser, stoße mich vom Ufer ab und bin wieder … im Fluss.

# EPILOG

Mehr als ein Jahr liegt das Ende der Reise mittlerweile zurück. Aber irgendwie ist sie immer noch nicht ganz vorbei. Ich bin in diesem Sommer wieder zum Fluss gereist, bin ihm gefolgt, meist mit Loretta, manchmal im Kajak, um weitere Fotos zu machen. Vor allem aber weil ich gar nicht will, dass die Reise endet. Das hat sicher wieder was mit Festhalten zu tun, meinem Dauerthema. Deshalb bin ich wohl auch am Ende aller Reisen nicht in Jubelstimmung, sondern meist tieftraurig.

Das Wiedersehen mit dem Fluss in diesem Jahr hat mich ein Stück weit versöhnt, mit ihm mehr als mit mir. Ich habe mich entschuldigt, bei jeder Gelegenheit Komplimente gemacht und betont, wie schön er ist. Eigentlich habe ich gesagt: »*She* is so beautiful.« Denn zweifelsohne sind Missouri und Mississippi weiblich, wie Norm Miller und alle anderen Flussratten betonen. Dieses Mal habe ich die beiden Flüsse anders erlebt als letztes Jahr im Boot. Der Oberlauf des Missouri hatte deutlich weniger Wasser, der Unterlauf deutlich mehr. Das galt auch für den Mississippi ab St. Louis. Ich habe ihre Nähe gesucht, vielleicht auch um wiedergutzumachen, was ich im letzten Jahr versäumt habe. Auf viele der Fragen, die ich mir während der Reise stellte, habe ich immer noch keine Antwort gefunden. Ich würde gerne mit einer Erkenntnis abschließen, einer Lektion, die mir weiterhilft. Aber ich bin noch nicht so weit. Wahrscheinlich bringt es ein neuer Song, den ich gerade entdeckt habe, am besten auf den Punkt. *You're only happy when you're miserable.* Touché! Tatsächlich scheint sich das Muster zu wiederholen. Funktioniert etwas nicht so wie gehofft, laufe ich erst mal Amok. Bei der Amerikaumrundung mit dem Rad waren es unzählige gebrochene Speichen, bei der Yukon-Tour der Unfall am Anfang und das lecke Boot. Und auf dem Missouri waren es das Hochwasser und vor allem meine Unfähigkeit, mich auf den Fluss einzulassen und die Reise zu genießen. Das wird beim nächsten Mal hoffentlich besser. Immerhin habe ich beschlossen, mein schwarzes Paddelshirt morgen feierlich in einer Mülltonne an der Marina zu entsorgen. Ich habe es 2004 gekauft, kurz vor der Amerikaumrundung. Nach der Tour im letzten Jahr ist es jetzt durch, verfärbt und löchrig. Zeit, loszulassen. Babysteps.

Jetzt rede ich mir also ein, ich bräuchte unbedingt noch ein allerletztes Foto. Ich will es mit der neuen Drohne schießen. Ich ziehe das schwarze Shirt über, den Strohhut auf, steige in Venice wieder ins Kajak und paddle raus auf den Fluss. In den letzten Tagen habe ich den Wetterbericht regelmäßig gecheckt. Heute und morgen soll es sonnig bleiben, danach folgt erst mal Dauerregen. Hoffentlich stimmt das auch. Eigentlich hatte ich mein Boot nach der Reise noch mal aufhübschen wollen. Frisch lackieren, die Position der Fußstütze korrigieren, neue Spanngurte anbringen. Aber dafür war irgendwie keine Zeit. Noch immer sieht man dem Kajak die Strapazen der Reise an. Das Oberdeck glänzt längst nicht mehr, die UV-Strahlen der Sonne haben es im letzten Jahr über die Monate ausgebleicht und matt werden lassen. Vielleicht sollte ich es einfach so lassen, als ständige Erinnerung an die Reise.

Auf dem Fluss schippern jetzt deutlich weniger Tanker und Frachtschiffe als letzten Oktober. Ich wechsle bald die Seite, lasse mich von der Strömung nach Süden tragen. Dieses Mal halte ich mich ans Ostufer, wo kurz vor dem letzten *mile marker* im Fluss Pilottown liegt. Der Ort ist ein Camp mit nur ein paar Gebäuden und riesigen Öltanks, keine Stadt. Hier warten speziell geschulte Kapitäne auf Schiffe mit Kurs nach Norden zu den großen Häfen in New Orleans und Baton Rouge, springen vorübergehend an Bord und lotsen sie durch die Untiefen. Der Fluss verändert sich weiterhin stetig, trotz Deich. Am Eingang zum South Pass ankern ein paar monströse Baggerschiffe, die gegen die zunehmende Versandung ankämpfen. Port Eads am Ende des Passes, wo ich im letzten Jahr im Notfall hätte campieren wollen, ist deshalb geschlossen. Ich paddle um die Schiffe herum, muss an den Rückweg von damals denken. Gut neun Stunden habe ich nach meiner Fotoaktion am Strand dafür gebraucht, kam erst bei Dunkelheit im Schein der Stirnlampe und völlig von Moskitos zerstochen zurück nach Venice. Dieses Mal will ich nicht ganz rauspaddeln, sondern zu einem kleinen Zeltplatz, keine zwei Meilen weiter. Über einen schmalen Kanal erreiche ich den Steg und bin überrascht. Auf einer Landzunge stehen zwischen hohen Bäumen fünf Campingtische und ein zerdellter Grill. Die gemähte Rasenfläche ist ideal fürs Zelt und unerreichbar für die Flut. Ich schwinge mich aus dem Cockpit auf den Steg, verknote das Boot und greife sofort zur Drohne. Ich bin allein. In einer halben Stunde schon wird die Sonne untergehen. Ich schraube die Propeller auf die Drohne, starte den Controller und lasse sie schnurstracks in die Höhe fliegen. Es ist nahezu windstill. Tatsächlich waren meine größten Bedenken, dass zu starker Wind ein Foto verhindern würde. Jetzt aber sind die Bedingungen ideal. Leider auch für die Mücken. Ich versuche die Moskitos, die sich an meinen nackten Beinen laben, zu ignorieren. Immer höher steigt die Drohne über die

Wipfel der Bäume in den Abendhimmel. Auf dem Monitor sehe ich das Labyrinth des Marschlands um meine Landzunge herum. Natürliche Kanäle, unzählige Tümpel, Seen und die unendliche Weite des Golfs. Im Norden liegt der Head of Passes, wo der Mississippi sich in seine drei Arme verzweigt. Klick. Ein Tanker schiebt sich im warmen Licht der untergehenden Sonne in den South West Pass. Klick. Ich drehe die Drohne, steuere sie direkt über den South Pass und erkenne in der Ferne, wo er sich ins Meer ergießt. Klick. Dort bin ich im letzten Oktober angelandet, habe meine Fotos vom Stativ aus mit Selbstauslöser gemacht. Klick. Ich fliege mit der Drohne in Richtung Port Eads Lighthouse. Klick. Klick. Ich drehe sie noch einmal. Klick. Klick. Klick. Aus der Luft wird das Geschaffte noch greifbarer. Ich bin auf Amerikas längsten Flüssen so weit gepaddelt, wie es überhaupt nur geht. Ich habe das Ziel erreicht, das ich mir gesetzt hatte, und dabei gleichzeitig ein neues gefunden. Um das zu erreichen, muss ich mich weiter mit mir auseinandersetzen, mit meinen Macken, meinen Schwächen, meinen Ängsten. Ein langer Weg, auf den mich der Fluss erst gebracht hat. Danke.

Die Drohne warnt mich, dass die Batterie zur Neige geht. Egal. Das letzte Bild ist im Kasten. Sie leitet den Rückflug ein. Ich drücke noch ein paar Mal auf den Auslöser, um den Flug bis zum letzten Moment auszukosten. Wie es wohl an der Quelle des Mississippi aus der Luft aussieht? Ich könnte ja mal nachschauen. Und vielleicht sollte ich mein Boot mitnehmen.

Louisiana, irgendwo im Mississippi River Delta,
Oktober 2019

# DANK

Dieses Buch zu schreiben war anstrengend, freudvoll, zäh, erhellend, schmerzhaft, inspirierend. Genauso wie die Reise also, die ich auf diesem Weg noch mal intensiv nacherleben durfte. Ich bin dankbar für diese Erfahrung, die mir viele Menschen überhaupt erst ermöglicht haben. Einigen möchte ich an dieser Stelle persönlich danken.

Allen voran meiner Lektorin Bella Jaross und Bettina Feldweg vom Piper Verlag für ihre schier endlose Geduld und Nachsicht beim gemeinsamen Erarbeiten des Textes und umso mehr, dass sie an dieses Buch geglaubt haben, selbst wenn ich immer wieder gehadert, gezweifelt, gebremst habe.

Claudia Axmann, dem besten Reisepartner, Freund und Paddelfotografen, den man sich nur wünschen kann. Danke, dass du mich erträgst und sein lässt.

Kerstin Zilm und meinen Fellow Writers in Los Angeles fürs Korrekturlesen und die klugen Kommentare und Anregungen.

Marc Weniger und Ellero für die vielen guten Tipps während des Kajakbaus und die ermutigenden Worte, vor allem wenn etwas nicht so funktionierte, wie ich es wollte.

Den Flussmännern und -frauen, *river angels* und zahllosen Helfern entlang der Ufer, deren Begeisterung und grenzenlose Hilfsbereitschaft mich getragen haben.

Bei der Reiseplanung haben mich viele Regionen und Behörden in Amerika und deren Agenturen in Deutschland unterstützt. Besonderer Dank gilt Montana, North Dakota, South Dakota, Missouri, Arkansas, Mississippi, Louisiana und Visit USA.

Bayern 2 hat die Reise wieder im Programm begleitet. Dabei ist ein eigener Podcast entstanden, der ohne meinen Redakteur Till Ottlitz und seine Leidenschaft und Begeisterung völlig anders klingen würde. Die acht Folgen zur Reise sind unter dem Titel »50 STATES« überall zu finden, wo es Podcasts gibt.

Danke auch an unsere Partner und Sponsoren für ihre großzügige Unterstützung. Stevens fürs Mountainbike, Ortlieb für zuverlässig dichte Packtaschen und Beutel, Canon für die besten Kameras und Optiken der Welt und vor allem Tatonka für Rucksack, Zelt, Bekleidung und die langjährige Zusammenarbeit bei allen meinen Abenteuern.

Auf ein Neues beim nächsten Mal!

# Mythos Yukon: 3000 Kilometer im Kanu

*Hier reinlesen!*

Dirk Rohrbach
**Yukon**
3000 Kilometer im Kanu durch Kanada und Alaska

NG Taschenbuch, 304 Seiten
€ 16,00 [D], € 16,50 [A]*
ISBN 978-3-492-40431-0

Dirk Rohrbach folgt einen Sommer lang dem Lauf dieser Lebensader, die aus Bergseen entspringt, zum reißenden Fluss und schließlich zu einem breiten Strom wird. Im selbst gebauten Birkenrindenkanu begegnet er Jägern, Fischern und Aussteigern, die heute nicht mehr Gold, aber immer noch ihr Glück suchen. Er stellt sich einer gnadenlosen, atemberaubend majestätischen Welt. Und erfährt, wie die Nachfahren der Ureinwohner ihre Traditionen zu bewahren suchen.

MALIK NATIONAL GEOGRAPHIC

Fort Benton
Fort Peck Lake
Lake Sakakawea
NORTH DAKOTA
Great Falls
Three Forks
MISSOURI
Watford City
Bismarck
MONTANA
Clark Canyon Reservoir
START
Brower's Spring
Lake Oa
Pierre
SOUTH DAKOTA
MISSOU
NEBRASK
V E R E I N I G T E S T A A T E
KAN
V O N A M E R I K
PAZIFIK
Golf von Kalifornien
MEXIKO
N
0 150 300 km